D1629118

GOLDMANN
Lesen erleben

Dirk Stötzer
und Beate Stoffers

Superlehrer, Superschule, supergeil

Der beste Beruf der Welt

GOLDMANN

Verlagsgruppe Random House FSC® N001967
Das für dieses Buch verwendete FSC®-zertifizierte Papier *Classic 95*
liefert Stora Enso, Finnland.

 Dieses Buch ist auch als E-Book erhältlich.

1. Auflage
Originalausgabe September 2015
Wilhelm Goldmann Verlag, München,
in der Verlagsgruppe Random House GmbH
© 2015 der Originalausgabe
Wilhelm Goldmann Verlag, München,
in der Verlagsgruppe Random House GmbH
Umschlaggestaltung: Uno Werbeagentur, München
Umschlagmotiv (Tafelstruktur): FinePic®, München
Umschlagfotos (Rückseite + Autorenfoto): © Erik Weiss
Redaktion: Hendrik Heisterberg
Satz: Buch-Werkstatt GmbH, Bad Aibling
Druck und Bindung: GGP Media GmbH, Pößneck
KW · Herstellung: AM
Printed in Germany
ISBN 978-3-442-17542-0
www.goldmann-verlag.de

Besuchen Sie den Goldmann Verlag im Netz

Inhalt

Inhalt

Prolog

»Wie war dein Tag?«

Wie mein Tag war? Kurz gesagt: »Gut. Also wirklich gut!« Der Tag war so aufregend wie der letzte und vorletzte und vorvorletzte. Und was der morgige Tag bringen wird, weiß ich nur bedingt. Sicher ist aber, dass immer – wirklich immer! – etwas Unvorhergesehenes, etwas Überraschendes passiert. Heute zum Beispiel habe ich:

- zwanzig Mädchen und Jungen beigebracht, auf meine Zeichen zu achten und dabei die richtigen Noten zu singen (Das klang am Ende nach Musik!),
- die Augen fünf junger Menschen zum Leuchten gebracht, als sie nach mehreren Anläufen die Grundlagen der Differentialrechnung verstanden,
- einen Arm verbunden,
- einen Krankenwagen gerufen,
- Streit geschlichtet,
- mit einem meiner besten Freunde zweimal 15 Minuten lang Kaffee getrunken (schwarz ohne Zucker),
- viele Blätter kopiert,
- beim Rauf- und Runterlaufen der Treppen und Flure wohl drei Kilometer zurückgelegt,
- als Ältester der Mannschaft im Tor gestanden, mir die Knie aufgescheuert und vier Torschüsse abgewehrt.

Ganz klar, ich habe den besten Beruf der Welt, ich habe meinen Traumjob: ICH BIN LEHRER! IN BERLIN! Vor 41 Jahren fing ich an, es folgten 30 Jahre als Lehrer, zwei als Schulleiter, dann Schulaufsicht und bis heute (sechs Wochen vor meinem Ruhestand) Beschwerdemanager der Bildungsverwaltung. Nebenbei sitze ich an einer Info-Hotline zum Lehrerberuf in Berlin.

Ich kenne die Schule von der Pike auf – wie auch viele andere Lehrer, denn der Lehrer (übrigens auch der klagende) bleibt im Großen und Ganzen seinem Beruf treu. Und ich liebe diesen Beruf, auch wie viele andere. Nur, und das ist vielleicht anders: Ich bekenne mich auch öffentlich dazu. Das finden nicht alle Lehrer gut, deshalb sei jeder vorgewarnt: Dieses Buch ist keine Litanei über die Widrigkeiten des Lehrerdaseins. Auch nicht über das Martyrium der permanent überlasteten Lehrkraft.

In meinem Buch werde ich stattdessen Werbung für diesen Beruf machen! Ich werde über meine Erfahrungen im Lehrerberuf berichten, aber auch klar sagen, dass dies nur ein Traumjob für diejenigen ist, die ganz in ihm aufgehen. Und das sind glücklicherweise ziemlich viele.

Über das Sozialverhalten der Schüler werde ich mich ebenso wenig beschweren wie über volle Klassenzimmer. Wasserflecken an Decken, alte Turnhallen oder dreckige Toiletten – über nichts von alldem werde ich mich beklagen und auch keine besseren Rahmenbedingungen fordern, werde weder mehr Geld noch Entlastungen verlangen.

Ich finde: Wir Lehrer haben genügend Ferien. Da müssen wir in der übrigen Zeit zweifellos etwas mehr arbeiten. Sehen wir die Ferien als ein Sahnehäubchen auf unserem schönen Beruf!

Ich werde – zumindest ein wenig – über schlecht gelaunte Kollegen herziehen, ich werde nach Zusammenhängen zwischen Bezahlung und Unterrichtsqualität suchen (und Sie, liebe Leserin und lieber Leser, können sich wahrscheinlich schon denken, dass ich keinen Zusammenhang feststellen werde). Ich werde über den guten, den überzeugten Lehrer schreiben, über seine Teamfähigkeit, seine Zuneigung zu den Kindern und seinen Spaß am Unterricht.

Und ich werde über Eltern und Medien schreiben, die die Schule ständig begleiten oder unter Beobachtung stellen. Bitte, liebe Eltern: Helfen Sie uns nur, wenn wir darum bitten, und schenken Sie uns wie Ihrem Kinderarzt Vertrauen. Kein Arzt würde Ihnen bei der Blinddarm-OP Ihres Kindes erlauben mitzusprechen oder vielleicht sogar mitzuschneiden. Und er würde Sie auch niemals fragen, ob die Nadelstärke die richtige ist und der Faden lang genug.

Über diejenigen Pressevertreter werde ich sprechen, die Einzelfälle dankbar aufgreifen und Themen anheizen, Befürchtungen schüren und Debatten entfachen. Ich halte das für nicht seriös und wenig hilfreich, weder für uns Lehrer noch für die Schule.

Bei aller Ernsthaftigkeit des Themas habe ich mich bemüht, die Lage des Lehrers nicht verbissen zu sehen, damit das Lesen dieses Buches auch Spaß macht. Zugunsten der besseren Lesbarkeit verzichte ich überwiegend auf die politisch korrekte gleichzeitige Verwendung männlicher und weiblicher Sprachformen. Sämtliche Personenbezeichnungen gelten gleichwohl für beiderlei Geschlecht. Mit »zehn Lehrern« könnten also durchaus neun Lehrerinnen und ein Lehrer gemeint sein, und mit »dreißig Schülern« neunundzwanzig Schülerinnen und ein Schüler.

Also lautet ein Beschluss:
dass der Mensch was lernen muss.
Nicht allein das Abc
bringt den Menschen in die Höh,
nicht allein im Schreiben, Lesen
übt sich ein vernünftig Wesen;
nicht allein in Rechnungssachen
soll der Mensch sich Mühe machen;
sondern auch der Weisheit Lehren
muss man mit Vergnügen hören.
Dass dies mit Verstand geschah
war Herr Lehrer Lämpel da.

Wilhelm Busch

Aller Anfang ist schwer

Montagmorgen, 8.00 Uhr. Als frischgebackener Referendar werde ich gleich zum ersten Mal in meinem Leben den Musikraum meiner neuen Schule betreten. Ich bin 25 Jahre alt, ambitioniert und endlich Lehrer!

Unter meinem Arm klemmen alle Unterlagen, mit größter Sorgfalt vorbereitet. Nichts soll dem Zufall überlassen bleiben. Ein wenig aufgeregt bin ich schon, freue mich aber auf meine erste Stunde, die ich ganz allein geplant habe, in die mir keiner mehr hineinredet und die ich natürlich auch ohne Unterstützung durchstehen muss. Ich bin gespannt auf meine Schüler, auf ihre Ideen und Vorschläge.

»Mit dieser neunten Klasse werden sie bestimmt viel Spaß haben«, hat der Schulleiter gesagt und dabei süffisant gelächelt. Schön! Es fühlt sich nach Geburtstag an.

Ich atme tief durch, straffe meinen zu dieser Zeit noch schlankeren Körper, drücke die Klinke und trete erwartungsvoll in den Raum.

Der große Auftritt

Die 9b ist augenscheinlich eine kleine Klasse. Ich überschlage mit einem Blick die Klassengröße, zähle fünfzehn Schüler – das heißt: fast nur Schülerinnen. Der überwiegende Teil der Jungen scheint wohl noch nicht ausgeschlafen zu haben. Die Mädchen stehen in Grüppchen an der hinteren Wand, lachen und unterhalten sich lebhaft. Einige hantieren mit kleinen Schminkspiegeln vor ihren noch kindlichen Gesichtern und ziehen Augenbrauen oder Lippen nach. Fast alle haben lange Haare. Und sie sehen nicht nach einem Schultag aus – eher nach Strandurlaub. Ich sehe sehr, sehr kurze Hosen und Röcke, die man ebenso gut weglassen könnte, weil sie sowieso nichts bedecken. Es bleibt mir eine Menge Zeit, sie zu beobachten. Oder besser gesagt: viel zu viel Zeit, denn niemand, wirklich niemand nimmt Notiz von mir. Respektsperson? Lehrer Lämpel mit erhobenem Zeigefinger? Keine Rede.

Ich stelle meine Tasche auf das Pult, lege möglichst geräusch- und schwungvoll meine Unterlagen ab und räuspere mich. Mit erstauntem Blick drehen sich einige der Mädchen zu mir um. Da geht die Tür auf, zwei Jungen kommen herein, nicken mir freundlich grinsend zu und setzen sich. Ich hole Luft, da öffnet sich schon wieder die Tür, und das Gleiche wiederholt sich. Die Klasse füllt sich langsam. Immerhin!

Aber wann soll ich bei den ständigen Störungen endlich loslegen? Die Begrüßungen, die Unruhe, die verstohlenen Blicke zwischen Jungen und Mädchen, das Gekicher – all das raubt unfassbar viel Zeit. Nach fünfzehn Minuten stehe ich vor fünfundzwanzig Schülern. Dabei bleibt es dann auch.

Ich recke mich noch ein wenig, um auf meine vollen 179 Zentimeter zu kommen. Das ist der große, entscheidende Moment für meinen Lehrerauftritt! Jedenfalls denke ich das – tatsächlich habe ich ihn längst verpasst.

Betont langsam wie ein Bühnenmagier öffne ich meine Tasche und zaubere – anstelle eines weißen Kaninchens – ein nagelneues UHER Report 4400 hervor. Das topmoderne Tonbandgerät habe ich mir extra für diese erste Stunde gekauft. Stolz stelle ich es auf den Tisch, und augenblicklich ist Ruhe. Innerlich triumphierend beginne ich nach einem Stromanschluss zu suchen.

»In diesem Raum haben wir gar keine Steckdosen«, ruft ein Mädchen mit Brille und streng geflochtenen Zöpfen.

Keine Steckdosen? Es gibt Klassenzimmer ohne Steckdosen? »Das ist aber wirklich schade …« Meine Stimme kommt dürftig, wenn nicht sogar dünn rüber, ständig muss ich hüsteln, mich räuspern und schaffe es nicht, still zu stehen, geschweige denn zu sitzen. Ich fange an zu schwitzen, über meiner Oberlippe bildet sich ein dünner feuchter Film. Nun gut, Plan B muss her, zur Not muss ich die Opernpartien am Klavier vorspielen. Murmeln und Kichern setzen ein. Die kurze Aufmerksamkeit, die mein silbernes Gerät erregt hat, ist schon wieder weg. Wenigstens sitzen die Schüler jetzt und nennen mir ihre Namen: Anne, Sophie, Markus, Bashir – ich kann sie mir in meiner Aufregung sowieso nicht merken, nicke aber jedes Mal äußerst ernst dazu und vermerke im Klassenbuch, wer fehlt und wer nicht. So viele fehlen gar nicht, insgesamt nur drei.

Die Schüler sind freundlich und interessiert, die Mädchen vor allem an ihrem Äußeren. Ständig sind sie mit ihren Frisuren beschäftigt, drehen einzelne Strähnen um ihre Zeigefinger. »Hört auf, eure Haare zu melken«, würde ich am liebsten sagen – aber so cool bin ich nicht, schon gar nicht an meinem ersten Tag.

Die Jungen kauen auf ihren Bleistiften herum und sehen mich nicht an, was mich ehrlich irritiert: Bin ich so unansehnlich, habe ich etwas im Gesicht, das vielleicht nicht dahin gehört, Marmelade oder Zahnpasta im Bart?

Hamster, Bienen, Vibratoren

Dann fangen sie an, mich auszufragen. »Sind Sie neu an der Schule?« – »Wie alt sind Sie?« – »Warum wollen Sie Lehrer werden?«

Damit überhaupt nicht erst Zweifel aufkommen, antworte ich mit fester Stimme: »Ich *bin* Lehrer!« Dass ich mich noch in der Ausbildung befinde, verschweige ich.

»Haben Sie keinen besseren Beruf gefunden?« – »Haben Sie ein Haustier?« – »Haben Sie eine Freundin?«.

Der letzten Frage weiche ich aus, weil ich zu diesem Zeitpunkt Single bin und nicht als Versager dastehen möchte. Dafür erzähle ich ausführlich von meinen drei verstorbenen Hamstern – der eine kam im Müllschlucker abhanden, der andere suchte beim täglichen Freigang das Weite, und der dritte verschwand spurlos in unserer Wohnung.

Später lerne ich: Erzähle nie von deinen Hobbys, zumindest nicht am Anfang, falle nie auf ihre Ablenkungsmanöver herein. Trotzdem: Sie hören mir zu. Ich versuche also mit aller Kraft, das Gespräch auf mein geplantes Thema zu lenken.

»Nun wollen wir aber mit dem Musikunterricht beginnen«, erkläre ich feierlich. »Ich habe euch eine Textstelle aus dem Libretto von »Carmen« abgezogen, da geht es um Liebe und Verrat.« Weiter komme ich nicht.

»Was ist ein Libretto?«, ruft Markus rein.

»Ein alter Vibrator!« Bashir hat die Lacher auf seiner Seite. Und aus irgendeinem Grund muss ich mitlachen. Das tut gut! Die Anspannung fällt ein wenig von mir ab, also nehme ich den Faden auf. Ich erzähle, dass die schöne, machthungrige Königin Kleopatra auch eine ideenreiche Frau gewesen sein soll, die sich eine mit Bienen gefüllte Papyrustüte bastelte. Wahrscheinlich war das der erste Vibrator der Welt. Und damit habe ich sie alle – kein Gezuppel mehr an den Haaren, kein Gekaue an den Bleistiften, keine Fragen zu Hamstern oder Freundinnen.

Als ich den Unterschied zum Libretto erklären will, klingelt es. Die Stunde ist zu Ende. Nicht zu fassen! Ich konnte gerade einmal den Namen der Oper erwähnen, ansonsten lief überhaupt nichts wie geplant. Ich bleibe auf meinen Kopien und der Tonbandaufnahme sitzen, einschließlich der vorbereiteten Hausarbeiten.

Es beginnt ein Gewusel wie in einem Bienenstock, Stühle werden gerückt, Taschen gepackt, Getränkedosen geöffnet. Mit lautem Lachen und Schnattern schlendern die Schüler aus dem Klassenraum. Gerannt wird hier nicht, es sind betont langsame, aber dennoch geräuschvolle Bewegungen, halb Schlurfen, halb Schlürfen.

Dann stehe ich allein in der Klasse. Ein bisschen in Trance, ein bisschen im Zweifel. Den ersten Tag, die erste Stunde hatte ich mir anders vorgestellt. Fast wie bei der ersten großen Liebe: erst große Aufregung und dann die Enttäuschung, weil doch alles anders kommt als gedacht. Aber was ist da nur schiefgelaufen? Ich will doch ein Lehrer sein, der seine Schüler packt, der sie begeistert, der Themen vermitteln kann und alle auf seiner Seite hat! Und den man nicht nur über Freundinnen und Haustiere ausfragt, sondern dem man auch zuhört.

Kollege Meier kommt mir auf dem Flur entgegen. »Ziemlicher Sprung ins kalte Wasser, oder?« Dann sieht er mein Gesicht und klopft mir freundschaftlich auf die Schulter. »Das machen wir doch alle mal durch«, versucht er mich zu trösten, »nun mal nicht gleich aufgeben. Bei den meisten dauert das Auftauchen eben länger als das Eintauchen!«

Das ist nicht gerade hilfreich. Ich habe mich stundenlang umsonst auf diese eine Stunde vorbereitet, ich habe nicht überprüft, wo es im Unterrichtsraum einen Stromanschluss gibt, die Schüler haben mich kaum wahrgenommen und erst zugehört, als ich von Hamstern und experimenteller Masturbation erzählte. Ich brauche jetzt Mitgefühl, Zuspruch und Unterstützung.

Gibt es den Superlehrer?

Abends sitze ich mit anderen Referendaren zusammen, also all jenen Freunden, die sich den gleichen Beruf wie ich ausgesucht haben und noch ähnlich orientierungslos sind. Anne, Wolfgang, Petra, Thomas und Marianne, alle zwischen 25 und

30 Jahre alt. Wir tauschen unsere ersten Unterrichtserfahrungen aus. Glücklicherweise sind die meisten so ehrlich und berichten von ähnlichen Erlebnissen. Wir stellen uns viele Fragen: Mit welchen Tricks packt man eine Klasse? Wie steuert man sie und lässt trotzdem Kreativität zu? Was macht überhaupt einen guten Lehrer aus? Wird man als solcher geboren und findet dann seine Berufung? Oder ist es Charisma und eine besondere Aura, die einen umgibt wie einen Heiligenschein? Oder nur Methodik und erlerntes Handwerkszeug? Oder alles zusammen? Und dann kommt zum ersten Mal die eine, die bedeutende, die wichtige Frage auf: Gibt es den Superlehrer? Wenn ja, wer ist es und wie ist er? (Es kann natürlich auch eine Sie sein, das ist hoffentlich klar.)

Es wird spät, und wir beginnen, uns gegenseitig von den Lehrern zu erzählen, die uns etwas bedeutet oder die uns Steine in den Weg gelegt haben. Wir erinnern uns an unsere Lieblingslehrer und an diejenigen, die wir abgrundtief gehasst haben. Schwarz oder Weiß – keine bleibenden Eindrücke dazwischen.

Anne erzählt von ihrem Lieblingslehrer, in den sie auch noch verliebt war. »Nur darum habe ich mich angestrengt, damit er mich bemerkt und stolz auf mich ist. Und seinetwegen bin ich auch jeden Morgen zeitig aufgestanden, um mir die Haare zu waschen und zu föhnen, mich zu schminken und nett anzuziehen. Oh Gott, wie ich aussah! Und pünktlich war ich natürlich auch nur, wenn wir die erste Stunde bei ihm hatten.« Dass Anne in ihren Lehrer verliebt war, nehmen wir ihr sofort ab – bei dem entrückten Blick.

Mundgeruch, Sadisten und Horrorstorys

Aber es muss nicht gleich die große Liebe sein – auch Wissen kann attraktiv machen. Wolfgang betont, dass er als Teenager sehr wohl auch Kompetenz geschätzt hat. »Wir mochten unseren Klassenlehrer sehr gern«, erzählt er, »aber leider hatte er Mundgeruch und stank fürchterlich nach Zigaretten. Deswegen hatten wir alle Sorge, er könne zu uns an den Tisch kommen. Leider tat er das wegen seiner Kurzsichtigkeit ziemlich oft – außer man stellte keine Nachfragen und arbeitete gut mit.«

Natürlich möchte keiner von uns, dass sich die Schüler vor einem ekeln.

Und so erzählt an diesem Abend jeder seine Geschichte: Der eine freute sich auf die durchsichtigen Blusen seiner Musiklehrerin, der andere erzählt von der täglichen Angst, nicht die richtige Antwort parat zu haben und mit dem Gesicht zur Wand in die Klassenzimmerecke gestellt zu werden. Erst wenn alle Ecken besetzt waren, durfte sich der Erste wieder setzen, um den Stehplatz für den nächsten Störer oder vermeintlichen Versager frei zu machen. Und immer wieder: Berichte über sadistische Sportlehrerinnen und -lehrer, die nicht akzeptieren wollten, dass ein kleines Kind beim Basketballspiel nicht ganz so erfolgreich sein würde wie ein großes. Oder dass ein dickes Kind kein so guter Reckturner wie ein durchtrainiertes werden konnte.

Thomas schildert explosive Experimente, die sein Lieblingslehrer in der Nachmittagszeit mit seinen besonders interessierten Schülern im Chemielabor durchführte. Der Witz war: Bei dem Lieblingslehrer handelte es sich nicht um den Chemie-, sondern um den Musiklehrer. So endete der eine oder andere Versuch nicht mit dem gewünschten Erfolg, sondern im Desaster. Als einmal die ganze Schule nach Buttersäure stank, hielt die Schülergruppe dicht – der Lehrer flog nicht auf.

Eine andere Erzählung bleibt mir besonders im Gedächtnis: Sie handelt von einem Musiklehrer, der eine Percussion-Gruppe gründete, in die er ausnahmslos die Außenseiter der Klassen aufnahm. Diese Gruppe wurde so gut, dass sie durch die ganze Stadt tourte und plötzlich jeder Schüler mitmachen wollte. Jetzt galt es als cool, dabei zu sein.

»Ein Superlehrer braucht Humor.
Er muss nicht die ganze Zeit Witze reißen,
aber er muss Spaß am Unterricht haben,
so dass es den Kindern auch Spaß macht.«

Fritz, 10 Jahre

Passend zum Ende des Abends erzählt uns Marianne von einer Horrorgeschichte, die ihre Klassenlehrerin um Mitternacht, bewaffnet mit einer Taschenlampe, auf ihrer ersten Klassenfahrt vorlas und die bei ihr bis heute nachhaltigen Eindruck hinterlassen hat: Dreißig Zehnjährige kuschelten sich auf sechs Betten eng aneinander, um von einer Puppe zu hören, die jede Nacht erwachte und auf ihrem Weg durch die Kinderzimmer der Stadt eine Blutspur hinterließ. »Wir liebten diese Lehrerin, weil sie so packend erzählen konnte und uns Grusel und Gänsehaut bescherte.« Wie nach einem geheimen Schwur und trotz zahlreicher Albträume weihte keines der Kinder die Eltern ein.

So schön all diese Geschichten sind, unsere Frage nach dem Superlehrer beantworten sie nicht. Erstaunlich ist aber: Wir selbst mochten unsere Lieblingslehrer nicht nur – bei ihnen haben wir auch (mit Ausnahme des chemiebegeisterten Musiklehrers) besonders viel gelernt. Und trotzdem bezogen sich die Erzählungen überwiegend auf die Beziehungsebene zwischen Lehrern und Schülern – und zum großen Teil auf Bereiche, die nicht unmittelbar zum Unterricht gehören.

MERKE: Lieblingslehrer ≠ Superlehrer

An diesem Abend lerne ich eine wichtige Lektion: Ein Lieblingslehrer ist nicht zwangsläufig ein Superlehrer, der Wissen am effektivsten vermittelt. Ein Superlehrer kann aber im besten Fall auch ein Lieblingslehrer sein.

Suche: Gebrauchsanweisung für meine Klasse

Als ich im Bett liege und an meinen kommenden zweiten Arbeitstag denke, passiert es: Ich freue mich auf meine Klasse. Da sitzen Jugendliche in ihrer wichtigsten Entwicklungsphase vor mir, und ich darf mit ihnen arbeiten. Ich finde sie alle großartig, ich spüre große Zuneigung, völlig unkritisch und unvoreingenommen wie es mir später nur bei zwei Frauen passieren wird. Meine Befürchtung, die Unterrichtssituation nicht in den Griff zu bekommen, hat sich für den Moment verflüchtigt. Ich stelle mir nur die Frage, was ich tun kann, damit niemand, möglichst niemand auf der Strecke bleibt.

Ich frage mich, ob sich diese eine, die erfolgreiche Lehrerpersönlichkeit erlernen lässt. Die kommenden Wochen werden mir zeigen: Sollte das überhaupt möglich sein, dann braucht es Zeit und geht bei aller Liebe und Willensstärke nicht so schnell, wie man sich das wünscht.

Denn in der 9b bleibt es dabei – die Klasse lässt sich von mir nicht in Musik unterrichten. Markus ruft bewusst provokante Fragen in den Raum, Bashir gibt schreiend komische Antworten darauf. Wie bei einem Tennisspiel reißt es meinen Kopf hin und her, ohne dass es mir gelingt, endlich als Schiedsrichter aufzutreten, das ganze Spiel in den Blick zu nehmen und in meinem Sinne zu steuern. Zumindest nicht mehr bei dieser Klasse.

> »Ich wünsche mir einen Lehrer, der kinderlieb und freundlich ist. Er sollte aber, wenn die Schüler zu viel Quatsch machen, auch mal streng werden.«
>
> Timo, 11 Jahre

Erfreulich ist allerdings, dass die Schüler und ich in den nächsten Monaten ein enges Verhältnis entwickeln. Wir diskutieren über Themen, die sie interessieren, und unternehmen Ausflüge wie etwa zu diversen Eishockeyspielen. Denn Eishockey ist die große Leidenschaft aller. Dort, vor Ort im Stadion, wird dann auch gemeinsam gesungen, laut und fröhlich, und das – sage ich mir mit äußerst schlechtem Gewissen – ist eben meine besonders praxisorientierte Form des Musikunterrichts.

Die Frage, was man verändern müsste, lässt mich nicht los, begleitet mich von Stunde zu Stunde, von Woche zu Woche. Was unternimmt man als Junglehrer in solch einer Situation? Mit allen Eltern oder Schülern Einzelgespräche führen? Sich den Kollegen offenbaren?

Ratlos frage ich meinen Seminarleiter. Sein ultimativer Ratschlag: Hospitanz! Das klingt nach Zauberformel, das könnte die Lösung für meine Hilflosigkeit sein! Aber wie trifft er die Klasse an, als er zum Hospitieren kommt? Natürlich, wie soll es anders sein, in einer wunderbar ruhigen und konzentrierten Arbeitsatmosphäre. Die Schüler stehen an diesem Tag hinter mir, hören mir aufmerksam zu und beteiligen sich, weil sie glauben, ich hätte eine Prüfung abzulegen. Denn offen war ich mit ihnen nicht. Ich habe ihnen nicht gesagt, dass ich Hilfe von außen benötige, um endlich unterrichten zu können. Und Markus? Kommt in der anschließenden Pause zu mir und entschuldigt sich, dass sie mich kurz hätten hängen lassen, als sie selbst nicht weiterwussten. Eben ein Superschüler mit einem verlässlichen Charakter, wenn es darauf ankommt. Mit sehr eigenen Interessengebieten, die sich mit meinen Unterrichtsthemen bedauerlicherweise nicht decken. Aber was will man mehr?

Nun ja, ich wünsche mir Kontinuität, und dafür wünsche ich mir eine Anleitung, eine Gebrauchsanweisung. In der nachfolgenden Stunde, als ich die Klasse wieder ganz für mich habe, ist der schöne Zauber vorbei – und alles beim Alten.

MERKE: Schlüsselmoment – der erste Eindruck

Damit lerne ich meine zweite Lektion: Die ersten Minuten in einer neuen Klasse sind äußerst prägend und entscheidend für die zukünftige Zusammenarbeit zwischen Lehrern und Schülern. Ist das Schiff erst einmal von der falschen Strömung erfasst, kann der beste Steuermann das Ruder nicht mehr herumreißen.

Und gleich eine dritte Regel hinterher: In einer neuen Klasse weiß man nicht, was einen in der ersten Stunde erwartet. In der zweiten Stunde weiß man es – aber leider hat man meist nur eine Chance, seine Stellung vor der Klasse zu klären.

Mein Erlebnis mit der 9b ist nun schon über vierzig Jahre her. Ich werde diese ersten Stunden nie vergessen, denn dieser Klasse habe ich es zu verdanken, dass ich nicht nur intensiv Methoden erlernt habe, um einen Haufen Flöhe zu dirigieren, sondern mich auch bis heute mit der Frage der Lehrerpersönlichkeit, mit dem Superlehrer, auseinandersetze.

Der Mensch möchte gemocht werden oder will zumindest Anerkennung erfahren. Das ist eine Grundannahme, der sicherlich die meisten zustimmen können. Vergesst darum nicht: Auch Lehrer sind Menschen. Und wenn es nicht der Schüler ist, dann vielleicht die Schulleitung, vielleicht sind es auch die Kollegen oder sogar die Eltern, von denen er sich Unterstützung oder ein Lob erhofft. Manche streben nach der ersehnten Anerkennung, indem sie sich in Berufsverbänden für bessere Arbeitsbedingungen engagieren. Andere können diese am Ende nur im privaten Umfeld erleben.

Ich gebe offen zu – ich wollte gemocht werden. Ich wollte aber auch Lehrer und damit ein wenig Besserwisser sein dürfen. Freundlicher ausgedrückt: Ich wollte anderen etwas beibringen und dafür hin und wieder etwas Anerkennung finden. Ich denke, so geht es vielen von uns, und das ist völlig legitim.

Trial and error – den pädagogischen Weg finden

Mein Lernprozess war schmerzhaft. Die Praxiserfahrung der ersten Wochen dämpfte zunächst mein Selbstvertrauen, das für Lehrerpersönlichkeiten so ultimativ wichtig ist. Doch nach dieser Erfahrung wurde mir schnell klar: Schüler merken sofort, was für ein Lehrertypus in die Klasse kommt. Als ich Siebtklässler war und innerhalb kurzer Zeit der dritte Lateinlehrer unsere Klasse betrat, schauten wir uns wortlos an und wussten: Den schaffen wir nicht. Und so war es auch. Schüler haben ein äußerst feinsinniges Gespür für Wesen und Charakter eines Lehrers, der die Klasse betritt.

Persönlichkeit, Charisma, Ausstrahlung – wie man es auch nennt: Wichtig ist, dass der erste Eindruck den Erwartungen einer Klassengemeinschaft an den Lehrer in irgendeiner Form gerecht wird. Und das lässt sich nicht an den Hochschulen oder in den Fachseminaren im Referendariat lernen. Auch wenn dies immer wieder gefordert wird. Denn von vielen Seiten wird beklagt, angehende Lehrkräfte würden nur unzureichend auf ihren Beruf vorbereitet. Eine Studie mit dem schönen Titel »Lehre(r) in Zeiten der Bildungspanik« befragte Lehrkräfte sämtlicher Schulformen: Haben Sie sich durch Studium und Ausbildung ausreichend auf den Schulalltag vorbereitet gefühlt? Nein, klagte die Mehrheit. Das wundert uns nicht wirklich, denn das trifft durchaus zu. Aber ist das anders zu erwarten?

»Ein guter Lehrer sollte die Klasse im Griff haben.«

Anna, 13 Jahre

Machen wir uns nichts vor, das Hochschulstudium kann auf spezielle Unterrichtssituationen nur theoretisch vorbereiten. Keine Ausbildung, kein Studienfach verhilft zukünftigen Lehrern zur Persönlichkeit oder Ausstrahlung eines Superlehrers. Das ist auch in anderen Berufen nicht anders! Welcher junge Zahnarzt hat schon ein zusätzliches fachbezogenes Psychologiestudium absolviert, um in seinem Berufsstart hinreichend souverän und klug mit den Ängsten seiner Patienten umgehen zu können? Und welcher Zahnmediziner wurde im Studium auf den unglaublichen Mundgeruch vorbereitet, der ihm von so manchen Patienten auf dem Zahnarztstuhl entgegenschlägt? Sicherlich kaum einer. Das zu ertragen muss er auch erst lernen.

Wenn also der stark pubertierende Leon oder die zickige Vanessa die Klasse so richtig zum Kochen bringen – dann muss jeder Lehrer ausprobieren, welche Hilfsmittel am besten funktionieren. Und zwar ohne die Schüler dabei merken zu lassen, dass man seinen pädagogischen Weg erst finden muss. Für Eltern mag das so klingen, als wären ihre Kinder Versuchskaninchen für Unterrichtsmethoden und Erziehungsmaßnahmen. Am Anfang ist das auch so – und es ist gar nicht schlimm!

MERKE: Die Mischung macht's

Darum nun die vierte Lektion: Jede Klasse benötigt ihr ganz eigenes Verhältnis zu ihren Lehrern. Welches es ist, das lässt sich nur erspüren und nicht nach Schema F erlernen. Nicht für jeden Schüler ist der gleiche Lehrertypus gleich gut – für den einen ist es der strenge, für den anderen der umsorgende Lehrer. Eine gesunde Mischung macht's.

Kann jeder Lehrer sein, der das besondere Gespür hat, wie er in einer Klasse auftreten muss? Auch wenn er den Beruf nicht von Grund auf erlernt hat? In dieser Frage haben natürlich insbesondere die meisten Lehrer ihre Zweifel. Vielleicht auch ganz begründet? Oder ist es vielleicht nur ein Ausdruck der Besitzstandswahrung? Gerade in Zeiten des Lehrermangels bemühen sich einige Bundesländer, auf berufsfremde Personen mit Interesse für den Lehrerberuf zurückzugreifen.

Superjob zu vergeben

Es ist genau 9.00 Uhr. Zusammen mit fünf Kolleginnen und Kollegen sitze ich in einem kargen, weiß getünchten Raum. Neonoberlicht, grauer Teppich, Blick in den Hinterhof der Senatsverwaltung für Bildung in Berlin. Vor uns sechs Telefone für die Hotline mit dem Namen »Lehrer werden«. Die Stadt braucht 2000 frische Pädagogen für ihre Schulen – fertig ausgebildet oder als Referendare. Aus eigenen Universitäten hat Berlin zu wenig, nämlich nur 1000 Lehramtsabsolventen auf den Markt gebracht. Und diese wollen mitnichten gleich an die Schulen, sondern schauen sich auch in anderen Berufen um, gehen ins Ausland oder in eine andere Stadt. Einige Lehrerinitiativen beschwören darum das Schreckgespenst Abwanderung. Ist Berlin für Lehrer etwa unattraktiv? Liegt es daran, dass hier Lehrer nicht verbeamtet werden?

Sind Beamte die besseren Lehrer?

Will ernsthaft irgendjemand die These vertreten, ein verbeamteter Lehrer sei ein besserer Lehrer als ein angestellter oder umgekehrt?

Vor gut hundert Jahren hat Kurt Tucholsky eine böse These aufgestellt, weshalb Menschen Beamte werden wollen: Nicht etwa, weil sie den Staat bejahen oder sich unbedingt in den Dienst des öffentlichen Wohls stellen wollen – nein: Sie werden Beamte, um versorgt zu sein, um so unabhängig und verantwortungslos wie möglich zu arbeiten, und um regelmäßig ein sicheres Gehalt zu beziehen.[1] Lange Zeit war jeder Lehrer ein Beamter – also ein Staatsdiener, der nicht mit Streik für bessere Arbeitsbedingungen kämpfen durfte und dienstliche Anweisungen strikt zu befolgen hatte. Berlin hat sich – ganz auf der Linie seines scharfzüngigen Sohnes Tucholsky und im Gegensatz zu allen anderen Bundesländern – dagegen entschieden, Lehrer zu verbeamten. Diese Nicht-Verbeamtung birgt jedoch eine Gefahr – nämlich dass im Schulbereich gestreikt wird und damit noch mehr Unterricht ausfällt als ohnehin schon. Wer also Streiks ausschließen will, der hat keine Wahl. Viele Bundesländer haben das verstanden, verbeamten ihre Lehrer weiterhin oder kehren zur Verbeamtung von Lehrkräften zurück – zumindest wird politisch so argumentiert.

Beamter, ja oder nein – kommt es überhaupt darauf an? Viel wichtiger für den modernen Lehrer sollte doch sein, bei allem Wissen um die Vergangenheit den Zeitgeist in den Blick zu nehmen, um die Nähe zum Schüler herzustellen. Ich bin Lehrer geworden, weil ich mit Kindern und Jugendlichen arbeiten will, sie bilden und zu selbstbewussten Persönlichkeiten entwickeln möchte. Das beste Motiv, Lehrer zu werden, ist die Liebe zu den Schülern und der Wunsch, sie auf die Schwierigkeiten im Leben vorzubereiten: Was mache ich mit meinem Wissen? Wie setze ich es um, und wie bildet es meine Persönlichkeit? Das sind die Fragen, für die ein Lehrer seinen Schülern Hilfestellungen bieten muss – und zwar unabhängig von einem Beamtenstatus. Doch noch können sich die Bundesländer in dieser Frage leider nicht auf eine einheitliche Linie einigen und konkurrieren mit vermeintlich besseren Bedingungen um die vermeintlich besten Lehrer.

... Lehrer kann ich auch!

Zurück nach Berlin: Bei den Einstellungsverfahren in der Hauptstadt waren Zweifel angebracht, ob sich alle ausgebildeten Lehrer für den Angestelltenstatus begeistern lassen würden. Die Stadt fürchtete ein Lehrermangel-Drama und überlegte sich Folgendes: Warum größere Klassen oder vielleicht sogar Mehrarbeit riskieren, wenn es scharenweise Menschen gibt, für die der Lehrerberuf eine interessante berufliche Alternative wäre? Geboren war das Projekt »Jeder kann Lehrer werden« – auch bekannt als »Quereinstieg«. Es folgte der empörte Aufschrei vieler Eltern, Lehrer, Schulleitungen und sogar mancher Schüler, die sich Sorgen um ihre Ausbildung machen: »Das kann ja wohl nicht wahr sein, das geht doch zulasten der Unterrichtsqualität!«

Immerhin: Noch kann in Deutschland niemand Lehrer werden, der nicht mindestens ein unterrichtsrelevantes Fach an einer Hochschule studiert hat. Und überall in Deutschland müssen auch Quereinsteiger eine zusätzliche Ausbildung absolvieren – zwar nicht bevor sie im Unterricht eingesetzt werden, aber zumindest zeitgleich. Das nimmt uns doch sofort die Sorgen um unsere Kinder ... oder etwa nicht?

Tatsächlich wollen viele Menschen Lehrer werden. Aber sie haben keine Vorstellung davon, wie sie diesen Berufswunsch realisieren sollen. Deshalb sitze ich in den letzten Wochen vor meinem Ruhestand in diesem schlichten Raum und beantworte von 9.00 bis 16.00 Uhr Fragen rund um den Lehrerberuf. Zwischendurch schaut ein Fotograf oder eine Journalistin zu uns herein. Sie fotografieren uns und hören zu, wie wir telefonieren. Es ist ein bisschen wie im Zoo.

»Meine Klassenlehrerin ist die ideale Mischung aus Toleranz, Strenge und Humor.«
Louis, 11 Jahre

»Guten Morgen, hier informiert die Senatsbildungsverwaltung über das Auswahlverfahren für den Lehrerberuf an allen Berliner Schularten. Was kann ich für Sie tun?« Mit diesen und ähnlichen Worten melden wir uns am Telefon, das ununterbrochen klingelt. In den nächsten Wochen mehr als 8000-mal.

Wir – das ist eine Gruppe alter Hasen, bestehend aus ehemaligen Schulleitern, Schulaufsichtsbeamten und einer Kollegin, die jahrelang im Landeselternausschuss tätig war und um die Sorgen der Eltern weiß. Wir glauben zu wissen, worauf es ankommt. Und wir haben eine Liste vor uns liegen, auf der genau steht, welche Studienanteile anrechenbar sind und was nachstudiert werden könnte bzw. müsste.

»In welchem Beruf haben Sie in den letzten Jahren Erfahrungen gesammelt?«

»Ich bin seit zehn Jahren Metzger, da muss ich jeden Tag um 4.00 Uhr raus, dann mit dem Chef zum Großhandel, um die besten Stücke rauszusuchen, ich weiß ja, was unsere Kunden so wollen. Anschließend geht es zum Laden, da wird tranchiert und vorbereitet. Und ab 9.00 Uhr stehe ich im Verkauf, meistens bis 18.00 Uhr.«

»Und jetzt möchten Sie Lehrer werden?«

»Warum nicht? Ich will endlich ausschlafen und auch mehr Geld verdienen. Mathe und Deutsch kann ich gut, da helfe ich meiner Tochter bei den Hausaufgaben. Das, was die da in der Grundschule machen, das kann ich auch!«

Bei dieser Argumentation verschlägt es einem fast die Sprache – falscher kann man die Herausforderungen an den Lehrerberuf kaum einschätzen. Gut, bei der Metzgerausbildung lässt sich eine gewisse Nähe zum Umgang mit Tieren ausmachen – steht im Rahmenlehrplan für die Klassenstufen 2 und 3 –, vielleicht auch zum Thema »Gesunde Ernährung«, das in der 5. Klasse gelehrt werden muss. Aber beim besten Willen: Nein. Ich kann kein Berliner Unterrichtsfach erkennen, welches sich auch nur annähernd mit der Metzgertätigkeit deckt.

»Es tut mir leid, aber Sie haben wirklich keine Chancen – jedenfalls nicht, solange Sie nicht mindestens ein Schulfach studiert haben.«

Der Metzger ist enttäuscht.

Meine Kollegen müssen in vielen Fällen ähnliche Ablehnungen erteilen. Natürlich hat der Meeresforscher auch Biologie studiert, der Journalist vielleicht neben Publizistik auch Germanistik, der Architekt besitzt in jedem Fall Kenntnisse in Geometrie und Statik. Damit wir einem Interessenten Hoffnung machen können, zu den Auswahlverfahren eingeladen zu werden, muss er aber Unterrichtsfächer der Berliner Schule studiert haben. Und der Bewerber sollte darüber hinaus (so wünschen sich das zumindest die Schulen) nicht nur einmal, sondern mehrmals, am besten sogar kontinuierlich mit Kindern gearbeitet haben – als Fußballtrainer, Chor- oder Orchesterleiter, als Ehrenamtlicher in einem Jugendclub oder einer Jugendvereinigung wie zum Beispiel den Pfadfindern. Wer hat das schon?

Es ist ein mühsames Unterfangen. Über 3300 Bewerbungen williger Quereinsteiger treffen in den folgenden Wochen ein. Trotz unserer telefonischen Beratung sind immer noch viele Schauspieler, Soziologen, Mediziner und Theaterwissenschaftler dabei. Bei aller Kreativität, mit der wir ihre Ausbildungen interpretieren, haben sie doch definitiv keins der Schulfächer studiert.

Schule – ein attraktiver Arbeitsplatz

Erfreulich am gewaltigen Interesse der potenziellen Quereinsteiger: Die Frage nach dem Beamtenstatus kommt nur selten, spielt also ganz offensichtlich kaum eine Rolle. Manche fragen uns aber nach der Entlohnung. Und wir merken an den Reaktionen: Die meisten Berufe werden sehr viel schlechter bezahlt. Andere erkundigen sich auch nach unterrichtsfreien Zeiten, einige haben dabei die langen Schulferien im Auge. Wir klären auf: Nein, es handelt es sich nicht um dreizehn Wochen Urlaub, sondern lediglich um unterrichtsfreie Zeit. Da wird keineswegs nur der Überstundenberg aus arbeitsreichen Wochenenden abgebummelt, sondern auch der Unterricht vor- oder nachbereitet. Trotz Dementi kenne ich natürlich viele Lehrer – mich eingeschlossen –, die in den sechswöchigen Sommerferien auch mal sechs Wochen lang verreisen. Warum auch nicht? Hat man sich schließlich verdient und ist als Auszeit am Stück doch etwas Wunderbares! Dazu sollte jeder Lehrer ganz selbstbewusst stehen.

Nach den Ferien habe ich mich jedes Mal wieder auf den Trubel in der Schule gefreut, das Hin und Her der Schüler im Schulgebäude, ihr Lachen und Rumkrakeelen. Eltern, die schon zu Beginn des Schuljahres die Noten für das Abschlusszeugnis besprechen wollen. Kollegen, die Urlaubsgeschichten zum Besten geben, über andere Kollegen lästern, viele Kaffeepausen, einen neuen Stundenplan, den man grundsätzlich erst einmal in Frage stellt, um dann doch recht zufrieden zu sein.

Und endlich wieder die eigene Klasse treffen! Den riesigen Entwicklungssprung zu sehen, den Dreizehn- und Vierzehnjährige innerhalb von sechs Wochen machen. Man erkennt sie kaum wieder. Umgekehrt erkennen sie zwar noch ihren alten Lehrer, die Struktur und den Ablauf eines Schulalltages haben sie jedoch völlig vergessen. Bis man den unkonzentrierten Haufen wieder sortiert und einen roten Faden – besser: ein Seil – gespannt hat, an dem sich alle entlanghangeln können, stehen schon fast die Herbstferien vor der Tür.

Obwohl wir natürlich alle die vielen freien Tage lieben, kenne ich viele Kollegen, die meine Entzugserscheinungen am Ende der Ferien teilen. Schule, da ist halt was los!

Ein erfüllender Job

Während meiner Beratungstätigkeit erscheint in einer großen deutschen Wochenzeitschrift unter der Rubrik »Plan B« ein kleiner Artikel mit der schlichten, aber wirkungsvollen Überschrift »Lehrerin«. Darin beschreibt die Fraktionsvorsitzende der Grünen im Bundestag, Katrin Göring-Eckardt, dass auch sie gern Lehrerin geworden wäre und das Verlangen nach diesem Berufswunsch weiterhin spüre: »Irgendwie gibt es diese Sehnsucht noch immer. Kinder und Jugendliche dabei zu begleiten, wie sie lernen und leben, wie sie diejenigen werden, die sie sein wollen – das ist eine großartige Vorstellung. Ich finde es spannend mitzuerleben, wie sie eigene Werte entwickeln; ich würde sie fragen, was sie von sich erwarten – und ihnen helfen, ihre Neigungen zu entdecken.«[2]

»Der Beruf lebt eindeutig von seiner lebendigen Vielseitigkeit.«

Inga K., Grundschullehrerin

Wie romantisch! Und Frau Göring-Eckardt ist mit ihrem Verlangen nicht allein. Wir sechs von der Hotline haben den Eindruck, dass viele Menschen diese innere Sehnsucht nach dem Lehrerdasein plötzlich stärker spüren als in den Jahren zuvor. Liegt es vielleicht an den Inhalten der anderen Berufe? Irgendwann stellt sich jeder die Sinnfrage und überprüft entsprechend das eigene Leben und Tun. Vorstellbar, dass der direkte Kontakt mit Kindern und Jugendlichen erfüllender als die eigene Tätigkeit erscheint.

Mit meinen Kollegen diskutiere ich fast täglich über die Qualität der Anrufe. Und über die Frage, ob es wirklich relevant für eine erfolgreiche Lehrerpersönlichkeit ist, ob dahinter ein Quereinsteiger oder ein echter, also voll ausgebildeter Lehrer steht. Fast alle Berufsgruppen haben sich bei uns gemeldet, und jedes Mal stellt sich die Frage: Wer ist als Lehrer geeignet? Der Meeresbiologe, der packende Geschichten aus der Tiefseeforschung erzählen kann? Der Statiker oder Architekt, der Teile der Mathematik praxisnah erklären kann? Die Politikerin, die schon immer die Sehnsucht verspürte, mit Jugendlichen zusammenzuarbeiten? Wie verschieden und widersprüchlich diese Frage diskutiert wird, zeigen zahlreiche Beiträge von Eltern, die einerseits die Praxisferne der Schule beklagen, andererseits aber Qualitätsverluste durch den Einsatz von Praktikern als Lehrkräfte befürchten. Sagst du »Hü!«, dann sag ich »Hott!« – so läuft es in vielen Diskussionen, die sich um gute und schlechte Schule drehen.

MERKE: Lehrer werden ist für viele ein Plan B

Menschen aus allen Berufsgruppen nehmen den Weg zurück zur Schule als interessante Alternative wahr. Und der Lehrerberuf hat ein weitaus besseres Image als allgemein angenommen – nicht nur wegen der Ferienzeiten und guten Entlohnung.

Neue Lehrer braucht die Stadt

Wir versuchen auf vielen Wegen, für den Beruf zu werben. Nicht nur über die Hotline, sondern auch mit regional angepassten Slogans, die wir als Anzeigen in anderen Bundesländern schalten: »Da werd ned nur o'zapft. Da werd aa eigstellt« – das ist an bayerische Junglehrer gerichtet. »Revierwechsel gefällig? Kohle gibt's auch bei uns« – für Lehrkräfte aus Nordrhein-Westfalen. Und um den Baden-Württembergern die Angst vor dem Wechsel in die Hauptstadt zu nehmen: »Hochdeutsch? Können hier auch nicht alle.«

Neukölln hin oder her, so schlimm ist es dort gar nicht. Und wenn die Zugezogenen erst einmal die vielen guten Restaurants und Märkte getestet haben, dann wird der bekannte und sehr kiezige Bezirk plötzlich zur echten Wohnalternative. Der sonnenverwöhnten Münchnerin mag das flache, laute, nicht überall ganz saubere Berlin vielleicht keine Alternative sein, die sich aufdrängt. Aber es ist allemal besser, als mit einem guten Examen arbeitslos im Englischen Garten zu sitzen und Bier zu trinken.

Die Berliner Schule – da mache ich jetzt ganz lokalpatriotisch Werbung für meine Stadt – bietet alles, was man als Vollblutlehrer von seinem Beruf erwarten darf: Herausforderungen, Vielfalt, Strebertum, Förderwillige und weniger Förderwillige, Eltern, die sich gerne einmischen oder die sich gar nicht blicken lassen, düstere alte Schulgebäude voller dunkler Ecken und maroder Dachböden, moderne Mensen, alte und neue Sporthallen. Also Bedingungen querbeet durch alle erdenklichen positiven und negativen Aspekte der Schulwelt. Aber seien wir ehrlich: Diese Form der Vielfalt ist in vielen deutschen Großstädten anzutreffen – nicht bloß in Berlin.

Mein Abschiedsplädoyer

Während ich tagsüber Lehrer akquiriere, bereite ich abends meinen Abschied aus dem Berufsleben vor. Ich sitze mit einigen Kollegen zusammen, um meinen Ausstand zu besprechen. 41 Jahre Lehrer, Schulleiter, Schulaufsichtsbeamter, Beschwerdemanager – da fällt der Abschied schwer. Nicht zu unterschätzende Fragen beschäftigen mich: Wo wird gefeiert, wie viele Gäste lade ich ein? Es sind am Ende so viele, die man ehrlicherweise einladen müsste, dass man zwischen dem finanziellen Ruin oder einer kleinen Feier mit engsten Kollegen wählen muss. Die letztere Variante würde sicherlich den einen oder anderen verprellen, wenn nicht gar beleidigen.

Als wir über meinen Abschied und meine Jahre als Lehrer sprechen, kann ich nicht verbergen, dass ich nicht gerade glücklich über die aktuellen Qualitätsdebatten bin, die zwischen Eltern, Lehrern und der Senatsbildungsverwaltung im Zuge der Einstellungsverfahren geführt werden und die deutlich machen, dass gegenüber der Politik erhebliches Misstrauen besteht.

Zudem wird in zahlreichen besserwisserisch daherkommenden Lehrerblogs nur geklagt und gemeckert. Unter Pseudonymen – Aktivist oder Referendar – wird sich viel Frust von der Seele geschrieben über schlechte Bezahlung, Belastungssituationen, den fiesen Senat. Und – obwohl gleichzeitig der Lehrermangel beklagt wird – warnen die Autoren auch noch potenzielle Bewerberinnen und Bewerber: Lassen Sie lieber die Finger von Berlin, Lehrersein ist hier echt nur noch frustrierend ...

Ob ich darüber verärgert bin? Aber ja! Ich war sehr gern Lehrer und stehe voll und ganz hinter diesem Beruf. Wir brauchen mehr Gegenstimmen, die die Qualitätsdebatten über guten Unterricht vorwärtsgerichtet führen, zielorientiert und immer das Wohl der Kinder im Blick haben! Es gibt so viel Positives in den Schulen, das verstärkt und weiterentwickelt werden kann! Durch bloßes Schlechtreden sind noch keine Verbesserungen auf den Weg gebracht worden.

Meine Kollegen sind sensible Menschen. Igor, Franz und Britta kenne ich seit Jahren, wir arbeiten eng zusammen und beraten uns oft gegenseitig.

»Wenn ich dich richtig verstehe«, fasst Igor zusammen, »dann willst du beim Abschied allen sagen, wie viel Spaß dir die Arbeit gemacht hat.«

»Genau!«, sage ich. »Ich möchte auch allen danken und hinausposaunen: Der Lehrerberuf ist der beste der Welt! Es lohnt sich in jeder Hinsicht, ihn zu ergreifen! Die Zusammenarbeit mit Schülern ist großartig! Lehrer ist ein Superjob!«

Das ist es, was ein Lehrer nach so vielen Jahren vermitteln möchte. Britta sagt, diese Punkte könne man natürlich in eine wirklich schöne und lange Abschiedsrede packen, ausgeschmückt mit ein paar rührenden Anekdoten, bei denen dann der eine oder andere vielleicht feuchte Augen bekommt. Oder in einen kurzen Videoclip, den man auf YouTube stellt.

Und dann beginnen alle drei angeregt durcheinanderzureden, es ist ein bisschen wie in der Schule.

Plötzlich erzählt jemand von einem Edeka-Werbespot: Dieser Clip vermittelt so viel Spaß am Einkaufen, dass man eigentlich nur noch durch die Supermarktreihen tanzen möchte und alle, wirklich alle Produkte »supergeil« findet – vom sehr, sehr weichen Toilettenpapier bis hin zu Keksen, Müsli oder Milch. Man will die hübschen Verkäuferinnen treffen und die gleichen Glücksgefühle erleben wie der Protagonist, der singend durch den Markt tanzt. Genau das ist es, was wir für die Schule, für den Lehrerberuf brauchen!

»Und du«, sagt Franz, »du siehst aus wie der echte Star aus dem Clip.«

Ich sehe aus wie ein Star? Das will ich auf der Stelle überprüfen. Wir schauen uns den Film an, der zu diesem Zeitpunkt schon zehn Millionen Klicks verzeichnet. Unglaublich! Nicht uneitel stelle ich fest, dass ich tatsächlich ein wenig Ähnlichkeit mit dem bärtigen Darsteller Friedrich Liechtenstein habe – wenn ich auch definitiv nicht so gut tanzen und swingen kann.

Supervideodreh

»Dreh' zu deinem Abschied einen Film!«, sagt Britta. »Du könntest mit einem Schlag kurz und knackig deine Botschaften vermitteln. Vielleicht bekommst du sogar Presseresonanz und dazu den einen oder anderen Klick.«

Ich zögere, aber die Kollegen sind Feuer und Flamme: »Wir helfen dir dabei!«

Gesagt, getan! In den kommenden Tagen sitzen wir ständig zusammen, Drehbuch und Songtext werden geschrieben, die Drehorte an den Schulen organisiert und die Drehtermine festgelegt. Für mich und die anderen völliges Neuland, aber wir haben großen Spaß.

Der Plot ist schnell erzählt: Ein Lehrer kommt am Berliner Hauptbahnhof an, schaut sich in der Stadt um, besucht eine Schule, die Mensa, die Schultoilette und findet alles, Stadt, Schüler und Schule: supergeil!

»Supergeile Aktion! Nicht nur Berlin braucht mehr Lehrer wie ihn ;) Thumbs up!«
Kommentar auf YouTube

Wir erreichen unseren ersten Drehort, das Friedrich-Ebert-Gymnasium in Berlin-Wilmersdorf. Am Haupteingang warten schon fünf Schüler, alle 9. Klasse, die sich bereit erklärt haben, mitzuspielen und zu singen. Die jungen Leute sind außerordentlich zuvorkommend und verwandeln die Klassenzimmer in ein Filmset. Wir Alten haben keine Chance mitanzupacken, so aktiv und gut organisiert sind die Jungen. Allerdings hat niemand von uns bisher einen Film gedreht, geschnitten und vertont. Natürlich kann so ein Projekt auch danebengehen – das wissen wir alle. Die Schüler sind aber mit ganzem Herzen dabei, auch wenn wir eine Szene zwanzigmal wiederholen. Und sie haben viel Sinn für Komik und Humor – ich habe sofort Sehnsucht nach der Schulzeit!

Los geht's – ich singe auf dem Weg zur Schule: »Superschule, supercoole, supernette Superkids!« Ich gehe an den Schülern vorbei und singe: »Superfreundlich, superhöflich, superpünktlich, superfit!« Ich singe zusammen mit den Schülern in der Klasse: »Superfairer Superlehrer! Superschwerer Superjob!« Und dann – der Refrain:

Schule ist supergeil, supergeil,
Kids, die sind auch dabei, auch dabei,
merk Dir, Berlin sucht Coole für die Schule!

Ein bisschen platt vielleicht, aber es trifft den Kern. Ein Superjob mit Kindern und Jugendlichen! Wichtig und für mich eine großartige erste Erfahrung mit den sozialen Netzwerken: Der Clip findet in kurzer Zeit weite Verbreitung und ist damit ein doch hoffentlich wirkungsvolles Plädoyer für einen der schönsten Berufe der Welt.

Lehrer ist ein Kreativberuf

Gibt es einen vielseitigeren Job? Lehrer sind ständig auf Achse, haben den ganzen Tag Kontakt zu den unterschiedlichsten Menschen verschiedener Altersgruppen, sind in mindestens zwei Fachgebieten äußerst versiert, können bei ihrer Arbeit eine Menge Spaß haben und sich selbst verwirklichen.

Wie zum Beispiel Kollegin Seifert, die von ihrer Theater-AG erzählt: »Ich habe tatsächlich ein Theaterstück produziert und auf die Bühne gebracht – ein tolles Gefühl!« Sie hat sich ein Stück mit dem lustigen Titel »Aus dem Leben unseres Hausmeisters und unserer Schulsekretärin« ausgedacht, um eben diese zu verabschieden. Ein Rollenspiel. »Uwe aus der 6. Klasse spielte den Hausmeister, Petra die Sekretärin, andere die Lehrer bei ihrem Tagesprogramm, eben das ganze schulische Hin und Her auf der Bühne.« Erstaunlich gut konnten die Schüler ihre Lehrer persiflieren und dem gesamten Schulpersonal einen Spiegel vors Gesicht halten. »Wir lagen am Boden vor Lachen.«

Also – Sie sind auf Jobsuche oder mit Ihrem Beruf nicht hundertprozentig zufrieden? Sie wollten schon immer ein bestimmtes Projekt ins Leben rufen, haben dafür aber weder Geld noch ehrenamtlich arbeitendes Personal? Sie möchten zum Beispiel eine Cateringfirma gründen, ein Theaterstück aufführen, einen Film drehen, ein Musical auf die Beine stellen, ein Orchester leiten, einen Gemüsegarten anlegen? Sie wollen Ihr Hobby zum Beruf machen oder es wenigstens in Ihren Beruf integrieren? Nichts leichter als das – zumindest als Lehrer: Da sind Sie in einer außergewöhnlich komfortablen Situation. Sie werden in jeder Schule Schüler finden, die Sie mit Ihrer Idee anstecken können und die Ihnen einen großen Teil der Arbeit abnehmen werden, ob es das Nähen von Kostümen ist, die Organisation von Räumen, die Erstellung von Werbematerialien und fotografischen Dokumentationen oder das Jäten von Unkraut auf dem Schulhof.

Schüler sind extrem kreativ und bringen ihre Ideen gern für die gemeinsame Sache ein – übrigens sind Schüler in der Schule oft wesentlich engagierter als zu Hause. Da ist nicht viel Überzeugungsarbeit nötig, da reicht oft ein aussagekräftiges Informationsschreiben über das AG-Angebot.

Zum Beispiel der zehnjährige Benjamin: Als einer der Engagiertesten rupft er in der Schulgarten AG freiwillig Unkraut, pflanzt Gemüse, wässert und düngt. »Mit großem Interesse und viel Einsatz hat sich Benjamin vorbildlich um den Schulgarten gekümmert« steht am Jahresende in seinem Zeugnis. Die Mutter kann es kaum fassen: Ist das wirklich derselbe Junge, den daheim nichts dazu bringen kann, im verlotterten Garten zu helfen?

> *»An meiner Arbeit liebe ich vor allem die AGs. Ich leite seit Jahren eine Tanz-AG. Warum? Na, weil ich selber gern und viel tanze und es trotzdem nicht zum Profi geschafft habe. Da liegt es doch auf der Hand, die Schüler für eine AG zu motivieren.«*
>
> Christine S., Grundschullehrerin

Ähnlich bei Hanna: Die Dreizehnjährige kann in ihren eigenen vier Wänden keine Ordnung halten und liebt das Chaos, glauben ihre Eltern. Zu Hause kann niemand Hannas Zimmer betreten, der Boden ist mit Büchern, Comics und Zeitungsausschnitten zugemüllt, keine Schneise führt hindurch. In ihrer Schule dagegen hat ausgerechnet Hanna die Leitung der Klassenbibliothek übernommen. Die Bücher hat sie durchnummeriert und ordentlich nach Autoren geordnet in den Klassenschrank gestellt. Akribisch vermerkt sie, wer wann ein Buch ausleiht, und ermahnt ihre Mitschüler, wenn die Leihfrist überschritten ist. Die Lehrerin ist sehr zufrieden, weil sie sich nicht um die Bibliothek kümmern muss. Hannas Eltern geht es genau wie Benjamins Mutter, als sie das Zeugnis ihrer Tochter lesen: Sie können sich das nicht erklären!

Wir Lehrer sollten diese für uns durchaus positive Diskrepanz nutzen. Was zu Hause als Belastung empfunden wird, gilt in der Schule oft als cool.

MERKE: Schule ist der perfekte Ort für kreative Ideen!

Wer zusätzliche Interessen über die fachbezogenen Unterrichtsinhalte hinaus hat, kann sich im Lehrerberuf nach Belieben austoben. Er wird unter der Vielzahl der Schüler immer Mitstreiter für seine Ideen gewinnen können.

Wir sollten uns diesen durchaus positiven Punkt des Lehrerberufs einrahmen, selbst wenn alle Projektbeteiligten Laien sind. Wenn sich Lehrer mit Schülern zusammentun, um Projekte ins Leben zu rufen, von denen sie eigentlich gar keine Ahnung haben – dann reicht oft die innere Motivation, um erfolgreich zu sein. Man muss sich nur trauen!

Wer sind diese Lehrer – ein Besuch im Lehrerzimmer

Sehen wir uns die Lehrerinnen und Lehrer genauer an. Was sind das für Menschen, die sich tagtäglich mit Schülern beschäftigen und versuchen, sie stündlich ein wenig klüger zu machen? Lassen sie sich alle über einen Kamm scheren? Sind sie Besserwisser, Masochisten oder gar Faulenzer?

Hier lohnt sich der Blick in ein Zimmer, das für Schüler und Eltern in der Regel eine Black Box ist: das Lehrerzimmer. Ein geheimnisvoller Ort, der den meisten Schülern verborgen bleibt, weil die Schule unbestritten auch schülerfreie Zonen braucht. Hier sind wir Lehrer unter uns, hier können wir uns ausruhen, relaxen und Kräfte sammeln für die nächste Stunde. Aber ganz so ruhig geht es an diesem Ort auch nicht zu: Hier wird getuschelt, gestritten, gestöhnt und diskutiert – über Schüler und Eltern, über Vertretungen, Abrechnungen von Klassenreisen oder Ausflügen, über die Teilnahme an der Einschulungsfeier, an der Weihnachtsfeier, am Tag der offenen Tür, am Schulkonzert, am Sommerfest und so weiter. Da kommt einiges zusammen, und nicht jeder ist gleich engagiert bei der Sache. Die einen schauen prinzipiell zur Seite, artikulieren ihren Unmut oder verlassen fluchtartig den Raum, andere können gar nicht genug AGs und Arbeitseinsätze übernehmen.

Hier im Lehrerzimmer, im Organisationszentrum der Schule, erhält man auch einen Einblick ins Schulleitungsmanagement: an der Pinnwand der Gesamtstundenplan, der Raum- und Terminplan, auf einem Tisch das Mitteilungs- und das Vertretungsbuch, in dem von Schuljahresbeginn an sämtliche Abwesenheiten mit den dadurch notwendigen Vertretungen oder Stundenplanänderungen notiert sind. Sondereinsätze sowie besonders wichtige Mitteilungen sind zur Kenntnis zu nehmen und persönlich abzuzeichnen.

»Wir haben unter den Kollegen immer viel Spaß. Und ja, die gute Laune nehme ich auch ins Klassenzimmer mit. Mit den Schülern lachen, ist doch das Beste, was einem Lehrer passieren kann.«

Ullrich H., Gymnasiallehrer

Hier im Lehrerzimmer treffen sie alle aufeinander, die unterschiedlichen Lehrertypen: die wohlorganisierten, die ihren Platz stets aufgeräumt hinterlassen und keinen Zweifel an den Besitzverhältnissen aufkommen lassen; diejenigen, die mit einer Zeitung unter dem Arm und einer kleinen Aktentasche zu ihrem Platz schlendern und das Weitere auf sich zukommen lassen; oder die, die sich aufgrund ihres Alters, oder weil sie zum Fachbereichsleiter aufgestiegen sind, selbst als bedeutungsvolles Vorbild wahrnehmen. Diese unterschiedlichen Lehrercharaktere werden wir im Folgenden genauer unter die Lupe nehmen und ihren Einfluss auf eine »gute Schule« betrachten. Denn wenn ich heute gefragt werde: »Ist diese oder jene Schule gut?«, dann kann ich immer nur antworten: Die Schule ist zunächst nur das Gebäude – viel interessanter ist aber, was darin passiert.

Ein Frischling in der No-go-Area

Betreten wir gemeinsam die Tabuzone für Schüler und Eltern. Es ist Freitag, der letzte Tag der Sommerferien. Wir Lehrer dürfen schon ein bisschen Schulluft schnuppern, ehe am Montag das nächste Schuljahr startet. Präsenzpflicht nennt man das.

An den zwei sich gegenüberstehenden langen Tischreihen sitzen die Kollegen, offenbar mit Aufräum- oder Vorbereitungsarbeiten beschäftigt. Viele Bücher und Materialien liegen auf Tischen und Regalen herum. Drei Viertel des Kollegiums sind schon versammelt, als sich die Tür öffnet und ein neues Gesicht den Raum betritt, ein wenig zögerlich und zaghaft. Ganz klar: ein neuer Referendar. Das Lehrerzimmer ist nicht gerade klein, 160 Quadratmeter groß. Dennoch bleibt der neue Kollege an der Tür stehen, ganz so, als hätten wir nicht genug Platz. Ausgerechnet Kollegin Knielich ist ihm am nächsten, und so beobachten und hören wir anderen das freundliche Einsteigergespräch:

»Hallo, ich bin der neue Referendar, Markus Schlotter. Wo ist denn hier noch ein Platz frei?«

»Bei uns gibt es keine Stammplätze, aber hier sitze ich!«, sagt Frau Knielich und setzt sich auf den letzten freien Stuhl im vorderen Bereich.

Soeben hat der Referendar eine wichtige erste Lektion gelernt: Wer die Sitzordnung, den angestammten Arbeitsplatz im Lehrerzimmer nicht respektiert, der betritt vermintes Gebiet. Durch Bücher, Kopienstapel, Brotdosen oder nur durch ungeschriebenes Gewohnheitsrecht sind Claims abgesteckt, die man besser beachtet, will man beim Entrée in ein neues Kollegium nicht sofort dessen Wohlwollen verspielen.

Durchfragen ist für jeden Neuling das erste Gebot. Er sollte nicht unbedingt erwarten, dass der viel beschäftigte »Alteingesessene« auf ihn zukommt. Und manche Referendare wurschteln sich auch lieber allein durch.

Schlotter darf auch gleich eine weitere, wichtige Erfahrung machen, die ihm Zuneigung oder auch Abneigung einiger Kollegen entgegenbringen wird.

In der hinteren Ecke des Lehrerzimmers stehen zwei zusammengeschobene Trapeztische, abgetrennt von der übrigen Tischreihe. Unser Referendar erspäht dort einen freien Platz, schreitet freundlich lächelnd hinter unseren Rücken den Raum ab, um sich eben dort zu setzen. Das Kollegium ist nun vollständig, beginnt seine Urlaubserlebnisse auszutauschen, Einzelne stehen auf, um dem Neuen die Hand zu geben und nach seinen Fächern zu fragen. Der Referendar ist jetzt entspannter, rund um seinen Platz sitzen fast nur junge Kollegen, es herrscht ein kumpelhafter Ton, man ist per Du, anders als an den vorderen Tischen. Wenn er sich jetzt die Papiere auf dem Tisch anschauen würde, sähe er, dass dort überall das Gewerkschaftszeichen GEW prangt. Nach der Konferenz, auf der wir den neuen Stundenplan diskutieren, wird der arme Schlotter tatsächlich auf seine Platzwahl angesprochen: »Warum sitzen Sie eigentlich da hinten am Gewerkschaftstisch? Noch nicht im Beruf angekommen und schon organisiert?« Schlotter beantwortet die Frage mit einem hilflosen Achselzucken. Wir anderen lachen.

MERKE: **In jedem Lehrerzimmer gibt es Cliquen**

Ein Neuling sollte also genau darauf achten, wo er sich platziert und mit wem er am ersten Tag länger als fünf Minuten spricht. Lehrer beobachten alles, auch oder gerade wenn sie so aussehen, als seien sie selbstvergessen in ihre Lektüre vertieft. Sie können genauso Schubladendenker sein wie viele andere Menschen.

Trotz der Ferien sind einige Kollegen bereits jetzt von den bevorstehenden Aufgaben genervt. Die herunterhängenden Mundwinkel und ausgeprägten Stirnfalten sprechen Bände – eine traurige Physiognomie der Schwerkraft. Andere betreten dynamisch und voller Tatendrang den Raum und können den Beginn des neuen Schuljahres offenbar kaum erwarten. Das bringt positive Schwingungen ins Lehrerzimmer. Denn jeder weiß: Nach außen getragene Lebensfreude überträgt sich auf die Mitmenschen. Mimik und Gestik machen es uns leichter, die Kollegen zu klassifizieren.

Im Lehrerzimmer treffen wir auf fünf Grundtypen des Lehrers. Können wir uns mit ihrer Hilfe dem Superlehrer und der erfolgreichen Lehrerpersönlichkeit annähern? Auf alle Fälle!

Die Gehetzte

Die stets eilige und gehetzte Lehrkraft kommt meistens kurz vor knapp ins Lehrerzimmer oder in ihre Klasse gerannt. Sie trägt die Unterrichtsmaterialien unsortiert unter den Arm geklemmt oder in ihrer Tasche, zusammen mit alten Kassenzetteln, kaputten Kugelschreibern und dem Pausenbrot von gestern. Sie kommt der typischen Filmfigur der Lehrerin am nächsten: Trägt sie passenderweise eine Brille, sitzt diese entweder verrutscht auf der Nase oder im Haar, wo sie sie vergisst, bis sie verzweifelt überall danach sucht – nur nicht auf dem Kopf. Die Haare sind nicht ganz durchgekämmt, Hemd oder Bluse leicht zerknittert, weil der Morgen einfach zu kurz war, um sich sorgfältig zurechtzumachen. Vielleicht ziert auch schon ein erster Coffee-to-go-Fleck die frische Hose, den hellen Rock. Nicht sicher ist, ob sich die gehetzte Lehrkraft wirklich ausreichend der Unterrichtsvorbereitung widmet, zumindest nicht erst am frühen Morgen oder spät in der Nacht. Ganz Klischee, verliert die gehetzte Lehrkraft bei ihrem Sprint durchs Schulgebäude einige Papiere, am besten eine Klassenarbeit.

Die gehetzte Lehrkraft läuft in ihren Klassen leicht Gefahr, Akzeptanzprobleme zu bekommen. Denn wer sich selbst so offensichtlich schlecht organisiert, strahlt nicht eben Arbeitseffizienz und Managementkompetenz aus. Beide Fähigkeiten sind aber in unserer Gesellschaft, die alles verdichtet, beschleunigt und verkürzt, überaus gefragt. Kaum jemand wird ihr also zutrauen, die Bedürfnisse von dreißig Individuen in ihrem Sinne inhaltlich und zeitlich steuern zu können. Wir sind zwar ständig im Stress, dürfen diesen aber keineswegs zur Schau tragen.

Schüler haben zudem das großartige Talent gerade dann zu verlangsamen oder unaufmerksam zu werden, wenn die Unterrichtszeit knapp wird und der Lehrer schnell noch einen letzten Punkt vermitteln will. Warum so hastig, wird da larmoyant gefragt – was sicher viele Eltern tagtäglich selbst erfahren dürfen, wenn es zum Beispiel morgens pünktlich losgehen soll.

Ist die gehetzte Lehrkraft bei ihren Kollegen beliebt? Nun, das kommt darauf an. Denn sie differenziert sich in zwei Untergruppen:

Zu der einen Gruppe gehören diejenigen, die sich durch ihre Eilfertigkeit gerne weitere Aufgaben aufbürden lassen. Sie werden bei Kollegen dafür durchaus geschätzt, geben sie sich doch engagiert, wenngleich sie sich oft auch an zusätzlichen Aufgaben überheben.

Zu der zweiten Gruppe gehören die Lehrer, die einem immerzu ein schlechtes Gewissen einreden wollen, indem sie nonverbal ausrufen: »Siehst du wirklich nicht, wie viel ich schon zu tun habe? Wie kannst du mich fragen, ob ich einen Stand bei der Weihnachtsfeier betreuen kann? Noch mehr geht doch wirklich nicht!«

Der ersten Gruppe möchte man ab und an über den Kopf streicheln, die Hand halten und dabei zuflüstern: »Alles wird gut, ganz ruhig, du schaffst das, alle mögen dich, nimm dir nur Zeit, gaaanz ruhig.« Letztere Gruppe würde man gern aus dem Kollegium verabschieden.

Der Griesgram und die Schlechtgelaunte

Unsere Stimmungen und Launen verändern unsere Mimik, unser Gesicht, das ist so, davor ist niemand gefeit. Naturgemäß kann es auch den Lehrer treffen. Manch einer kommt schon nach den Ferien schlecht gelaunt zur Schule. Stimmungsaufhellende Momente scheint es für diesen Typus nicht zu geben, der Blick aufs Positive bleibt verstellt. Der schlecht gelaunte Kollege kann ein stiller Griesgram oder auch ein streitbarer Querulant sein. Treffsicher passt er die Momente ab, in denen Kollegen gemeinsam lachen und Spaß haben, um dazwischenzugehen und geschickt auf die Defizite der Situation hinzuweisen, möglichst verbunden mit dem Hinweis auf charakterliche Schwächen des einen oder anderen, so dass am Ende alle mit einem schlechten Gefühl auseinandergehen und meist auch mit einem schlechten Gewissen. Denn schuld sind grundsätzlich die anderen, an dem zugigen Platz im Lehrerzimmer, dem schlechten Mensaessen, der unmöglichen Klassenzusammensetzung oder dem anstrengenden Stundenplan.

Ein Glücksmoment für denjenigen, dem der Griesgram einen guten Morgen wünscht. Das ist nicht selbstverständlich, denn er grummelt lieber Selbstgespräche in seinen Bart, als mit anderen in Kontakt zu treten. Nun ja, wenn man unbedingt will, dann findet man im Schulalltag durchaus den einen oder anderen Aspekt, der schlechte Laune machen kann: Kritische Eltern und vor allem jede Menge Schüler, große, kleine, dicke, dünne, alle sind irgendwie zu laut, nicht schlau genug, verzogen, sozial verwahrlost und nervend. Wer würde mit dieser Haltung keine schlechte Laune bekommen?

Es lässt sich nur schwer vorstellen, dass dieser chronisch miesepetrige Kollegentyp vor seiner Klasse eine 180 Grad-wendung vollzieht und zu einer Ausgeburt an Fröhlichkeit und aufmunternder Begeisterung wird. Lernen hat nichts mit Spaß zu tun – das ist schon eher die Haltung, die seinem Charakter entspricht und die er mit scharfer Zunge auch auf Elternabenden verkündet: »Schule muss auf den Ernst des Lebens vorbereiten und nicht auf den Spaß« – so lautet sein Credo. Diese Haltung ist nicht nur kritikwürdig, sondern vor allem traurig – nicht nur für den Kollegen selbst, sondern vor allem für seine Schüler, die unter ihm leiden werden. Denn mit Angst und Strenge fallen Lerneffekte natürlich weitaus geringer aus als mit zugewandtem Lehrverhalten.

Wahrscheinlich hat sich dieser Lehrertypus schon lange nicht mehr gefragt, was ihn glücklich machen könnte oder worüber er sich freuen würde. Andererseits: Wir wollen doch authentische Lehrer und nicht jemanden, der ständig seine schlechte Laune überspielen muss. Psychologen sagen zu-dem, dass emotionale Dissonanz krank macht – ständiger Frust übrigens auch. Für den Griesgram führt der Weg so oder so in Richtung Krankheit. Und schuld sind natürlich die anderen.

Der Dauerkranke

Der dauerkranke Lehrer ist aus gesundheitlichen Gründen nicht im Lehrerzimmer anzutreffen. Aber dennoch bleibt er so lange für die anderen präsent, bis er der Schule nicht mehr als verfügbare Lehrkraft angerechnet wird. Das kann dauern, je nach Bundesland mehrere Monate. Bis Ersatz gefunden ist, dürfen alle anderen Kollegen für den Kranken einspringen. Das ist nicht immer schön und minimiert mit der Zeit das Mitgefühl. Aber wie kommt es, dass ein Teil der Lehrer auf lange Zeit erkrankt?

Studien belegen: »Bereits Referendare sind überfordert und deswegen nicht immer motiviert. Jene Lehrer, die an Burn-out-Symptomen leiden, haben schon während des Studiums zu wenig Begeisterung für ihren zukünftigen Beruf entwickelt.«[3] Wurde irrtümlich der falsche Beruf gewählt? Sehen wir uns den Dauerkranken an, bevor er Schlafstörungen, Tinnitus, Burn-out oder Depressionen bekam und der Schule fernblieb: Die Ursache ist meist negativer Stress. Kennen Sie nicht?

Stellen Sie sich vor, Sie haben Geburtstag und konnten sich, weil Sie kein Lehrer sind, einen Tag freinehmen, um entspannt zu Hause zu feiern. Sie haben sich einen Kaffee gekocht oder lassen sich gerade einen vollmundigen, nicht ganz preiswerten Wein einschenken. Ihr Partner lächelt sie an – da klingelt es plötzlich an der Tür. Sie stehen auf, um zu öffnen. Überraschung! Da stehen einige Kollegen mit Blumenstrauß, pusten in ihre Trillerpfeifen und singen laut und falsch »Happy Birthday«. Nun Hand aufs Herz: Lieben Sie Überraschungen oder hassen Sie sie und bekommen sofort ein schlechtes Gefühl? Je nachdem wie Ihre Antwort ausfällt, sind Sie für die Schule geeignet oder nicht, denn der Schulalltag ist unberechenbar und damit auch nicht immer zu steuern. Das kann auf Dauer Stress verursachen. Zumindest bei Menschen, die eigentlich keine Überraschungen mögen und mit ihnen auch nicht umzugehen wissen.

Eine weitere Last stellt die im doppelten Sinne einseitige und damit auch kurze Biografie vieler Lehrer dar: Von der Schule in die Uni und von der Uni in die Schule – das ist der traditionelle Ausbildungs- und Berufsweg der Lehrer. Perspektivisch gesehen kann das sechzig Jahre Schule im Leben eines Menschen bedeuten, der seine Lehrertätigkeit nie gegen einen anderen Job eingetauscht hat. Und trotzdem werden Sie auf viele Lehrer treffen, die ihnen genau erklären können, was Schüler in der rauen Berufswelt erwartet, was die Wirtschaft von ihren Auszubildenden verlangt, welche Kompetenzen man in einem Job an den Tag legen muss. Theoretisch. Denn praktisch hat der Lehrer nur die beiden Lehranstalten Schule und Uni erlebt. Und im Inneren seines Herzens weiß er um diesen kleinen Mangel. Dieses Wissen verdrängt er aber ebenso schnell wie die Befürchtung, in einem anderen Beruf nicht überzeugen zu können. Deswegen werden auch manche Lehrer lieber dauerkrank, als rechtzeitig den Beruf zu wechseln.

Alle, die genervt, gestresst oder frustriert sind, könnten jedoch mit Stolz auf das Geleistete sehen und sich sagen: »Ja, ich bin überdurchschnittlich gut qualifiziert!« Es gibt nicht viele Berufe, in denen mit so unterschiedlichen Charakteren gleichzeitig gearbeitet werden muss. Und damit sind selbstverständlich nicht nur die Schüler gemeint, sondern auch die Eltern mit ihren individuellen Ansprüchen, die Jugendämter, die Sozialämter oder die Kollegen der Nachbarschule, mit denen gerade eine Kooperationsvereinbarung geschlossen wurde, oder das Wirtschaftsunternehmen, das der neue Pate der Schule ist, oder der Sportverein, der mit einem zusammen den nächsten Sponsorenlauf organisiert.

In diesem Alltag stärken uns Schulleitung und Schulaufsicht nicht immer den Rücken. Außerdem denkt sich die Ministerialebene ständig neue Verwaltungsverfahren, -verordnungen und -regelungen, Rundschreiben sowie Gesetzesänderungen aus und entwickelt Fachbriefe, Fortbildungsangebote oder Unterrichtsmaterialien, die man als dienstbeflissene Lehrkraft inhalieren und beachten soll. Das kann als Herausforderung oder als Problem empfunden werden – je nach Charakter. Lehrer sind multitaskingfähig –, aber wer sich damit nicht wohlfühlt, sollte sich schnell fragen: Should I stay or should I go? Und wer bleibt, der sollte sich zum Credo machen, nicht alles bierernst zu nehmen und ruhig auch mal ein wenig faul zu sein. Aber bitte nur ein wenig.

Der Faule

»Faule Säcke« – damit hat sich Exkanzler Schröder 2009 bei über 700 000 Lehrern und Wählern in Deutschland besonders beliebt gemacht. Der faule Lehrer kommt dem Mythos am nächsten, Lehrer hätten viel Freizeit, viel Ferien und sich und anderen nichts zu beweisen, weil ihr Beruf krisensicher ist. Letzteres stimmt. Wer einmal Lehrer geworden ist, hat eine Anstellung fürs Leben (wie wir bei den Dauerkranken gesehen haben, kann dies auch ein Fluch sein oder als solcher empfunden werden). Alle anderen Vorurteile: Mumpitz! Wer Klausuren korrigiert, wer seinen Unterricht vorbereitet und Spaß an seinem Beruf hat, der kann nicht gleichzeitig faul sein. Außerhalb der eigenen Unterrichtstätigkeit gibt es allerdings große Unterschiede im Engagement für die Schule. Während sich die einen auf allen schulischen Veranstaltungen präsentieren, zum Beispiel auf der Bühne singen, Orchester dirigieren oder Kuchen verkaufen, verschwinden andere spurlos nach dem Unterricht. Und man fragt sich: War da noch wer?

Folglich gibt es Lehrer mit einem sehr hohen Bekanntheitsgrad an der Schule und andere, deren Namen man auch nach längerer Zeit kaum kennt. So erklären sich auch erstaunliche Unterschiede bei der durchschnittlichen Jahresarbeitszeit: Im Jahr 2009 arbeiteten einige Gymnasiallehrer bis zu 3500 Stunden, andere kamen mit 930 Stunden aus.[4]

Wie denken Schüler über vermeintlich »faule« Lehrer?

Kommt ihnen diese Grundhaltung vielleicht sogar am nächsten? Wer Rückschlüsse vom Verhalten gegenüber Kollegen auf das Engagement im Klassenzimmer zieht, liegt oft falsch. »Faule« Lehrer können extrem lässig daherkommen, legen im Unterricht ihren Schwerpunkt auf das absolut Notwendige und können dies auch mit einer Prise Humor durchaus nach Schülersicht würzen. Wer weiß schon, wie sich der müßige Kollege im Klassenzimmer verhält? Wer sich unsozial im Kollegium aufführt, kann trotzdem hervorragend mit Jugendlichen oder Kindern umgehen können. Gerade das vermeintlich ausgestrahlte »Laissez-faire« kann verbunden mit Humor und auf das Wesentliche fokussierte für Schüler höchst motivierend und lernfördernd wirken. Die Zügel locker in der Hand, sie nicht loszulassen, aber auch nicht zu straff zu halten, das ist die Kunst, die »faule« Lehrer gerne zu Lieblingslehrern werden lassen. Im Vergleich zum Arbeitseinsatz anderer Kollegen fragt man sich nun: Ist der faule Lehrer nur gut organisiert? Oder geht sein Verhalten tatsächlich zulasten des engagierten Kollegen?

Der Engagierte

Dieser Typus ist in äußerst verschiedenen Varianten im Lehrerzimmer anzutreffen. Er kann alles sein: weiblich, männlich, jung, alt. Vielleicht gehört er zu den Sportskanonen der Schule, ausgestattet mit kurzer Turnhose im Sommer oder Trainingsanzug im Winter, Sportschuhen, Trillerpfeife, Schweißbänder und Basecap. Vielleicht erscheint er im seriösen oder lässigen Outfit – da gibt es keine Schubladen. Ihn zeichnet aus, dass er auf jedem Schulfest mindestens einen Hindernisparcours oder das Eltern-Schüler-Fußballspiel organisiert. Oder er ist einer der vielen Musiklehrer, die sich auch abends noch mit unmusikalischen Eltern treffen, um einen Elternchor an der Schule zu etablieren.

Gemein ist dem engagierten Lehrer, den es in allen Fachbereichen gibt: Er strahlt Spaß am und Liebe zum Beruf aus. Und das macht ihn für alle angenehm – insbesondere für seine Kollegen, die sich auf ihn verlassen können, wenn Not am Mann ist oder wenn zusätzliche Aufgaben verteilt werden müssen. Der engagierte Lehrer stöhnt selten, lacht viel, und wenn er nicht dumm ist, dann kehrt er sein Engagement nicht unter den Teppich, sondern – so steht es in einem Lehrerblog – hängt es an die große Glocke: Denn solche Kollegen mögen die Schulleitungen!

Engagierte Menschen, die für ihre Sache brennen, wirken oft sehr ansteckend. Schüler lassen sich von authentischem Engagement mit Freude mitreißen und – das haben wir schon im Kapitel über die kreative Vielfalt des Lehrerberufes gesehen – arbeiten auch gerne in Arbeitsgemeinschaften aller Art mit. Ob Orchester-, Schulhof- oder Theater-AG: Die schulischen Zusatzangebote durch engagierte Lehrkräfte erfreuen sich großer Beliebtheit – und werden auch durch Eltern honoriert, was sich zum Beispiel in den Anmeldezahlen für die jeweilige Schule ausdrückt.

Übrigens besteht die größte Lehrergruppe aus engagierten Lehrern. Das ist so und bedarf keiner empirischen Beweise, weil Schule sonst schon lange nicht mehr funktionieren würde.

MERKE: **Leidet der Lehrer unter seinem Job, leiden alle mit**

Wer keine Überraschungen liebt, ist für den Schulalltag nicht geeignet und wird krank. Wer sich nicht organisieren kann und stets in Eile ist, muss ebenfalls damit rechnen, krank zu werden. Wer stets genervt ist, sollte sich die Gewissensfrage stellen, ob der Beruf wirklich der richtige ist, sonst wird auch er krank. Wer stets den anderen zusätzliche Aufgaben überlässt, bleibt vielleicht gesund, sorgt aber nicht gerade für gute Stimmung im Kollegium. Das wirkt sich unweigerlich auf die ganze Schule aus. Wer engagiert ist, hat mehr Spaß im Beruf – auch das wirkt sich in jedem Fall auf die Schule aus. Und damit auch auf die Schüler und ihre Leistungen.

Die Macht des Auftritts:
Rüstzeug für den Superlehrer

Kann der Griesgram eine Klasse in den Bann schlagen, der Faule seine Schüler begeistern? Oder ist der Erfolg nur dem engagierten Lehrer vorbehalten? Wann lassen sich Schüler begeistern, wann hören sie überhaupt zu?

Der Lehrerberuf kann mit dem eines Managers verglichen werden: Um langfristig erfolgreich zu sein, bedarf es mehr, als Fachwissen zu vermitteln. Es bedarf der physischen Präsenz und einer Ausstrahlung, die Schüler begeistert. Ganz wichtig ist daher die Stimme. Und mit entsprechender Kleidung lässt sich bei mangelnder körperlicher Präsenz ein wenig nachhelfen.

»Gfraid me, doss hergfundn hobts«

Die neue Kollegin aus Bayern scheint nett, sie begegnet allen freundlich. Aber so richtig versteht sie keiner, vor allem nicht die Schüler. Wenn wir Kollegen sie bitten, hochdeutsch zu sprechen, stöhnt sie ein »i woaß«. Frau Hammerthaler ist an der Berliner Schule tatsächlich ein Problem. Weil sie nicht verstanden wird, hat sie Akzeptanzprobleme. Bei jedem ihrer

Versuche, sich verständlich zu machen, grinsen die Schüler und imitieren kichernd ihren Dialekt. Da hilft auch kein lautes Organ.

Wer also aus dem Süden unserer Republik an die Spree wechselt, muss seinen Dialekt so weit wie möglich ablegen und sich um klares Deutsch bemühen. Umgekehrt genauso, mit Berliner Schnauze sollte man nicht in Oberbayern unterrichten. Auch anderswo nicht. An den Schulen muss hochdeutsch gesprochen werden. Das gilt natürlich für alle Kollegen, ob sie nun Schwob, Hesse oder Fischköpp sind. Und zwar nicht nur um der Akzeptanz willen! Denn Sprachbildung gehört zu den wichtigsten Aufgaben der Schulen. Fachübergreifend muss sie in allen Jahrgangsstufen erfolgen, um Schüler fit für ihr Berufsleben zu machen.

Die Stimme bestimmt die Stimmung

Die Referendarin sieht umwerfend aus: lange schwarze Haare, sehr blaue Augen und eine schlanke Figur, die durch ihre Kleidung gut zur Geltung kommt. Die Kollegen haben sie entsprechend gemustert, meine Schüler machen es ihnen nach. Zumindest in den ersten Minuten. Trotz ihrer enormen Ausstrahlung hat die Lehrerin in spe ein erhebliches Manko.

»Guten Tag, ich bin Frau Schellfisch«, piepst sie beim Eintritt in die Klasse. Kein Volumen in der Stimme, kein Brustton der Überzeugung, der allen Schülern deutlich macht: Jetzt ist

Schluss mit lustig – die Lehrerin ist da. Ich stehe an der hinteren Wand und sehe nur, wie sich ihr Mund bewegt. Hören kann ich sie nicht.

Aron ruft rein: »Wie bitte?«

Und wieder bewegt Frau Schellfisch ihren schönen Mund. Marianna aus der ersten Reihe dreht sich um und verkündet: »Sie heißt Frau Schellfisch und gibt zusammen mit Herrn Stötzer Mathe.«

Gemurmel. Kichern. Ich muss an meine erste Musikstunde denken. Aron dreht sich ungläubig zu mir um und sagt für alle deutlich hörbar:

»Wie soll das denn gehen? Man versteht ja kein Wort!«

Ich murmele aufmunternd: »Wird schon, wird schon ...« Aber wie, das weiß ich auch noch nicht so recht.

> »Ein guter Lehrer ist meistens nicht am Äußeren zu erkennen.«
>
> Hannah, 13 Jahre

Mangelnde Stimmgewalt des Lehrers ist natürlich nicht immer für ein schlechtes Hörverständnis der Schüler verantwortlich. In vielen Klassenräumen ist es die Akustik. Sie sind gar nicht oder nur mittelmäßig schallgedämmt, so dass normaler Schülerlärm dort bis zu achtzig Dezibel erreicht. Auch die ständige Geräuschkulisse im Klassenzimmer – Stühlerücken, Papierrascheln, Räuspern, Husten –, all das kann die Lehrerstimme verschlucken. Zugegeben, Männer sind hier von der Natur bevorteilt. Ein sonorer Bass dringt leichter durch helle Kinderstimmen als eine hohe Frauenstimme.

Wenn zum Beispiel Kollege Bambach die Klasse betritt, dann lässt er die Schüler mit seinem Heldenbariton jede Faser seiner Anwesenheit spüren. Er hat es damit ausgesprochen einfach, die Aufmerksamkeit auf sich zu ziehen. »Guten Morgen«, tönt es wie aus einem Alphorn über die Köpfe hinweg. Da ist auch der Letzte aufgewacht. Nun muss er »nur noch« gut unterrichten.

»Die Stimme ist für den Lehrer, was die Kelle für den Maurer ist: sein Werkzeug.«[5] Gerade als Lehrer brauche ich eine ausdrucksstarke, belastbare Stimme, die modulieren kann und in ihrer Stimmkraft auch die Schüler in der letzten Reihe erreicht. Meine Stimme ist mein wichtigstes Arbeitsinstrument, und ich kann von Glück sagen, dass auch ich seit meiner Geburt ein voluminöses Organ habe. Das hat es mir im Beruf leicht gemacht.

Kollegin Schellfisch erklärt mir, ihr sei noch nie der Gedanke gekommen, ihre Stimme könne zu leise sein. Sie habe sich viel mit Lern- und Lehrmethoden beschäftigt und sich für ihren Traumberuf Lehrerin gut gerüstet gefühlt. Doch ist die Referendarin mit ihrer Piepsstimme überhaupt als Lehrerin geeignet? Ist das nicht in etwa so, als träume jemand mit erheblicher Sehschwäche von einer Karriere als Flugzeugpilot?

Die Bedeutung der Stimme im Unterricht darf nicht unterschätzt werden. Es können zwar auch Menschen Lehrer werden, die eine Fistelstimme haben, aber sie sollten dringend an sich arbeiten. Im Übrigen nicht nur sie! Stimmbildung sollte zwingend zum Ausbildungskanon für Lehrkräfte gehören, denn jeder Lehrer muss wissen, wie er möglichst stimmschonend durch den Tag kommt. Da können Atem-,

Sprech- und Stimmtechniken hilfreich sein. Oder – und das ist ohnehin für die Unterrichtsqualität besser – man reduziert den eigenen Sprechanteil auf 30 Prozent pro Unterrichtsstunde.

Das Thema Stimme verfolgt einen Lehrer durch die gesamte Berufslaufbahn. Warum müssen Lehrer oft angestrengt und laut sprechen? Weil Schüler sonst nicht zuhören? Oder hören Schüler nicht zu, weil Lehrer häufig keine ausdrucksstarke, hörbare Stimme haben? Wer nicht von sich aus stimmlich fest ist, der wird im Lehrerberuf Probleme haben. Der wird irgendwann seine Stimme derart strapazieren, dass er nur noch heiser ist und chronische Stimmbeschwerden bekommt.

Wer nicht in der Lage ist, seine Stimme zu modulieren, sie zum Leben zu erwecken, dem schlafen die Schüler ein. Der Lehrer hat hier eine vergleichbare Berufsqualifikation mitzubringen wie ein Radiomoderator: Er muss seine Stimme variieren können und die richtige Stimmlage treffen.[6] Sonst wird er es nicht schaffen, neben der Vermittlung von Fachinhalten auch eine gute Beziehung zu seinen Schülern aufzubauen. Denn diese nehmen sehr wohl wahr, welche Stimmung in einem Klassenraum herrscht – ob ein Lehrer sich mit greller Stimme Gehör verschafft, gegen den Lärm der Klasse anbrüllt oder sich präzise artikuliert und seine Stimme variiert. Und: Wer deutlich spricht, der braucht oft gar nicht laut zu sein.

Eine andere Referendarin beherrschte dies beneidenswert gut. Sie kam in meine Klasse, sah jedem Schüler in die Augen (zumindest hatten die Schüler und ich den Eindruck) und sprach mit klarer Stimme äußerst präzise und nicht einmal besonders laut. Man verstand sie überall und merkte zugleich, dass sie ihr Sprechpotenzial kannte und dieses virtuos beherrschte. Mal leiser, mal lauter – allein ihre Stimme erlaubte kein Wegdriften der Gedanken. Über Claudias Zukunft als Lehrerin brauchte man sich keine Gedanken zu machen. Die Schüler akzeptierten sie prompt.

Leider haben mehr als ein Drittel der Lehramtsanwärter (also der Studierenden, die Lehrer werden wollen) Probleme beim Sprechen, wie Studien belegen: Heiserkeit, Halsschmerzen, starke Belastung für den Kehlkopf und das Gefühl, weder den Raum zu durchdringen noch die Schüler zu erreichen.[7]

An manchen Hochschulen sind die Sprechbildungskurse verpflichtend, oft sind sie aber fakultativ. Und noch hat nicht jeder begriffen, wie wichtig es für zukünftige Lehrer ist, sich alle Grundlagen der Sprechbildung anzueignen. Lässt sich hier retten, was vielleicht nicht erlernt wurde? Und dem Menschen auch nicht in die Wiege gelegt wurde? Wem es nicht gottgegeben ist, der sollte sich überlegen, ob er wirklich Lehrer werden möchte oder auch bereit ist, eines der zahlreichen Schulungsangebote zur Stimmbildung wahrzunehmen.

Für eine resonanzreiche, tragfähige und belastbare Stimme, für eine kraftvolle Stimme, für eine ausdrucksstarke Stimme, für einen optimalen Einsatz der Stimme im Berufsleben. Umgekehrt wird gegen eine leise, resonanzarme Stimme gearbeitet, gegen eine raue, heisere und belegte Stimme, gegen einen permanenten Räusperzwang und Hustenreiz, gegen eine schnelle Stimmermüdung und gegen Schwierigkeiten, sich rhetorisch zu präsentieren und sich Gehör zu verschaffen.[8]

> **MERKE:** **Ohne Stimme kein Lehrer!**
>
> Auch Stimmbildung hat ihre Grenzen. Wer nicht über das wichtigste Medium der Verständigung zwischen Lehrer und Schüler verfügt, nämlich eine hörbare Stimme, der sollte sich einen anderen Beruf suchen. Sonst heißt es bald wie in diesem Kinderlied:
>
> *Uns're Lehrerin ist heiser,*
>
> *trotzdem werden wir nicht leiser,*
>
> *jetzt ist ihre Stimme hin –*
>
> *ach, die arme Lehrerin!*[9]
>
> Noch ein Tipp von einem alten Musiklehrer: Singen Sie regelmäßig in einem guten Chor. Da wird die Stimme geschult – und das meistens auch noch gratis!

Übrigens sind auch Eltern dankbar, wenn sie auf Elternabenden ihren Klassenlehrer verstehen können und den Eindruck erhalten: »Ja, dem hört man gerne zu, er ist auch nicht zu überhören.«

Die physische Präsenz

Körperliches Gewicht kann uns zu einem beeindruckenden Auftritt verhelfen. Das hat schon ein früherer Bundeskanzler bewiesen. Bei übergewichtigen Lehrern ist es nicht anders. Kollege Emmrich liebt die österreichische Küche, trinkt abends gern seine Bierchen und hatte schon immer »schwere Knochen«. Als Fels in der Brandung, den auch die stärksten Schülerwogen nicht umwerfen, steht er mit seinen 1,85 Meter vor der Klasse. Er muss gar nicht viel machen, damit er die Aufmerksamkeit auf seiner Seite hat – man kann ihn beim besten Willen nicht übersehen.

»Humorvoll sollte der Superlehrer sein und Scherze mit uns machen; er sollte auch ernst sein, nicht zu freundlich, damit er von allen auch respektiert wird – also die perfekte Mitte.«

Hannah, 13 Jahre

»Gewichtig und groß sein reicht aber nicht«, erklärt er mir dann. »Du musst auch das richtige Charisma, also eine bestimmte energetische Präsenz mitbringen«. Recht hat er. Eine Mischung aus Selbstbewusstsein, Willensstärke, Vitalität und Bodenkontakt lässt Menschen – manchmal auch ohne großes Nachdenken – bereitwillig den zur Schau gestellten Führungsanspruch akzeptieren.

Nicht anders geht es in der Schule zu: Die körperliche Präsenz ist Teil der nonverbalen Kommunikation. Hier wird als biologischer Atavismus und Reflex seitens der Schüler abgecheckt, wo sich der Lehrer in der Rangordnung befindet. Je präsenter der Lehrer, desto schneller die Einsicht der Schüler, ihn als Respektsperson anzuerkennen und ihm Autorität zuzuschreiben.

Wie zeige ich Präsenz im Unterricht, wie trete ich authentisch und überzeugend auf? Die Lehrerstimme gibt den Schülern klare Signale über Laune, etwaige Befindlichkeiten sowie die gesamte Persönlichkeit ihres Lehrers. Stimme und physische Präsenz sind wie Zwillinge – sie darf man nicht voneinander trennen, wenn der souveräne Auftritt gelingen soll.

Nonverbale Kommunikation

Einen weiteren, erheblichen Beitrag zu unserer Außenwirkung leisten Haltung, Mimik und Gestik – denn unsere gesamte Körpersprache spricht Bände. Wer zwar einen gewichtigen Auftritt hat, dem hilft dieser angesichts roter Ohren oder ständig knetender Hände nur wenig. Nervöses Auftreten, das sich durch Schweißperlen auf Stirn und Oberlippe oder Schweißflecken auf Blusen und Hemden im Achselbereich bemerkbar macht, mindert klar den Respekt, insbesondere bei älteren Schülern.

Nervosität vor und in neuen Situationen gehört dazu, erhöht die Aufmerksamkeit und kann zu guten Leistungsergebnissen führen. Sie darf uns nur nicht blockieren. Das heißt: Ein guter Lehrer muss wie ein Manager auch mit angespannten Situationen umgehen lernen – das ist das A und O beim Auftritt. Jeder Lehrer muss sich daher auf dem Weg zur Schule folgende Fragen stellen: Welche Signale sende ich mit meiner Körpersprache aus, wenn ich im Klassenraum stehe? Was sagt meine Körperhaltung den Schülern – trete ich ihnen zum Beispiel offen oder mit verschränkten Armen gegenüber? Welche nonverbalen Signale kann ich nutzen, um Unterrichtsstörungen zu beenden und Konfliktsituationen zu entschärfen, anstatt jedes Mal meine Stimme erheben zu müssen?

Frau Seifert kann so geschickt eine Augenbraue hochziehen, dass ihr übriger Körper weiterhin entspannt bleibt. Für die Schüler trotzdem ein klarer Hinweis auf eine »gelbe Karte«. Kollege Grünler bewegt nur seine Augen zur Tür – die Schüler wissen sofort, dass sie rausmüssen. Wenn manche Lehrer in sich versunken dastehen, die Schultern hängen und jegliche Körperspannung vermissen lassen, dann wirkt die klarste Ansage verschlafen und verschafft wenig Respekt.

Anja aus der 10. Klasse beschreibt die Präsenztechniken anhand ihres Geschichtslehrers, Herrn Krungel: »Er begrüßt uns und setzt sich auf das Pult. Dann schlägt er die Beine übereinander und fängt an zu erzählen. Meistens hat er einen hellbraunen Cordanzug an. Der ist jetzt nicht so richtig modern, aber er passt irgendwie zu seinem Fach. Geschichte halt. Seine Stunden werden irgendwie nie langweilig, ganz oft ist es auch lustig. Er verstellt immer ein bisschen die Stimme, guckt erst ganz böse und dann sofort wieder traurig. Fast wie im Theater. Er hat uns schon Kreuzritter vorgespielt, Hexen auf dem Scheiterhaufen und einen Inquisitor aus dem Mittelalter ... Wie der erzählt, da muss man einfach zuhören, und man will auch gar nicht quatschen oder so. Und ich kann mir so alles gut merken. Herr Krungel ist der beste Lehrer!«

Mit gutem Beispiel voran

Neben der physischen und stimmlichen Präsenz wirkt ein Lehrer immer auch durch sein emotional-moralisches Auftreten. Kollege Gerdler stürmt mal wieder auf den letzten Drücker in die Schule, hastet die Treppen hoch, rennt zum Lehrerzimmer, von dort in den Kopierraum und erreicht exakt fünf Minuten nach Unterrichtsbeginn mit allen Materialien unter dem Arm die Klasse. »Guten Morgen«, keucht er den Schülern entgegen. »Ihr habt ja eure Unterlagen noch gar nicht ausgepackt. Zack, zack!« Er muss die Klasse antreiben, denn Zeit darf nun keine mehr verloren gehen. Nur: Ist in diesem Fall die Erwartung gerechtfertigt, dass Schüler pünktlich und ihre Arbeitsmaterialien bereit sind? Kann man von den Schülern eine hohe Lernbereitschaft erwarten, wenn die eigene Lehrbereitschaft nachlässig wirken muss? Der Arbeitseinsatz der Schüler kann im besten Falle den des Lehrers widerspiegeln. Dass er ihn aber freiwillig überflügelt, ist doch eher selten.

Kleider machen Leute

»Frau Laar sieht aus wie eine Zauberin«, beschreibt die dreizehnjährige Sigrid ihre Biologielehrerin und korrigiert sich: »Na ja, eigentlich fast wie eine Hexe. Sie hat schlecht gefärbte rote Haare, die an manchen Stellen orange sind, am Ansatz grau. Sie hat immer so kreischbunte Kleider an, als ob die aus Patchworkdecken zusammengenäht sind. Bestimmt teuer, aber sieht irgendwie komisch aus. Sie wirkt auch immer müde. Vielleicht weil sie ihre Augen schwarz umrandet.« Sigrid schüttelt den Kopf. »So, wie sie aussieht, gucke ich sie nicht so gern an.«

Schon mit der Kleidung kann ein Lehrer ein Statement setzen. Und zwar ein sehr klares gegenüber seinen Schülern: Ich stehe hier, und ihr steht dort. Wir haben ein gemeinsames Ziel, aber unterschiedliche Rollen. Ich helfe euch, aber ich bin keiner von euch.

»Äußeres ist mir nicht so wichtig.
Der Lehrer sollte o.k. aussehen, man sollte
in jedem Fall darauf achten, was man trägt.«
Ludwig, 12 Jahre

»Ich mag es überhaupt nicht, wenn Lehrer kumpelhaft tun«, sagt Joanne, zwölf Jahre. »Das finde ich echt schleimig! Und sie sollten sich auch nicht so anziehen wie wir.« Also: Wer als Junglehrer in Flipflops und Bermudas zur Schule kommt, darf sich nicht wundern, wenn ihn andere Kollegen mit einem Oberstufenschüler verwechseln, wenn ihm die Schüler nicht den nötigen Respekt zollen und Eltern ihm mit zweifelndem Blick im Schulflur begegnen. Eines muss allen Erwachsenen und vor allem Lehrern klar sein: Was Schüler für sich herausnehmen, muss auch Distinktion bleiben.

Lehrer, überlasst die coolen Outfits euren Schülern! Eure Kleidung sollte ein Ausdruck von Wertschätzung, von Autorität und Vorbildfunktion sein: Ich nehme meinen Beruf ernst, ich nehme die Schule ernst, und ich nehme meine Schüler ernst. Das heißt, dass ich meine Freizeitkleidung selbstverständlich nicht im Klassenzimmer trage – wie auch der Gärtner nicht in weißen Hosen den Rasen mäht, die Ärztin nicht im kleinen Schwarzen herumläuft und die Rezeptionistin im

Ritz keine Turnschuhe trägt. Nur haben es Gärtner, Ärzte und Rezeptionisten in diesem Punkt gemeinhin leichter als Lehrer – für sie gibt es eine feste Berufskleidung, in die sie jeden Morgen ohne viel Überlegung schlüpfen können. Was ist also für den Lehrer angebracht, was nicht?

Schlabberpulli, Dekolleté und High Heels

Ein Blick in die Rektorate zeigt uns: Dort geht es (meistens) ordentlich und konservativ zu, man trägt Anzug oder Kostüm. In anderen Schulbereichen dominiert der 68er-Look, Schlabberstrickpulli mit Tuch, die Schuhe vor allem bequem und gesund. Man möchte fragen: Wieso zieht ihr euch so seltsam an, wenn ihr eure Schüler unterrichtet? So könnt ihr zu Hause rumlaufen – aber doch bitte nicht im Job. Ein No-Go ist ein tiefer Ausschnitt –, schließlich muss man sich ab und an zu einem Schüler hinunterbeugen. Im Einzelfall fände der den Einblick vielleicht gar nicht so übel – in den meisten Fällen bewerten Schüler dies aber als »peinlich« und »voll daneben«. Ebenso kann ein weit aufgeknöpftes Hemd die Schamgrenze schnell überschreiten. Wenn Kollegen im Hochsommer auf die Idee kommen, mit kurzer Hose ihre weißen behaarten Beine zu zeigen, dazu Tennissocken in Sandalen, dann ist das auch zum Fremdschämen.

Zweckmäßig sollte Lehrerkleidung auf jeden Fall sein, wie eine denkwürdige Anekdote mit Kollegin Brauer zeigt. Rita, eine ihrer Oberstufenschülerinnen, hatte sich gerade mit ihr gestritten, weil es geläutet hatte und Frau Brauer sie ihre Englischarbeit nicht mehr beenden ließ. Im Treppenhaus folgte ein Wortgefecht, bei dem Rita ihrer Lehrerin einen Teil der Arbeitsbögen aus der Hand riss und die Treppe hinaufrannte. Kollegin Brauer wollte schnell hinterher, um ihr die Blätter wieder abzujagen. Unpraktisch in dieser Situation: ihre High Heels mit den sechs Zentimeter hohen Pfennigabsätzen – die Treppen in den alten Schulgebäuden eignen sich leider nicht für jeden Schuhtyp. Frau Brauer stürzte, der Fuß schwoll blau an, der Notarzt musste kommen, und Rita saß heulend im Sekretariat. Mit flachen Schuhen wäre das nicht passiert.

MERKE: Gute Lehrer begeistern durch ihre Präsenz!

Beim gelungenen Auftritt kommt es auf ein gesundes Zusammenspiel aller hier vorgestellten Aspekte an: Stimme, physische Präsenz, Selbstbewusstsein und Kleidung.

Gute Lehrer stehen mit beiden Beinen fest auf dem Boden. Sie wissen um die Botschaften, die sie verbal und nonverbal ausdrücken können, und um ihr wichtigsten Werkzeuge, ihre Stimme und ihre Sprache. In Verbindung mit überzeugender Gestik und Mimik setzen sie diese variantenreich ein. Der gelungene Auftritt ist die Grundvoraussetzung, um überhaupt zu Schülern ein vertrauensvolles Verhältnis aufbauen zu können. Die Basis, um möglichst effektiv soziale Kompetenz und Wissen zu vermitteln.

Der Lehrer und seine Schüler

Schule prägt das Leben der Kinder: Über 14 400 Stunden verbringen sie dort im Durchschnitt – so viel Zeit wie kaum an einer anderen Stelle, an einer anderen Institution, an einem anderen Arbeitsplatz.

Schule: Das bedeutet zumindest geografisch die Abwesenheit der Eltern. Ohne Eltern zu sein bedeutet: Es muss andere Bezugspersonen geben. Im Idealfall ist das ein Lehrer, der sich darauf freut, eine gute Beziehung zu seinen Schülern aufzubauen, damit im Klassenzimmer gute Stimmung herrscht – denn mit Spaß lernt es sich erheblich leichter.

Knotenpunkt im sozialen Netzwerk

»Aber Papa! Frau Eichler hat gesagt, wir müssen unbedingt Schriftgröße elf nehmen. Der Rand soll 2,5 Zentimeter breit sein, und wir sollen das beste Foto nehmen, was wir von uns haben!« Der Vater ist ratlos, als die Tochter ihm die Bewerbungsunterlagen für das Schülerpraktikum zeigt. »Du bist ganz sicher, dass Frau Eichler euch nicht nur ein Muster gezeigt hat, das man auch variieren könnte? Sie hat wirklich gesagt, dass ihr irgendein Foto nehmen könnt?«

»Da bin ich mir ganz sicher. Sie hat gesagt, wir sollen ein

schönes Foto von uns auf die erste Seite kleben. Sie hat nicht gesagt, dass wir nur ein Portraitfoto nehmen sollen.«

»Aber sie hat doch sicher nicht gesagt, dass ihr auch ein Strandfoto nehmen könnt.«

»Sie hat aber auch nicht das Gegenteil gesagt!«

Eine typische Situation im Familienalltag. Das, was der Lehrer oder die Lehrerin gesagt hat, ist Gesetz. Daran gibt es nichts zu rütteln – zumindest wenn es dem Schüler in den Kram passt. Und es ist eine einfache und effiziente Durchsetzungsmethode gegenüber den Eltern: »Aber mein Lehrer hat gesagt, ...«

Mit diesen Worten schlägt der Schüler zwei Fliegen mit einer Klappe: Nicht er selbst, nein, der Lehrer ist der Widersprechende, selbst wenn der von seinem Glück nichts weiß und gar nicht so strenge Vorgaben gegeben hat, wie der Schüler vor den Eltern behauptet. Immerhin, denken Mutter und Vater: Endlich wird der Lehrer als Autoritätsperson anerkannt, das bringt hoffentlich bessere Noten. Darüber hinaus sollten sie froh darüber sein, wenn das Lehrerwort gilt – denn das zeugt von Vertrauen, Identifikation und Zuwendung.

Der Lehrer gehört heute zu den wichtigsten Bezugspersonen von Kindern und Jugendlichen. Bei diesem Verhältnis geht es nicht um Wissensvermittlung, sondern um ein auf Vertrauen basierendes Miteinander. Wer stringent seinem Lehrstil folgt, wer nicht willkürlich agiert, Gradlinigkeit mit Offenheit und Freundlichkeit verbindet und sich immer verlässlich verhält, der wird als Lehrer auch schnell ins Vertrauen gezogen. Ein großartiges Gefühl! In dem Moment weiß ich als Lehrer: Ich habe alles richtig gemacht. Da ist es nicht wichtig, ob der Schüler auf zwei oder auf vier steht – da zählt nur der Augenblick, in dem der Lehrer als vertrauenswürdiger Mensch gesehen wird. Seine Schüler können sich ihm in Problem- und Notlagen anvertrauen, er wiederum steht ihnen mit Unterstützung, Rat und Tat zur Seite.

So soll es sein, warum auch nicht? Eltern müssen sich keine Sorgen machen, ersetzt zu werden, oder dass ihnen ein wichtiger Part in ihrer Beziehung zum Kind genommen wird. Im Gegenteil: Eltern sollten sich freuen, wenn Lehrer einen wichtigen Knotenpunkt im sozialen Netzwerk ihres Kindes darstellen.

> »Für mich hat das Verhältnis zu meinen Schülern absolute Priorität. Wenn ich sie nicht verstehe, können sie auch mich nicht verstehen. So einfach ist das.«
>
> Frank G., Gymnasiallehrer

Leider wird das oft nicht honoriert. Dann hört man vor allem Mütter klagen, die in der Beziehung zu ihren Kindern den eigenen erzieherischen Anteil zunehmend schwinden sehen: »Durch die Ganztagsschule sehe ich Jan und Philipp kaum mehr, die Jungen sind ja erst gegen 17.00 Uhr zu Hause und todmüde. Mir bleiben gerade mal drei Stunden Familienzeit und – wenn man will – drei Stunden Erziehungszeit. Jans Klassenlehrer sieht den Jungen acht Stunden lang.« Das stimmt natürlich nicht, weil auch Jan nicht acht Stunden lang von ein und derselben Person betreut und unterrichtet wird. Aber es stimmt in der Gesamtbetrachtung: Eltern – und vor allem voll Berufstätige – profitieren einerseits vom Ganztagsbetrieb, geben aber andererseits einen erheblichen Teil der ihnen zustehenden Familienzeit an die Schule ab. Eltern können den Ganztagsbetrieb als unzulässigen Übergriff des Staates in Familienangelegenheiten empfinden, als Einmischung, vor der man sich besser schützen sollte, wenn man die Bindung an sein Kind aufrechterhalten will.

Aber seien wir ehrlich: Welche Tochter, welcher Sohn hat ab dem 13. Lebensjahr schon Lust, den Nachmittag allein mit Mutter und Vater zuzubringen? Dagegen ist der schulische Ganztagsbetrieb gar nicht schlecht – wenn er denn gut organisiert und vielseitig ist und somit verschiedene Interessen der Kinder berücksichtigt. Er sollte sich natürlich nicht nur auf schulische Angebote beschränken (das wäre langweilig), sondern auch Kontakte mit Freunden oder die Teilnahme an Arbeitsgemeinschaften für Musik, Theater und Sport ermöglichen.

Mehr Zeit in der Schule bedeutet für Schüler aber auch: mehr Zeit mit den Lehrern. Vor diesem Hintergrund ist es überaus wichtig, dass Lehrer als Bezugspersonen wahrgenommen werden. Das war bekanntlich nicht immer so.

Zucht, Ordnung und militärischer Drill

In vielen Epochen waren Schulmeister und Pauker vor allem Feindbild des Schülers. Horrorgeschichten über Zuchtanstalten und unmenschliche Lehrmethoden dominierten seit Mitte des 18. Jahrhunderts das Lehrerbild. Freude in der Schule?

Papperlapapp, Disziplin, Disziplin und nochmals Disziplin! Bei zahlreichen Schriftstellern, wie etwa Andreas Altmann, Wilhelm Busch, Lena Christ, Oskar Maria Graf, Eugen Oker oder Josef Ruederer, lässt sich nachlesen, wie es in den vergangenen Jahrhunderten um das Schüler-Lehrer-Verhältnis bestellt war. Hier zeigte sich der Lehrer als Mensch, der es gewohnt war, seine Autorität mit Gewalt durchzusetzen. Er war kein Vorbild, sondern eine tägliche Strafe. Neben den Eltern hatte er die Zuchtgewalt inne und damit gleichzeitig das Recht und die Pflicht zur körperlichen Züchtigung. Zucht, Drill und Ordnung waren die Leitprinzipien der Erziehungsanstalten. Prügelstrafen prägten häufig den Unterrichtsalltag. Zur Zeit des Deutschen Kaiserreichs wurden die Kinder auf militärischen Gehorsam gedrillt, der Soldat galt als Vorbild, und Soldatenspiele waren im Unterricht keine Seltenheit. Lehrer verschafften sich Ruhe, indem sie »Klasse – Achtung!« schrien. Bei achtzig bis hundert Schülern erforderte das eine äußerst mächtige Stimmgewalt.

Und auf der offiziellen Website der Stadt Bochum heißt es zur deutschen Schulgeschichte: »Als vorbildlich galt ein Lehrer, der seine Schülerinnen und Schüler durch strenge Erziehung an die Tugenden Arbeit und Fleiß, Ordnung und Reinlichkeit sowie Gehorsam und Selbstüberwindung heranführte.«[10]

Vorbild und Wegweiser

Unter dem Einfluss reformpädagogischer Strömungen hat sich das Lehrerideal gründlich geändert. Heute sind wir der Auffassung, derjenige sei ein guter Lehrer, der vor allem eine gute Lehrer-Schüler-Beziehung vorweisen kann und seine Autorität nicht missbraucht, sondern diese nur zum Wohl des Kindes einsetzt.

Während das Lehrerbild der vergangenen Jahrhunderte durch den strengen, wenig mitfühlenden Zuchtmeister geprägt war, nicht aber als pädagogisches Vorbild galt, gab es durchaus auch die andere Lehrergruppe, die einen entscheidenden, positiven Einfluss auf ihre Schüler ausübte und ebenfalls in der Literatur ihren Widerhall fand. Hier sei kurz das Schüler-Lehrer-Verhältnis skizziert, von dem Nobelpreisträger Albert Camus profitieren durfte – eine anrührende Geschichte, die Mut macht.

Gleich zwei Lehrer prägten das Leben des großen französischen Autors algerischer Abstammung und wurden zu Schlüsselfiguren in seiner Biografie: der Volksschullehrer Louis Germain, der das Talent seines Schülers erkannte und ihn, der in überaus ärmlichen Verhältnissen in Algier lebte, auf das Gymnasium vorbereitete, wo Camus zum ersten Mal mit dem bürgerlichen Milieu zusammentraf. Sowie sein späterer Philosophielehrer Jean Grenier, mit dem ihn eine lebenslange Freundschaft verband. Ihm verdankte er zahlreiche Anregungen für seine lyrische Arbeit, die so erfolgreich wurde.

Der *SPIEGEL* schrieb über den Volksschullehrer: »Der Glücksfall dieses Pädagogen, der seine Schüler für würdig hielt, die Welt zu entdecken, der sie mitriss aus dem einfachen Grund, dass er seinen Beruf leidenschaftlich liebte, war schicksalhaft für Albert Camus. (...) Der Lehrer, der den Ersten Weltkrieg als Soldat überlebt hatte, ersetzte dem durch den Krieg verwaisten Jungen, dessen außergewöhnliche Begabung er sofort erkannt haben muss, den Vater. Er begleitete seinen Schützling nach Hause, als dessen Wechsel ans Gymnasium, von dem seine gesamte Zukunft abhing, an der Armut der Familie zu scheitern drohte. Mit unbeirrbarer Überzeugungskraft gelang es dem Pädagogen, das Veto der starrsinnigen Großmutter, die im bücherlosen Haushalt der Kriegerwitwe das Kommando führte und ebenso wenig wie ihre Tochter lesen konnte, rückgängig zu machen.«[11]

Als Camus mit 47 Jahren den Nobelpreis für Literatur erhielt, schrieb er seinem alten Lehrer nach Algier: »Lieber Monsieur Germain, ich habe den Lärm sich etwas legen lassen, der in diesen Tagen um mich war, ehe ich mich ganz herzlich an Sie wende. Man hat mir eine viel zu große Ehre erwiesen, die ich weder erstrebt noch erbeten habe. Doch als ich die Nachricht erhielt, galt mein erster Gedanke, nach meiner Mutter, Ihnen. Ohne Sie, ohne Ihre liebevolle Hand, die Sie dem armen kleinen Kind, das ich war, gereicht haben, ohne Ihre Unterweisung und Ihr Beispiel wäre nichts von all dem geschehen.«[12] Später errichtete Albert Camus in seinem autobiografischen Werk *Der erste Mensch* eben diesem Volksschullehrer als Monsieur Bernard ein Denkmal, indem er ausführlich beschrieb, wie der Lehrer sich erfolgreich gegen alle familiären Widerstände für seinen Schüler einsetzte.

Mit seinem Philosophielehrer Jean Grenier tauschte sich Camus in 235 Briefen aus. Diese Briefe spiegeln das von Vertrauen geprägte innige Verhältnis wider, die gegenseitigen Impulse und Inspirationen.

Faszinierend, wie entscheidend zwei Lehrer für die persönliche Biografie werden können! Davon hört, darüber liest man immer wieder: eine Bildungsministerin, die ihren Weg zum Abitur ihrem Lehrer verdankt, der ihr Potenzial erkennt und sie auf ein Abendkolleg schickt; die Schriftstellerin, die ohne ihre Lehrerin nicht den Mut zu einem Studium gefunden hätte – als Erste in ihrer Familie.[13]

Viele große Künstler konnten auf prägende Lehrer zurückgreifen, die sie unterstützten, förderten oder ihnen halfen, ihren zukünftigen Werdegang zu finden. Der Zeichenlehrer von Caspar David Friedrich, dem großen Maler der Romantik, soll entscheidenden Einfluss auf Stilrichtung und Werdegang seines Schülers gehabt haben. Christian Gottlob Neefe, selbst Komponist und Lehrer, war prägend für Beethoven – er soll als Erster ein Werk seines später berühmten Schülers veröffentlicht haben.

Perspektiven aufzeigen!

Der Lehrer kann positive Impulse geben – aber zugleich auch in Ausübung seiner Macht auf den Schüler das Gegenteil erreichen. So berichtete ein Berliner Schulleiter, ein Lehrer habe ihm gesagt: »Du landest mal im Gefängnis.«[14]

Sich von derartigen Prognosen zu befreien und das Gegenteil wahr zu machen, kann schwer sein, wenn der Lehrer Autorität genießt. Dieses Machtgefüge nicht zum Nachteil der Schüler werden zu lassen, sie stets zu motivieren und ihnen positive Perspektiven aufzuzeigen ist sicherlich schwierig, wenn um einen herum zwanzig pubertierende Jugendliche sitzen, die alles Mögliche im Kopf haben, nur nicht den Unterrichtsstoff. Aber es ist eine der wichtigsten Aufgaben eines guten Lehrers. Warum die Zukunft düster ausmalen? Soll der Schüler mit Angst und Furcht ernsthaft zum Lernen motiviert werden? Das kann nur mit hoffnungsvollen Perspektiven erreicht werden, wie in folgender Episode aus einer 10. Klasse:

Die Tür öffnet sich, und Michael kommt rein. Wieder nicht pünktlich. Die ganze Woche nicht pünktlich, den ganzen Monat nicht pünktlich. Nach der Stunde setzen wir uns zusammen.

»Micha, was willst du eigentlich mal werden?«

»Profifußballer, wissen Sie doch!«

»Mmm, stimmt, du bist richtig gut, du bist sogar sehr gut. Ich bin mir sicher, dass du das schaffen kannst.«

Michas Augen beginnen zu leuchten. So hatte er sich das Gespräch nicht vorgestellt. Er grinst erleichtert.

»Jetzt ernsthaft?«

»Ja, das meine ich ernst. Ich bin überzeugt, dass du eines Tages in der Bundesliga spielen könntest, wenn …«, ich mache eine lange Kunstpause, »also wenn dich der Trainer in der Mannschaft lässt.«

»Wie meinen Sie das? Warum soll er mich rausschmeißen? Ich bin doch total gut!«

»Weil du keinen Wert auf Pünktlichkeit legst.«

»Ich wünsche mir als Superlehrer einen Lehrer, der Rücksicht auf die Lage nimmt, in der sich die Schüler befinden. Und der Mitgefühl zeigt und in schwierigen Situationen an meiner Seite ist.«

Lu, 13 Jahre

Dann gehen wir gemeinsam alle Situationen beim Fußball durch, in denen ein Spieler pünktlich sein muss. Vom Training angefangen über die Abfahrtszeit vom Hotel, Ankunft am Flughafen, Fotoshooting für die Sponsoren bis zu den zahlreichen Fernseh- und Radiointerviews, zur Physiotherapie, zur Massage, zur Schlafenszeit und letztendlich zur Siegerehrung. Wir finden über zwanzig Anlässe, bei denen Pünktlichkeit oberste Priorität genießt, um überhaupt zum Team gehören zu können.

Ich sage ihm: »Das musst du üben, gleich hier und jetzt in der Schule! Sonst wird das nichts mit der Bundesliga.«

Es klingt nach Märchen, das ist mir selbstverständlich klar. Aber am nächsten Tag kommt Micha genau zum Klingeln rein und ruft mir zu: »Wegen Bundesliga!«

Ob es mit der Bundesliga geklappt hat, weiß ich nicht. Aber er ist in einem Berliner Fußballverein Jugendtrainer geworden. Und ein anderer meiner jüngeren Schüler hat mir berichtet, er achte sehr auf die Pünktlichkeit seiner Spieler: Wer zu spät kommt, muss erst einmal drei Runden laufen.

Michas Geschichte zeigt: Jeder Schüler hat eine Seite, durch die er sich motivieren lässt und die es zu fördern lohnt. Jeder! Auch wenn der Jugendliche noch so nervig, störend und lästig für einen reibungslosen Unterricht ist. Diese Seite gilt es zu finden und das Selbstwertgefühl des Schülers zu stärken.

Die Verantwortung für den Lebensweg des Schülers ist immens. Das sollte sich ein guter Lehrer jeden Tag bewusst machen, wenn er mit seinen Schülern redet, und sich dabei fragen:

Wie rede ich mit ihnen? Bin ich respektvoll, oder sind meine Bemerkungen manchmal zu sarkastisch oder sogar abfällig? Bin ich tolerant, oder lasse ich ausschließlich meiner Sichtweise Raum? Motiviere ich die Schüler oder bremse ich ihre Kreativität aus? Zeige ich ihnen Perspektiven auf oder male ich ihre Zukunft in düsteren Farben an die Wand? Lehre ich sie, sich eigene Ziele zu setzen?

Erste Klasse, erster Lehrer

»Ich freue mich auf morgen! Da gehe ich wieder in die Schule«, kräht Elli, sechs Jahre alt, fünf Wochen nach der Einschulung. Die Eltern sind froh, und Elli hält es für selbstverständlich, dass Schule einfach nur toll ist. Ihre Lehrerin sieht es ähnlich: Elli hat die Freude an der Schule und den Spaß am Lernen verdient. Die Lehrerin liebt es, die Kleinen zu unterrichten – auch wenn es natürlich sehr, sehr anstrengend ist, wie sie betont. Sie liebt es, wenn die Erstklässler in die Klasse stürmen, ganz gewichtig ihre Taschen an die Tische hängen und dann erst einmal zum Kuscheln kommen: »Duuu, Frau Bauer, das habe ich für dich gemalt«. Alle wuseln um sie herum, sehen sie mit großen Augen erwartungsvoll an und sind dankbar für jedes Lächeln, jedes noch so kleine Lob.

MERKE: Lehrer brauchen sensible Antennen

Ein Superlehrer hat ein Gespür dafür, was Kinder und Jugendliche können, was sie sich leicht aneignen und was für sie mühsamer zu erlernen ist. Er redet sie niemals nieder, sondern bringt ihnen bei, mit Niederlagen und Misserfolgen umzugehen. Er respektiert ihre Eigenheiten und versucht immer wieder, auch wenn es noch so schwierig ist, freundlich mit ihnen umzugehen und ihnen positive Perspektiven aufzuzeigen.

Alle zwei Jahre das gleiche Ritual zur Schulanfangszeit. Frau Bauer weiß: Der erste Lehrer ist eine überaus wichtige Bezugsperson für die Neuankömmlinge. Ihm wird ein hoher, zu Beginn schier grenzenloser Vertrauensvorschuss gegeben. Das bedeutet aber auch: entweder gelingt es, den Schüler mit Freude zum Lernen zu motivieren, oder der Lehrer hat es verdorben. Und das wäre unverzeihlich.

Manchmal sind Lehrer sogar der einzige Grund, warum sich Kinder auf die Schule freuen. Frau Huber, Mutter der kleinen Sophie, erzählt, ihre Tochter habe sich sehr auf die Schule gefreut: »Sie war unglaublich aufgeregt und sehr glücklich am Einschulungstag. Leider hat sie gedacht, dass Schule nur aus der Einschulungsfeier besteht. Jeden Tag zur Schule gehen, das passte noch nicht in ihre Gedankenwelt. Und je glücklicher die Erstklässler um sie herum waren, desto unglücklicher fühlte sie sich. Wir hatten jeden Morgen Tränen, wenn es losgehen sollte. Unser Glück war dann die Lehrerin.«

Das kann man wohl sagen: Frau Semmel, Klassenlehrerin an einer bayerischen Grundschule am schönen Starnberger See, trug nicht nur eine große, schwarz umrandete Eulenbrille – nein: Sie hatte tatsächlich ein weises Gespür für die Sorgen, Nöte und vor allem die richtigen Worte für ihre Kinder. Frau Semmel beugte sich am fünften Schultag zu Sophie herunter und fragte: »Liebe Sophie, ich sehe, dass du sehr traurig bist. Und je fröhlicher die anderen sind, desto trauriger wirst du. Möchtest du mir sagen, warum?«

Sophie nickte und antwortete sehr ernsthaft:

»Ich möchte einfach nicht in die Schule gehen.«

Daraufhin rückte Frau Semmel mit einem verschwörerischen Blick näher an ihre Schülerin heran und flüsterte:

»Weißt du, so geht es mir auch oft.«

Dann gingen sie Hand in Hand in den Klassenraum, und fortan war das Problem wie von Zauberhand gelöst.

MERKE: **Manchmal sind es die kleinen Worte und Gesten!**

Genau im richtigen Moment die notwendige Empathie vermitteln zu können macht insbesondere gute Grundschullehrer aus.

Gerade Erstklässler lernen vor allem für ihre Lehrer, sie freuen sich über jedes Lob, jede Anerkennung, jedes Blümchen, jeden Smiley und jedes »Prima!« Mit diesen simplen kleinen Mitteln lässt sich ziemlich einfach das Selbstbild positiv stärken und der Spaß am Lernen fördern.

Positiv denken!

Wie geht der Klassenlehrer mit Fehlern seiner Schützlinge um? Das ist eine ganz entscheidende Frage – nicht nur für den erfolgreichen Schuleinstieg, nicht nur für den Lernerfolg, sondern auch für das langfristige Schüler-Lehrer-Verhältnis.

Die Forschung lehrt uns, dass eine wertschätzende persönliche Ansprache für die Lernmotivation von Kindern und Jugendlichen unerlässlich ist. Dass abwertende und verletzende Bemerkungen sogar ähnliche Prozesse wie physische Schmerzen auslösen können.

Armin hörte von seiner Lehrerin in der 1. Klasse vor allem folgende Sätze: »Du hast schon wieder das Wort Ball falsch geschrieben, hast du gar nicht geübt?« – »Du musst auf der Linie schreiben! So sieht das nicht schön aus!« – »Alle Stifte müssen angespitzt sein, nicht nur der Bleistift!« – »Deine

Mutter soll dir nicht Müsliriegel mitgeben, da ist viel zu viel Zucker drin!«

Nach der 2. Klasse trennten sich die beiden, und Armin bekam zum Glück einen Lehrer, der ihn positiv bestärkte, der ihn lobte, wann immer es ging, und der sich in ihn hineinversetzen konnte. Obwohl seine erste Lehrerin nicht wollte, dass er in die 3. Klasse aufrückt, ist er inzwischen ohne Sitzenbleiben am Gymnasium gelandet. So kann es gehen, wenn man den richtigen Lehrer hat! Und so kann es gehen, wenn sich Eltern anstelle des Lehrers auf ihre Intuition verlassen und erkennen, dass nur ein Lehrerwechsel helfen kann.

Im Golfsport gibt es ein schönes Wort, das auch für die Schule gelten muss: Es lautet »fehlerverzeihend«. Damit sind Schläger gemeint, die einen Ball trotz gravierender Fehler beim Schlag dennoch einlochen können. Dieses schöne Werbeversprechen wird sicherlich nicht uneingeschränkt eingelöst, sollte aber unbedingt in der Schule gelten.

MERKE: **Kinder brauchen eine Willkommenskultur der Fehler!**

Angstfrei und aus Irrtümern lernt man besonders gut. Wer ständig gemaßregelt wird, wenn er sich etwas traut, aber noch nicht hundertprozentig richtig macht, der wird sich bald gar nichts mehr zutrauen. Deshalb müssen Schüler das Gefühl haben, dass sie auch mal Fehler machen dürfen. Nur so lernen sie mit Freude.

Wachendes Auge, schützende Hand

Kollegin Moser hat intuitiv ein seltsames Gefühl: Marina kommt seit zwei Wochen zu spät. Mehrmals hat die Lehrerin die Mutter angerufen, die ihr versicherte, die Siebtklässlerin frühzeitig loszuschicken. Das scheint nicht zu klappen. Marina erscheint erst zwanzig Minuten nach Unterrichtsbeginn, hat Augenringe und beteiligt sich kaum noch. »Ich bin einfach nur müde«, sagt sie zur Erklärung. Mona bittet die Mutter zum Elterngespräch in die Schule. Auch das klappt nicht. Beim ersten Termin ist ihr »was dazwischengekommen«, beim zweiten ist sie nicht zu erreichen und meint abends am Telefon: »Ich habe wirklich sehr, sehr viel zu tun und schaffe es leider nicht zur Schule. Aber ich passe besser auf Marina auf, versprochen.«

Frau Moser nimmt sich vor, die Schülerin genauer zu beobachten. Sie bemerkt, wie sich das Mädchen beim Pausenbrot und in der Schulkantine bei den Mitschülern bedient.

»Hast du gar kein Geld fürs Mittagessen dabei?«, fragt Kollegin Moser.

»Nein, das hat die Mama heute vergessen. Morgen bekomme ich wieder Essensgeld.«

Tatsächlich, am nächsten Tag isst sie mit den anderen zu Mittag. Am übernächsten Tag steht sie wieder ohne Geld, ohne Essen da und fragt ihre Mitschüler. Und weiterhin kommt Marina zu spät.

»Heute bleibst du bitte nach dem Unterricht bei mir«, sagt

Frau Moser zu ihrer Schülerin. Diese windet sich und kommt dennoch nach Schulende zu ihrer Lehrerin. Viel fragen muss sie nicht – schon nach den ersten Sätzen bricht es aus Marina heraus, sie vertraut ihre private Situation der Lehrerin an: »Mama wohnt seit drei Wochen nicht mehr zu Hause. Sie hat nämlich einen neuen Freund und braucht erst einmal Zeit mit ihm allein.« Und ja, sie bekommt zweimal in der Woche Geld hingelegt, und nein, da ist niemand, der sie ins Bett bringt, und ja, die Mama ruft sie jeden Morgen an, damit sie pünktlich aufsteht. Aber oft ruft sie ein bisschen zu spät an. Die Dreizehnjährige nimmt ihre Mutter in Schutz und ist trotzdem sichtlich erleichtert, jemanden in ihre Probleme einweihen zu können.

> »Schwierige Kinder, ihre Bedürfnisse und ihre Sorgen haben mich immer am meisten berührt.«

Dorothee S., Grundschullehrerin

Kollegin Moser weiß jetzt, was zu tun ist, um Marina zu helfen: Sie hat einen Kollegen an der Schule, der nur für die Schulsozialarbeit tätig ist. Das heißt: Er arbeitet mit der Jugendhilfe und der Schule zusammen.

»Auch wenn das Vertrauensverhältnis zwischen Lehrer und Schüler sehr gut ist, wird der Schüler zuerst versuchen, seine Mutter oder das Familienbild, das andere von ihm haben, zu schützen«, meint Kollegin Moser. »Er sitzt sozusagen zwischen zwei Stühlen: Auf der einen Seite zieht das Gewicht der unabdingbaren Loyalität gegenüber den Eltern an ihm.

Und auf der anderen Seite bricht er aufgrund der Situation fast zusammen und müsste dringend jemanden um Hilfe bitten. Ich glaube, es ist eine meiner wesentlichen Aufgaben, dies zu erspüren und auch zu lösen. Ein Kind, das im Privatleben derartige Probleme mit sich rumschleppt, dem erscheinen meine Unterrichtsinhalte zu Recht nebensächlich.«

Das ist richtig! Ein guter Lehrer muss neben der Vermittlung seiner Unterrichtsinhalte stets auch die Rahmenbedingungen im Blick behalten, unter denen sein Schüler lernt. Damit ist eben nicht das orange oder gelb gestrichene, saubere oder unwirtliche Klassenzimmer gemeint, sondern die private, die familiäre Situation, in der sich ein Kind oder Jugendlicher befindet. Für den Lehrer ist das eine Gratwanderung: Wann ist es gerechtfertigt, sich einzuschalten, und wann nicht?

Alarmsignale

»Was in der Familie vorgeht, geht den Lehrer gar nichts an!« Diese Elternmeinung ist durchaus nachvollziehbar und mag auf funktionierende Familien mit ihren normalen Alltagsproblemen zutreffen.

Es gibt aber Anzeichen bei Schülern, die auf Probleme hindeuten können, bei denen Kinder und Familien Hilfe von außen benötigen: langanhaltende Konzentrationsschwäche, Verzögerung der Sprach- und Intelligenzentwicklung, apathisches, trauriges, ängstliches oder aggressives Auftreten, besondere Schreckhaftigkeit, Unruhe und Schüchternheit.

Wenn Grenzen und Regeln nicht eingehalten werden, der Blickkontakt fehlt und Schüler sich nicht an Spielen beteiligen, dann sind das Hinweise, bei denen keine Gefährdung des Kindeswohls vorliegen muss – aber kann. Dies zumindest in Betracht zu ziehen, gehört auch zu den sozialen und pädagogischen Pflichten der Lehrer.

An einem Morgen kommt Marina mit aufgerissener Hose und blutigen Knien in die Klasse. Sie ist beim Fahrradfahren ausgerutscht und hat sich verletzt. Am nächsten Tag ist für Kollegin Moser klar: Die Mutter hat wieder nicht zu Hause geschlafen, denn Marina trägt die Hose vom Vortag, und das Knie sieht genauso aus, wie die Schule es versorgt hatte. Inzwischen ist die Mullbinde halb verrutscht und voller Schmutz.

Wie der Schüler in der Schule erscheint, ist ein weiterer Anhaltspunkt für familiäre Probleme: Unversorgte Wunden, blaue Flecken oder Narben, Unter- oder Übergewicht, unangenehmer Körpergeruch, ständige Müdigkeit und nicht wettergerechte Kleidung können laut Informationen des Landesjugendamts Berlin zum Kinderschutz ebenfalls Indizien sein.

In Marinas Fall dauert es ein halbes Jahr, bis das Jugendamt, unterstützt von Schulpsychologen und Lehrerin, dem Leben des Mädchens wieder eine Struktur geben kann. Der Mutter ist tatsächlich nicht bewusst gewesen, dass eine Dreizehnjährige ihre Anwesenheit dringend braucht, selbst wenn sie selbstständiger wird und sich langsam abnabelt. Aber wer nestflügge wird, der braucht eben trotzdem ein Nest, aus dem er ausziehen und in das er notfalls auch zurückkehren kann.

MERKE: **Weg mit den Scheuklappen!**

Ein guter Lehrer konzentriert sich nicht nur auf den Lernerfolg seiner Schüler. Er fragt sich auch, warum dieser ausbleibt. Sollte er den Fehler nicht bei sich selbst finden, muss er seine Sensoren ausfahren: Gehen die Eltern mit ihren Kindern vielleicht verantwortungslos um? Geschieht das aus Unwissenheit, Überforderung oder gar aus Absicht? Lehrer, die Verantwortung übernehmen, können eine ganze Menge Hebel in Bewegung setzen, damit das Wohl ihrer Schüler nicht gefährdet wird. Auch dafür ist eine gute Lehrer-Schüler-Beziehung notwendig: Nur so wird sich der Schüler gegenüber dem Erwachsenen öffnen.

Der Lehrer als seelische Stütze

Herr Neumann steht im Schulsekretariat und versucht mit tränenerstickter Stimme der Schulleiterin zu erklären, dass seine Frau am vergangenen Wochenende gestorben ist. Von einer Stunde zur anderen aus dem Leben gerissen, völlig unerwartet für ihn, für die Freunde und vor allem für die Kinder. Die sind sieben und neun Jahre alt, Alice und Daniel, und gehen in die 2. und 4. Klasse.

An der Schule sind also zwei Klassen und mehrere Lehrer betroffen. Jetzt kommt es darauf an, ob die Kollegen in der Lage sind, die Kinder nach ihren Bedürfnissen zu stützen. Dazu braucht es Kenntnisse über den Ablauf von Trauerprozessen und darüber, welchen Belastungen Kinder unterliegen und welche Entlastungen sie brauchen. »Hätte ich es verhindern können?« – »Hätte ich es vorhersehen müssen?« – »Weiß Mama, wie lieb ich sie habe?« – »Kommt sie wirklich nicht mehr zurück?« – »Wie soll ein Leben ohne Mama gehen?« Das sind nur einige der Fragen, auf die Antworten gesucht werden.

Trauerprozesse laufen höchst individuell ab – das muss der Lehrer berücksichtigen. Daniel zum Beispiel ist in seiner Klasse seit dem Tod der Mutter extrem locker und fröhlich – das erscheint den Mitschülern so seltsam, dass einige anfangen, sich von ihm zu distanzieren.

Ein Prozess, den Klassenlehrer Kramm unbedingt aufhalten muss: Mit Einverständnis des Vaters und vor allem Daniels bespricht er mit den Schülern die verschiedenen Möglichkeiten, Trauer zu durchleben. Einige Schüler berichten vom Tod der Oma, von Träumen und der Sehnsucht, die nicht nachlassen mag. Und viele erzählen, was ihnen helfen würde. Plötzlich wird allen klar: Ablenkung. Fröhlichkeit kann auch eine Methode sein, sich von dem ständigen Verlustgedanken zu befreien.

»In dieser Situation ist mir wieder bewusst geworden, wie wichtig ein gutes Verhältnis zwischen Lehrern und Schülern ist«, berichtet Kramm anschließend im Lehrerzimmer. »Das ist das A und O. Sonst kann ich nach solchen Ereignissen keinen Unterricht machen.«

Trauerarbeit ist nicht unbedingt Teil der Lehrerausbildung. Daher muss sich ein guter Lehrer darin fortbilden und intensiv damit auseinandersetzen, um adäquat handeln zu können. Die Sensibilität, die Empathie, um mit derartigen Krisensituationen fertigzuwerden und Kindern und Jugendlichen einen Schutzraum bieten zu können, die muss er dagegen im Blut haben – als Teil seines innewohnenden Wunsches und Ziels, den Kindern das Beste, was er bieten kann, mit auf den Lebensweg zu geben.

> **MERKE:** **Lehrer müssen auch Fels in der Brandung sein können**
>
> Wenn ein Schüler einen Angehörigen oder einen Menschen aus seinem näheren sozialen Umfeld verliert, dann ist das Lehrer-Schüler-Verhältnis von besonderer Bedeutung. Dann stellt die Schule oft die einzig verlässliche Struktur in einer ansonsten stark erschütterten Lebenssituation dar, die Halt, Verständnis und Unterstützung bietet.

Mobbing? Nicht mit uns Lehrern!

»Ich werde gemobbt!«, schreit Chiara als sie nach Hause kommt. Die Mutter ist entsetzt und ruft wütend den Lehrer an: Er soll »sofort, aber sofort die Schüler, die meine Tochter mobben, zur Rechenschaft ziehen.«

So einfach, liebe Chiara-Mutter, ist es mitnichten. Denn was für den einen Mobbing ist, ist für den anderen das Synonym für »Ärgern«.

Was ist passiert? Manuel hat ihren Ranzen in den Bücherschrank gesperrt und den Schlüssel in seine Hosentasche gesteckt. In einer wilden Verfolgungsjagd springen beide Kinder über Tische und Bänke, weil Chiara sich den Schlüssel wiederholen will. Die Klasse johlt – bis der Lehrer dem Spiel ein Ende setzt.

Ein einmaliger Vorfall, den man vielleicht als pubertierende Schäkerei verbuchen kann. Würde Chiaras Ranzen aber jeden Tag verschwinden, würde jeden Tag die Klasse johlen, weil sie ihren Sachen hinterherrennen muss – dann wären die Sorgen der Mutter berechtigt, Chiara könne Mobbing zum Opfer fallen.

> »Wichtig ist mir, dass ein Lehrer
> ein offenes Ohr hat.«
>
> Morghan, 14 Jahre

Der Begriff »Mobbing« bedarf also einer Erläuterung, bevor wir ihn – zunehmend inflationär – verwenden.

»Wir haben uns doch früher auch geärgert, das machen Kinder nun mal untereinander«, sagt ein Kollege, »nur heute heißt das eben Mobbing.« Ganz so ist es nicht: Wenn Angriffe gegen einzelne Schüler über einen längeren Zeitraum wiederholt werden, wenn persönliche Beleidigungen für einen großen Personenkreis nachzulesen sind, wenn Fotos gegen den Willen des Schülers ins Internet gestellt werden, dann kann man nicht von Hänseln oder Ärgern sprechen. Dann ist das psychische Gewalt, die Kinder und Jugendliche anderen – zumeist schwächeren – Kindern und Jugendlichen antun. Das müssen Lehrer zur Kenntnis nehmen.

Lehrer, die herausfinden wollen, was für ein Klima in ihrer Klasse herrscht, dürfen sich nicht auf den ersten Augenschein verlassen. Mobbing findet heute nicht mehr über hässliche Sprüche an Toilettentüren statt oder über Zettel, die von einem zum anderen Schüler weitergereicht werden. Mobbing ist für den Lehrer nicht mehr sichtbar, da es zumeist im Internet stattfindet. Und zwar in geschlossenen Gruppen.

»Wenn sich Schüler in den Pausen gegenseitig herabwürdigende Kommentare über einen Mitschüler auf ihren Smartphones zeigen, dann kann ich als Lehrerin doch nicht sagen: Das geht mich nichts an«, so Kollegin Eichler. »Vor allem, wenn ich merke, dass mit dem betroffenen Schüler etwas nicht stimmt. Dass er immer stiller wird, sich kaum noch beteiligt, um möglichst wenig aufzufallen. Wenn ein Jugendlicher anfängt, sich wegzuducken, dann hat das Gründe, die ich nicht nur auf die Pubertät schieben kann.«

Kollegin Eichler hat recht. Nur weil Mobbing eben auch zu Hause übers Handy oder den Computer geschieht, kann sich Schule noch lange nicht raushalten. Aber wie können Lehrer Licht ins Dunkel bringen?

Ein Anfang sind anonyme Fragebögen zur Atmosphäre in der Klasse – zum Beispiel das sogenannte Mobbing-Barometer: »Ich habe selbst schon Cybermobbing erlebt.« – »Ich habe beobachtet, wie jemand gemobbt wurde.« – »So schätze ich die Situation in unserer Klasse ein: ...«[15] Achtung: Die Ergebnisse können sehr überraschend ausfallen!

»Als Erstes haben wir uns in der Klasse und wenig später auch in der Schule darauf geeinigt, was wir unter Mobbing verstehen. Meine Schüler haben mich erst einmal aufgeklärt«, so die Kollegin Eichler. »Das war auch notwendig, denn im Studium habe ich nicht gelernt, wie heute gemobbt wird.«

Die unterschiedlichen Mobbing-Varianten lesen sich wie ein Katalog des Psychoterrors. Happy-Slapping (fröhliches Schlagen) zum Beispiel bedeutet: Jugendliche werden zusammengeschlagen oder ausgeraubt, während Abseitsstehende die Tat filmen und anschließend ins Internet stellen oder an weitere Schüler verschicken.

Beim Cybermobbing werden soziale Netzwerke genutzt, um Opfer permanent zu beleidigen, zu verleumden oder bloßzustellen. Dafür eignen sich Facebook, Instagram, WhatsApp oder eigens angelegte Mobbingplattformen im Internet. Diese versprechen vermeintliche Anonymität sowie ein unendlich großes Publikum – beide Aspekte scheinen für Täter besonders verführerisch zu sein. Für das Opfer ist Cybermobbing besonders schlimm: Die Konflikte mögen bereits gelöst sein – die Inhalte sind im Internet noch lange zu finden.

Auf der informativen und hilfreichen Website »klicksafe«, die zum Safer-Internet-Programm der Europäischen Union gehört, sind zahlreiche Unterformen des Cybermobbing nachzulesen: Flaming (Beleidigung, Beschimpfung), Harassment (Belästigung in Form zielgerichteter Attacken), Denigration (Anschwärzen, Gerüchte verbreiten), Impersonation (Auftreten unter falscher Identität), Outing and Trickery (Bloßstellen und Betrügerei), Exclusion (Ausschluss),

Cyberstalking (fortwährende Belästigung und Verfolgung), Cyberthreats (offene Androhung von Gewalt).

Wird ein Schüler zum Opfer eines dieser Mobbing-Tatbestände, dann kann, dann sollte das eine Klasse sogar kräftig durchrütteln.

Mobbing erkennen, Maßnahmen ergreifen

»Wie krank ist denn die Welt, wer denkt sich denn so einen Mist aus?«, fragt sich Kollegin Eichler – und bei weitem nicht nur sie. Mobbing ist in der Tat ganz schön krank, aber leider müssen Lehrer trotzdem in der Lage sein, mit diesem Phänomen umzugehen, vor allem wenn das Opfer in der eigenen Klasse sitzt.

Woran kann ein Lehrer nun erkennen, ob die Grenze zum ungesunden, bedrückenden Mobbing überschritten wurde? Liebe Eltern, verlassen Sie sich darauf, er kann es! Ein guter Lehrer weiß Mobbing von Hänselei zu unterscheiden, denn dafür gibt es klare Anhaltspunkte:

- Ein Konflikt zwischen mehreren Schülern verfestigt sich.
- Ein Schüler ist unterlegen.
- Es ist nicht erkennbar, wie sich der unterlegene Schüler aus der Situation selbst befreien kann.

»Teilen Sie mir jeden Mobbingverdacht sofort mit! Das sage ich meinen Eltern gleich zu Anfang des Schuljahres«, erklärt mir Kollege Gerdler. »Beschädigte Bücher oder Kleidung,

> MERKE: **Bei Mobbing müssen schnell die Eltern mit ins Boot**
>
> Schneidet der Lehrer das Thema von sich aus an und zeigt sich für Elternsorgen offen, sorgt das immer für große Erleichterung. Eltern, die einen Mobbingverdacht äußern, brauchen zudem zügig Rückmeldung, ob sich ihre Befürchtungen bewahrheiten. Warten, ob sich das Problem von selbst löst, ist die falsche Strategie: Schwelende Konflikte sollten schnell gelöst werden, bevor sie sich langfristig verfestigen.
>
> Gute Lehrer arbeiten mit ihren Klassen präventiv gegen Mobbing. Dazu gibt es zahlreiche Angebote (Anti-Mobbing-Koffer, Anti-Mobbing-Fibel, Materialien für Filmprojekte, Filme, Theaterstücke etc.).

Verletzungen, Stimmungsschwankungen von Zurückgezogenheit bis zum Wutausbruch, keine Lust mehr auf Schule oder Leistungsabfall – all das können Indizien für Mobbing sein. Wenn Eltern meinen, ihrem Kind geht es in der Klasse schlecht, dann achte ich auf den Schüler besonders gut und kann notfalls schneller handeln. Meine Elternsprecherin war sehr erleichtert, dass ich von mir aus Mobbing thematisiert habe. Denn manche Lehrer würden sagen, das ginge die Schule nichts an.«

Für gute Lehrer ist eine stabile Klassengemeinschaft die beste Voraussetzung, um Mobbing keinen Raum zu geben.

Doch es braucht Zeit, ehe sich aus einem Sammelsurium von lauter mehr oder weniger selbstbezogenen Jugendlichen eine gefestigte Gruppe entwickelt hat. Auf dieses Ziel hat ein guter Lehrer von Anfang an hinzuarbeiten. Eine Möglichkeit: Er legt mit seinen Schülern eine gemeinsame Definition von Mobbing fest und entwickelt mit der Klasse Verhaltensregeln, die er sich von jedem einzelnen Schüler einmal im Jahr unterschreiben lässt, zum Beispiel:

- Ich verhalte mich freundlich gegenüber meinen Mitschülern.
- Ich werde mich nicht an Lästereien über einzelne Schüler beteiligen – weder auf den Hofpausen noch im Internet.
- Wenn meine Mitschüler zu mir freundlich sind, dann bin ich auch zu ihnen freundlich und bedanke mich.
- Wenn jemand unfreundlich zu mir ist, dann sage ich ihm das auf sachliche Art, damit er sich zukünftig freundlicher verhält.
- Jeder Mitschüler gehört zu meiner Klasse. Wie bei einem Puzzle ist auch für meine Klasse jeder einzelne Schüler wichtig.
- Ich möchte mich wohlfühlen, wenn ich morgens zur Schule gehe. Diesen Wunsch gestehe ich auch meinen Mitschülern zu und respektiere ihn.
- Wenn ich beobachte, dass ein Schüler ausgegrenzt wird, dann spreche ich unseren Vertrauenslehrer an.
- Wenn ich mich gemobbt fühle, dann spreche ich den Vertrauenslehrer an oder weihe meine Eltern ein. Mir ist wichtig, dass auch mein Klassenlehrer davon erfährt. Entwe-

der berichte ich ihm direkt von dem Vorfall, oder ich bitte Personen meines Vertrauens – Eltern, Klassensprecher oder Vertrauenslehrer – dies für mich zu tun.

Bei Cybermobbing helfen auch drastischere Maßnahmen, wie zum Beispiel ein Handyverbot in der Schule. Kollegin Ursitz vom Nachbargymnasium zeigt mir stolz eine große Kiste. Darin liegen um die zwanzig Handys. »Alles, was das Herz begehrt: iPhone 5, iPhone 5s, sogar ein iPhone 6, Samsung Galaxy.« Ich staune, dass sie sich traut, die Handys in der Schule zu lassen. Schließlich liegen da weit über 2000 Euro in der Kiste, wenn nicht mehr, da kenne ich mich nicht besonders gut aus. »Letzte Woche hatten wir wieder einen Mobbingfall an der Schule«, berichtet Kollegin Ursitz weiter. »Allehassen-Charim – so hieß eine Gruppe bei WhatsApp. Dazu ein Foto des Schülers Charim mit einem Totenkopf überblendet. Die Kommentare waren sehr verletzend. Es gab eine Klassenkonferenz und eine Schulkonferenz, mit dem Ergebnis, dass einer der Peers, nämlich Arnold, die Schule verlassen muss.«

Nicht immer gehen unsere Lehrer und Schulen so resolut mit Cybermobbing um. In vielen Fällen »löst« der Klassenlehrer das Problem auf Klassenebene. Was dabei herauskommt, ist häufig weder für Opfer noch Eltern befriedigend: Es bleibt ein übler Nachgeschmack, die Klassenatmosphäre ist von Misstrauen durchsetzt, und oft fühlt sich das Opfer nicht rehabilitiert, sondern als Petze. Notgedrungen entschuldigt sich der Täter, ohne es wirklich ernst zu meinen – und vor allem ohne fühlbare Konsequenzen.

Aufsehen hat daher hierzulande ein Fall in Skandinavien erregt: Dort ging ein Gericht gegen zwei Mädchen vor, die auf einer Internetplattform Fotos anderer Schülerinnen hochluden und sie mit beleidigenden Kommentaren versahen. Das Gericht soll sie zu gemeinnütziger Arbeit und zu einer Entschädigung der Opfer in Höhe von insgesamt rund 65 000 Euro verurteilt haben.

MERKE: **»War doch nur Spaß« darf als Ausrede nicht gelten!**

Superlehrer ziehen mit ihren Schülern an einem Strang, wenn die Klasse als Gemeinschaft in Frage steht. Wenn Eltern und Schüler sich Lehrern rechtzeitig anvertrauen, dann ist auch Mobbing in den Griff zu bekommen. Wenn Lehrer präventiv Regeln des Miteinanders aufstellen, dann besteht die Chance, dass die Schulzeit vielleicht nicht ganz ohne Stänkereien und Hänseleien verläuft, aber wenigstens eine mobbingfreie Zeit bleibt.

Schülerrechte – Schülerbeteiligung

Zusammen mit ihrer Freundin spricht Fiona den Ethiklehrer an: »Herr Schnösel, für das kommende Halbjahr benötige ich die Planung für Ihren Ethikunterricht in unserer Klasse. Und im Übrigen wollen wir uns an der Gestaltung des Unterrichts beteiligen. Yvonne hat da einige Themenvorschläge, und ich würde mit Ihnen gerne die Unterrichtsform diskutieren.«

Lehrer Schnösel: »Bei euch piept's wohl!«

»Nö, das ist Schulgesetz!«, flöten die Schülerinnen im Chor.

Doch Lehrer Schnösel muss sich nicht aufregen oder gar Angst bekommen. Denn wie viele andere Schüler wissen auch Yvonne und Fiona nicht besonders gut über ihre Rechte und Mitwirkungsmöglichkeiten Bescheid und können so einen frechen Vorschlag daher gar nicht unterbreiten – zum Glück! Das vereinfacht uns Lehrern den Schulalltag ungemein.

Allerdings bergen die gesetzlich gesicherten Mitwirkungs- und Informationsrechte auch Chancen für eine demokratische Schulkultur: Der Lehrer nimmt die Schüler ernst, er wägt ihre Vorschläge zum Unterricht ab und muss ihnen, falls sie ihm nicht gefallen sollten, wenigstens einen Grund nennen, warum er lieber bei seinem alten Stil bleibt.

Kollegin Eichler legt zum Schulanfang nach den Sommerferien allen Schülern ihren Unterrichtsplan für das kommende Halbjahr vor. Sie hat bereits Lücken für Anregungen aus der Schülerschaft gelassen, bei denen sie ihre Schüler nach Themenvorschlägen fragt. »Finden Sie wirklich, dass Sport das richtige Thema für eine Methodenwoche ist?«, wird Frau Eichler von einer Mutter auf dem Elternabend gefragt. Ja, findet sie. Das haben nämlich mehrheitlich die Schüler entschieden – auch wenn es nicht den Bildungsvorstellungen einiger Eltern entspricht. Das ist eben Demokratie an der Schule und nach den meisten Schulgesetzen nicht nur möglich, sondern auch gewollt.

Louis und Leander berichten, dass ihre Lehrer zu jedem

Stundenanfang eine Minute lang referieren, was in der Stunde getan und gelernt wird: »Meinen Geschichtslehrer finde ich gut, der hat so ein gutes Unterrichtsprinzip: Er schreibt den Stoff, den er in der Doppelstunde schaffen will an die Tafel, und die Klasse darf sich dazu noch Ziele ausdenken. Wenn wir die Ziele früher erreicht haben, als die Stunde zu Ende ist, lässt er uns auch eher gehen.« Dieser Lehrer berücksichtigt in jeder Stunde die Schülerrechte und motiviert auf recht ungewöhnliche Weise zum zielorientierten Lernen. Das darf man natürlich nicht laut sagen – sonst stehen der Schulleiter, der Schulrat und vielleicht sogar die Eltern auf der Matte, weil in ihren Augen kostbare Lernzeit ungenutzt bleibt.

MERKE: **Schüler dürfen mitentscheiden**

Wem es wichtig ist, dass Schüler nicht nur Rechnen und Lesen lernen, der achtet auch darauf, dass sie über ihre Rechte Bescheid wissen und überlässt das nicht dem Zufall. Die Ausübung von Schülerrechten fördert die Zufriedenheit der Schüler sowie das Gefühl, ernst genommen zu werden.

Was Schüler wollen

*»Der gute Lehrer erzieht mit seiner Rede und
mit seinem Schweigen, in den Lehrstunden
und in den Pausen, im beiläufigen Gespräch,
durch sein bloßes Dasein, er muss nur ein
wirklich existenter Mensch sein (...); er erzieht
durch Kontakt.«*

Martin Buber[16]

Was ist für Schüler eine vorbildliche Lehrerpersönlichkeit?
Auf der Suche nach einer Antwort habe ich mit vielen Schülerinnen und Schülern gesprochen. Sicherlich sind die Feed-
backs nicht repräsentativ, aber sie waren allemal interessant
und hilfreich. Obwohl ich unterschiedliche Altersgruppen befragte, gab es viele gemeinsame, bemerkenswerte Vorstellungen, welche Eigenschaften und Verhaltensweisen die Schülerinnen und Schüler verschiedener Klassenstufen an ihren
Lehrern mögen oder ablehnen. Wir sollten sie ernst nehmen!

Louis, 11 Jahre, 6. Klasse:

»Meine Klassenlehrerin ist die ideale Mischung aus Toleranz,
Strenge und Humor.«

Leander, 13 Jahre, 8. Klasse:

»Ich erinnere mich an meinen Nawi-Lehrer, den wir vor zwei Jahren hatten. Der war locker und machte viel praktischen Unterricht. Außerdem erklärte er alles so einfach wie möglich, ohne komplizierte Umschreibungen, er brachte uns immer nur das Wichtigste bei. Und er hat die Klasse belohnt, wenn sie gut war.«

Anna, 13 Jahre, 9. Klasse:

»Ein guter Lehrer sollte die Klasse im Griff haben. Damit meine ich, dass ihm alle folgen und nebenbei keinen Unsinn machen. Sonst würde der Unterricht auch für die uninteressant werden, die eigentlich interessiert sind. Sobald andere rumschwatzen, gelingt es mir nicht mehr, mich zu konzentrieren, ganz gleich wie interessant das Thema ist. Ein Lehrer sollte auch humorvoll sein und manchmal einen Witz fallen lassen, das lockert die Stimmung auf. Ein Lehrer sollte probieren, gut gelaunt in eine Klasse zu kommen, egal wie seine vorherige Stunde war – nichts ist schlimmer als ein Lehrer als tickende Zeitbombe, die beim kleinsten Spaß explodiert. Er sollte immer selbstbewusst auftreten, denn Schüler wittern sofort, wenn er es nicht ist, und das wird schamlos ausgenutzt. Dann sollte er regelmäßig die Schüler den Unterricht selbst gestalten lassen, wie zum Beispiel durch Präsentationen. Er sollte also Abwechslung in den Unterricht bringen, sonst gerät man in einen langweiligen Trott. Zum Beispiel könnte man im Geschichtsunterricht mehr historische Filme zeigen, als nur mit Büchern zu arbeiten. Er sollte alle Schüler gleich behandeln. Auch wenn er in den ersten Stunden bereits feststellen kann, wer sich beteiligt und wer nicht. Automatisch nehmen Lehrer eher die dran, die sowieso Bescheid wissen, die flüssig reden und interessiert sind. Das ist nicht gut.

Er sollte verständnisvoll sein, er sollte belohnend statt bestrafend handeln. Zum Beispiel: Wenn jemand dreimal die Hausarbeiten nicht gemacht hat, müssen Schüler bei einigen Lehrern nachsitzen. Besser wäre es, bei erledigten Hausaufgaben einen Gutschein zu vergeben. Ach ja, er darf nicht zu gruselig aussehen. Wenigstens sollte er sich dann besonders bemühen, gepflegt zu sein.«

Benjamin, 11 Jahre, 6. Klasse:

»Wir hatten in den letzten Jahren fünfzehn verschiedene Klassenlehrer. Das war schrecklich, man konnte sich nicht auf einen Menschen einstellen. Man wusste nichts über ihn, weil er gleich wieder weg war. Jedem war etwas anderes im Unterricht und an uns wichtig. Als wir nach den Sommerferien wieder eine neue Lehrerin bekamen, fragten wir als Erstes: Sind Sie krank? Sind Sie schwanger? Haben Sie Rückenschmerzen?

Sie war tatsächlich gesund, und ein Kind hatte sie schon. Sie ist jetzt fast ein Jahr bei uns. Wenn wir gut mitgearbeitet haben, gehen wir gemeinsam in der Pause zu einem Kiosk. Da spendiert sie uns ein Eis. Sie ist einfach nur toll! Sie ist meine Superlehrerin!«

Fritz, 10 Jahre, 5. Klasse:

»Ein Superlehrer braucht Humor. Er muss nicht die ganze Zeit Witze reißen, aber er muss Spaß am Unterricht haben, so dass es den Kindern auch Spaß macht. Manche Lehrer haben leider wenig Freude am Unterrichten. Das ist schade!«

Timo, 11 Jahre, 6. Klasse:

»Er muss nett sein, und er sollte die Kinder nicht so ackern lassen. Ich mag keine engstirnigen Lehrer, bei denen man nach ihren Vorstellungen arbeiten muss. Ich mag Lehrer, die einem Freiheiten geben, vor allem im Kunstunterricht. Mathematikunterricht mag ich nicht, obwohl das Fach von meinem Lieblingslehrer gegeben wird. Der Känguru-Wettbewerb[17] macht mir allerdings Spaß, weil ein oder zwei Fehler bei so vielen Aufgaben kein großes Drama sind. Außerdem kann man auch etwas gewinnen, das gibt einen Schub, durch den man sich anstrengt. Ein Fehler hat eben nicht so ein großes Gewicht wie im normalen Matheunterricht.

Ich wünsche mir einen Lehrer, der kinderlieb und freundlich ist. Er sollte aber, wenn die Schüler zu viel Quatsch machen, auch mal streng werden. Nicht Rumbrüllen, sondern nur warnen: Beim nächsten Mal geht's raus vor die Tür, dann gehorchen nämlich schon alle. Zu einem Superlehrer gehört auch, dass er den Kindern im Sportunterricht Pausen gönnt, dass sie nicht die gesamte Zeit rumturnen oder laufen müssen. Er sollte im Unterricht zur Abwechslung auch mal ein

Buch vorlesen oder zumindest ein Kapitel. Er muss cool sein, also lustig, nett und humorvoll. Immer für einen Spaß zu haben. Das wäre ein Lieblings- und ein Superlehrer. Ein guter Lehrer sollte auch mal Lobkarten für Kinder verteilen, die sich besonders gut am Unterricht beteiligt haben. Er sollte übrigens keine Piercings im Gesicht tragen, das sieht monströs aus.«

Hannah, 13 Jahre, 9. Klasse:

»Ein guter Lehrer ist meistens nicht am Äußeren zu erkennen. Bei manchen denkt man, oh Gott, wie sieht der denn aus! Zum Beispiel unsere Mathematiklehrerin, die mit ihrer Schminke auf Kriegsfuß steht: eisblaue Augen und dazu die gleiche Farbe als Lidschatten, das ganze Auge ist blau; aber sie ist so schön logisch! Mir ist es sehr wichtig, dass Lehrer logisch sind. Innerlich ist sie jung geblieben, würde man sie nicht sehen und nur hören, würde man denken, dass es sich um eine junge Lehrerin handelt.

Manche Lehrer stinken leider: Zum Beispiel putzt unser Geschichtslehrer seine Schuhe sehr sorgfältig, vergisst aber die Schuhcreme abzuwischen; er riecht einfach schrecklich nach Schuhpflege!

Ich mag es überhaupt nicht, wenn Lehrer laut schreiend in die Klasse kommen, wenn ihnen etwas nicht passt: Klassen sind laut, wir sind Kinder!

Humorvoll sollte der Superlehrer sein und Scherze mit uns machen; er sollte auch ernst sein, nicht zu freundlich, damit

113

er von allen auch respektiert wird – also die perfekte Mitte. Zu freundliche Lehrer mag ich nicht, dann habe ich keinen Respekt vor ihnen, dann fällt es mir schwer, eine Grenze zu erkennen.

Ein Superlehrer sollte unseren Leistungsstand, also unser Niveau richtig erfassen und an diesem Punkt mit uns weiterarbeiten. Ich erinnere mich an einen Lehrer, der eher Kindergärtner hätte werden sollen, weil er es allen recht machen wollte, das ist natürlich nicht möglich. Am Ende fühlten sich alle ungerecht behandelt und gelangweilt.

Oder meine Klassenlehrerin, sie spricht zum Beispiel viel zu langsam. Ich musste ihr erst sagen, sie möge doch schneller sprechen, sonst würden wir alle einschlafen. Ich hasse es, wenn Leute langsam reden; entweder sie denken, ich bin beknackt, oder sie sind selber beknackt. Ein Lehrer sollte aber nicht beknackt sein. Ein Lehrer sollte fair sein, nicht so wie unsere Musiklehrerin, die sich im Konfliktfall irgendeinen aus der Gruppe greift, ohne sich die Mühe zu machen, den eigentlichen Störenfried herauszufinden. Wenn Lehrer unberechenbar sind, dann habe ich sogar manchmal Angst.«

Lisa, 10 Jahre, 5. Klasse:

»Ein guter Lehrer sollte ernst, freundlich und humorvoll sein, auf keinen Fall kumpelhaft und niemals aufdringlich! Er sollte einen auf Augenhöhe behandeln – auf einer respektvollen Ebene. Durchsetzungsstark muss er natürlich sein.«

Zoe, 14 Jahre, 10. Klasse:

»Meine Lieblingslehrerin ist meine Klassenlehrerin. Sie ist zwar sehr streng, aber sehr fair. Man darf bei ihr Witze machen, sie lacht mit uns mit, und sie macht selber Witze. Trotzdem ist sie durchsetzungsstark. Sie behandelt alle gleich und ist gerecht. Wenn Lehrer nicht gerecht sind, dann habe ich keine Lust mehr in die Schule zu gehen. Lehrer, die sich in den ersten Stunden ein festes Urteil bilden, das sich nicht mehr revidieren lässt, sind schlimm: You never get a second chance to make a first impression – das darf doch nicht für einen guten Lehrer gelten! Für mich ist es daher wichtig, dass Lehrer auch mitbekommen, wenn sich Schüler anstrengen und dann sogar verbessern. Beides sollte honoriert werden. Das muss doch eigentlich auch im Sinne des Lehrers sein, oder nicht?! Ich finde Lehrer sehr gut, die verstehen, wenn man etwas selber nicht versteht. Lehrer, die einen nicht nach vorne an die Tafel holen und blamieren, wenn sie merken, dass man ihrem Unterricht nicht gut gefolgt ist.

Meine Grundschullehrerin ist auf jeden Einzelnen eingegangen, so, wie es jeder brauchte. Sie war nett und freundlich. Mein jetziger Kunstlehrer ist genauso. Er wird respektiert, obwohl er noch sehr jung ist. Aber er setzt sich mit jedem von uns auseinander; wir können mit ihm lachen, und trotzdem macht jeder, was er sagt. Wichtig finde ich, dass Lehrer nicht willkürlich sind. Wenn ein Lehrer einen Schüler bestraft, dann sollte der Schüler auch wissen und nachvollziehen können, wofür er die Strafe bekommen hat.

Mein Superlehrer ist also fair, durchsetzungsfähig, witzig,

115

kann gut erklären und achtet darauf, dass jeder mitkommt. Das Äußere ist mir nicht wichtig. Lehrerinnen sollten allerdings darauf achten, nicht wie eine Barbiepuppe gekleidet zu sein. Das wirkt in der Schule ein wenig lächerlich. Je lockerer Lehrer angezogen sind, desto wohler fühle ich mich bei ihnen.«

Lu, 13 Jahre, 9. Klasse:

»Ich wünsche mir einen Lehrer, der sich in die Kinder hineinversetzen kann. Ich habe erleben müssen, wie wenig interessiert eine Lehrerin nach einem Unfall an mir war. Meine Physiklehrerin hatte bei einem Experiment nicht aufgepasst, dass auf meinem Tisch eine Verteilersteckdose für verschiedene Tische stand; damit wurden unterschiedliche Herdplatten geheizt, auf denen Wassertöpfe zum Sieden gebracht wurden. Jedenfalls zogen die Schüler an dem Tisch hinter mir an ihrem Kabel, so dass meine Herdplatte mit dem Topf voll kochendem Wasser herunterfiel. Ich verbrannte mich am Bein und am Arm. Ich schrie vor Schmerzen. Die Lehrerin setzte mich in einen anderen Raum mit einem nassen Lappen und sagte, ich solle meine Mutter anrufen, weil sie mich nicht mit nasser Hose in die Klasse lassen könnte. Dann ging sie ins Klassenzimmer zurück und ließ mich allein. Sie hätte bei mir bleiben sollen. Sie hätte ein Krankenwagen rufen müssen. »Es sei unglücklich gelaufen«, hat sie mir am Telefon gesagt. Ich konnte zwei Wochen nicht in die Schule gehen; gleich im Anschluss stand eine Physikarbeit bei ihr an. Nachschreiben durfte ich nicht, ich war ja wieder in der Schule!

Ich wünsche mir als Superlehrer einen Lehrer, der Rücksicht auf die Lage nimmt, in der sich die Schüler befinden. Und der Mitgefühl zeigt und in schwierigen Situationen an meiner Seite ist.

In der zweiten Klasse hat mir eine Lehrerin sehr geholfen, als mir ständig ein Mädchen nachgestellt hat. Sie hat nicht gesagt, dass ich damit zu meinen Eltern gehen soll, sondern hat das Problem mit dem Mädchen und mir gemeinsam gelöst. Das war genau richtig. Sie hat sich verantwortlich für mich gefühlt! Diese Lehrerin hat mir auch gesagt, dass ich Talent zum Schreiben habe, das hat mich sehr motiviert. Bis heute erfinde ich gern Geschichten und illustriere sie.«

Ludwig, 12 Jahre, 9. Klasse:

»Unsere Geschichtslehrerin hat eine Rezeptionsklingel, auf die sie regelmäßig haut. Damit versucht sie, unsere Aufmerksamkeit auf sich zu lenken, wenn die Klasse ihr zu laut ist. Das ist eigentlich sehr traurig, wenngleich wir alle lachen. Der Lehrerin bringt die Klingel also nichts. Ich wünsche mir jemanden, der keine Rezeptionsklingel braucht, der sich allein durchsetzen kann.

Und ich wünsche mir Lehrer, die zu ihren Schülern Abstand halten. Das Schlimmste ist, wenn der Sitznachbar fehlt und der Lehrer sich zur Unterstützung neben einen setzt oder sich über einen beugt. Lehrer scheinen sich überhaupt nicht im Klaren zu sein, dass sie einem damit zu nahe kommen.

Äußeres ist mir nicht so wichtig. Der Lehrer sollte o.k. aussehen, man sollte in jedem Fall darauf achten, was man trägt. Es ist schon seltsam, wenn unsere Englischlehrerin im Trainingsanzug vor der Klasse steht – nur weil sie an diesem Tag auch Sport unterrichtet hat.«

Morghan, 14 Jahre, 10. Klasse:

»Ich war auf drei Schulen, in fünf Klassen, habe also vier Mal die Klasse gewechselt und habe dementsprechend schon ein paar Erfahrungen mit Lehrern gemacht. In jeder Schule gibt es gute Lehrer, mittelmäßige, supergute und die Katastrophen schlechthin. In meiner Schullaufbahn hatte ich insgesamt sechs fantastische Lehrer und sieben Katastrophen – den Rest habe ich verdrängt.

Ich hatte einen Mathelehrer, bei dem ich zwar eine Vier im Zeugnis hatte, aber bei dem ich mir allen Ernstes Mühe gegeben habe. In Mathe, was eigentlich nicht so ganz mein Fach ist. Wenn man einen Stundenplan von 35 Stunden in der Woche hat, der von Physik über Ethik zu Französisch geht, dann ist irgendwann mal die Luft raus, man hat einfach keinen Bock mehr. Umso verwunderlicher also, dass ich jede Extrahausaufgabe und jedes verdammte Rätsel mit Herzblut versucht habe zu lösen. Und warum? Weil mir dieser Mathelehrer am Herzen lag. Denn egal wie lange man für eine Aufgabe brauchte, wie viele Fünfen man in einer Arbeit hintereinander geschrieben hatte, er hat einem immer noch eine Chance gegeben. Noch eine Aufgabe, um seine Note zu verbessern, noch ein Referat und noch ein Auftritt vor der Tafel. Nicht weil er einen demütigen wollte oder unter die Nase reiben, wie schlecht man ist, sondern weil er an jeden Schüler geglaubt hat. Wichtig ist mir auch, dass ein Lehrer ein offenes Ohr hat. Dies bezieht sich jetzt größtenteils auf die Lehrerinnen, denn da ich ein Mädchen bin, ist es logisch, dass ich mit Problemen lieber zu Frauen gehe.

Die zwei Lehrerinnen, an die ich gerade denke, waren einfach unbeschreiblich lieb und verständnisvoll. Sie haben sich Mühe gegeben, sie waren großzügig, und sie haben gespürt, wenn man bedrückt war. Eine dieser Lehrerinnen hat mir damals einen herzerwärmenden Brief geschrieben, auf wunderschönem Briefpapier. Ich hatte nie Angst, mich dieser Frau anzuvertrauen, und ich glaube, genau das macht einen guten Lehrer aus. Wenn er menschlich ist, wenn man keine Angst vor ihm haben muss, was leider häufiger vorkommt, als man denkt. Er darf nicht vergessen, dass er auch mal Schüler war, dass Schule anstrengender ist als mancher Job und dass man mit Gewalt bei Heranwachsenden eh nicht weiterkommt.«

Vermisst, verhasst, vergessen

Die meisten der befragten Schülerinnen und Schüler sagen mir, es sei schwierig, sich an jeden Lehrer zu erinnern. Im Großen und Ganzen könnten sie sich nur die sehr guten oder sehr schlechten ins Gedächtnis rufen – alle anderen verschwänden in einem schwarzen Loch. Das ist sehr schade, denn es ist gleichsam Ausdruck für viele vertane Chancen, die von Lehrkräften nicht genutzt wurden. Aber es scheint symptomatisch für die Arbeit in der Bildungseinrichtung Schule zu sein.

»Wer hat uns nochmal in der Achten in Mathe unterrichtet?«, fragt mich Kaja am Anfang der 10. Klasse.

»Das war Frau Härtel.«

»Ach so, ah ja«, kommt die Antwort. Am Blick meiner Schülerin erkenne ich sofort, dass sie keine Ahnung hat, wen ich meine.

»Na, die mit der roten Brille!«, hilft Markus. Und jetzt fällt der Groschen: »Oh ja, die hatte so eine furchtbare Sekretärinnenbrille um den Hals hängen.«

Mehr scheint nicht in Erinnerung geblieben zu sein.

Wenn ich die Klasse aber auf ihren Physiklehrer anspreche, den sie in der 7. Klasse das letzte Jahr vor seiner Pensionierung hatten, dann erinnert sich jeder ganz genau, wie man den Unterricht starr vor Angst durchstehen musste, wie ein Hase im Scheinwerferlicht.

Ebenso erinnert man sich »an den irre guten Musiklehrer«, und Markus sagt immer wieder: »Es ist so schade, dass ausgerechnet der in Elternzeit gegangen ist. Das ist doch eigentlich Frauensache.«

Während der gesamten Schulzeit sind laut Studien des Schulpädagogen John Hattie für Schüler von bis zu sechzig erlebten Lehrerinnen und Lehrern nur zwei bis drei von Bedeutung.[18] Bedeutung heißt hier: Die Lehrer waren in der Lage, eine Beziehung zu den Schülern aufzubauen, sie haben den Schülern geholfen, bessere Lernstrategien zu entwickeln und den Unterrichtsstoff ausreichend erklärt. Nur etwa 5 Prozent der Lehrer, die man in seinen zwölf bis dreizehn Schuljahren trifft, sollen diese Kriterien erfüllt haben? Auch dieses Ergebnis wäre fatal und ein Ausdruck für vertane Chancen zwischen Lehrenden und Lernenden!

Der Superlehrer aus Schülersicht

Auf welche Charaktereigenschaften und Persönlichkeitsmerkmale kommt es Schülern bei Lehrern an? Fassen wir die Ergebnisse unserer kleinen Befragung zusammen. Der Superlehrer soll:

* die Klasse im Griff haben, streng und durchsetzungsstark sein,
* selbstbewusst handeln,
* sich nicht kumpelhaft oder aufdringlich verhalten,
* gut gelaunt, freundlich, humorvoll und witzig sein,
* Abwechslung in den Unterricht bringen,
* Spaß am Unterrichten haben,
* nicht rumbrüllen, nicht schreien,
* logisch argumentieren,
* Schüler gerecht und fair behandeln,
* Fehler verzeihen,
* Freiheiten zulassen,
* Pausen im Sport zulassen,

- tolerant und verständnisvoll sein,
- Mitgefühl zeigen,
- Rücksicht auf die Situation der einzelnen Schüler nehmen,
- Verantwortung für das Klassen- oder Schulklima übernehmen,
- sich empathisch und aufmerksam gegenüber Schülernöten zeigen,
- nur das Wesentliche unterrichten,
- physisch präsent sein,
- nicht gruselig wirken,
- nicht stinken oder riechen, sondern einen gepflegten Eindruck machen.

Das sind bemerkenswert viele positive Eigenschaften, die Lehrkräfte in sich vereinen sollen – wenn es nach Meinung der Schüler ginge. Hinzu kommen die Anforderungen, die Eltern, Kollegen und Schulleitungen stellen. Keine Frage: Die Liste würde erheblich länger. Trotzdem würde kein Personalmanager sagen: »Die Lehrer sind eine ganz besondere Berufsgruppe, weil sie Charaktereigenschaften brauchen, die in keiner anderen Branche gefordert sind.« Jeder braucht Empathie, wenn er mit Menschen zusammenarbeitet. Jeder ist gut dran, wenn er Spaß an der Arbeit hat. Wer zudem seine Kommunikation mit Humor würzt, der hat es mit seinem Gegenüber meistens leichter. Ein humorvoller Lehrer zu sein, ist auch gar nicht so schwierig, denn je trockener die Umgebung, desto leichter schafft man mit Humor einen Moment der freudigen Überraschung.

Kaum eine Berufsgruppe muss allerdings von Anfang an in der Form Verantwortung übernehmen, wie sie dem Lehrer als Einzelkämpfer vor der Klasse zugewiesen wird. Die Klasse im Griff haben und selbstbewusst auftreten – diese zwei Schülerforderungen haben es in sich.

Die Personalchefin eines mittelständischen Unternehmens sagte auf einem Branchentalk: »Wenn ich einen Berufsanfänger einstelle, bekommt er natürlich keine Führungsverantwortung. (...) Der Lehrer hingegen muss seine Klasse von Anfang an führen. Er muss als Berufsanfänger dreißig Jugendliche bei der Stange halten. Und zudem trägt er eine Verantwortung, die schon kaum zu übertreffen ist: Was passiert schon Weltbewegendes, wenn zum Beispiel ein Designer einen schlechten Entwurf abliefert oder ein Verkäufer einen Kunden falsch berät? Das ist vielleicht ärgerlich, aber kein gesellschaftliches Drama. Aber was passiert mit einem Zehnjährigen, der von zu Hause aus keinerlei Förderung erfährt, dessen Eltern mit Arbeitslosigkeit oder auch Suchtkrankheiten zu kämpfen haben? Dessen einzige Chance auf einen Berufsabschluss und auf positive Perspektiven kann im Zusammentreffen mit einem guten Lehrer bestehen. Das ist eine unglaubliche Verantwortung! Darüber sollte sich jeder im Klaren sein, der sich für den Lehrerberuf entscheidet!«

Darum ist es auch so wichtig, dass die ersten Praxiserfahrungen in Begleitung stattfinden, dass der Referendar nicht als Vertretungskraft eingesetzt wird, sondern zusammen mit einem erfahrenen Kollegen unterrichtet. Da alle Schüler den Wunsch nach einer führungsstarken Lehrerpersönlichkeit geäußert haben, muss auf diesen Punkt besonderer Wert gelegt werden. Denn nicht immer scheint die Theorie auch in der Praxis ihren Widerhall zu finden ...

Um ein anderes der genannten Merkmale müssen wir uns hoffentlich nicht ernsthaft Sorgen machen: Was meinen die Schüler mit gruselig, mit monströs und der Forderung nach einem gepflegten Äußeren? Die befragten Kinder kamen aus unterschiedlichen Schulen mit jeweils kleinen Kollegien von etwa dreißig Lehrkräften. Kommen Lehrerinnen und Lehrer in Deutschland gruselig, monströs, gepierct und ungewaschen in die Schule? Und wenn ja, gehört dieses Erscheinungsbild zur freien Persönlichkeitsentfaltung in unserem Land, oder schadet es dem Berufsbild? Der Schlabberlook (darauf wurde schon verwiesen) verschafft dem Lernort Schule nicht gerade die Wertschätzung der Schüler. Bei einigen kann der Eindruck entstehen: Ein Lehrer, der in Freizeitkleidung arbeitet, kann und darf nicht erwarten, dass man sich als Schüler mehr anstrengt als zu Hause auf dem Sofa. Eine gewisse Seriosität und Vorbildfunktion auch im Äußeren kann nicht schaden – da bin ich eher konservativ.

MERKE: Schüler wollen Verständnis und Führung

Schüler wünschen sich einen Lehrer mit der Führungsstärke eines Topmanagers. Gerade deshalb müssen sich die Lehrer im Vorfeld ihrer Berufswahl gut überlegen, ob sie entsprechende Kompetenzen wie Führungsstärke und Selbstbewusstsein mitbringen. Das ist aber nicht neu, und alle Beteiligten wissen und wünschen es: die Lehrer, die Eltern und die Schüler.

CHECKLISTE:

So klappt's mit Schülern und Lehrern

Für ein gutes Miteinander sind kleine Regeln und Routinen hilfreich. Es geht nicht darum, jeglichen menschlichen Kontakt zu verregeln – vielmehr sollen sozial verträgliche Verhaltensweisen deutlich benannt und von jeder Seite eingehalten werden.

Verhaltensregeln für die Schüler

Folgendes Commitment könnte der Lehrer mit seiner Zielgruppe, den Schülern, zu Beginn des Schuljahres vereinbaren:

○ Ich komme immer pünktlich. Wenn nicht, melde ich mich im Sekretariat. Dafür, dass ich den Unterricht störe, wenn ich zu spät bin, erkläre ich mich bereit, im Anschluss an meinen Unterricht einen kleinen Schuldienst zu übernehmen: Gießen der Schulpflanzen, Fegen der Theaterbühne oder Reinigen des Schulhofs.

○ Wenn der Lehrer in den Unterricht kommt, stehe ich an meinem Platz und begrüße ihn zusammen mit meinen Mitschülern. Nachdem der Lehrer die Begrüßung erwidert hat, setze ich mich möglichst geräuschlos auf meinen Stuhl.

○ Ich komme zu jedem Unterricht. Auch wenn ich keine Lust habe, werde ich die Schule täglich besuchen und nicht schwänzen – auch nicht stundenweise.

○ Sollte ich krank sein, schicke ich schon am ersten Tag per Fax oder Mail eine Nachricht oder ein ärztliches Attest an die Schule.

○ Ich laufe im Unterricht nicht herum. Ich unterhalte mich in der Unterrichtsstunde nicht mit meinen Mitschülern – es sei denn, mein Lehrer fordert mich explizit dazu auf. In diesem Fall unterhalte ich mich ausschließlich über unterrichtsbezogene Themen.

○ Ich verpflichte mich, mein Handy in der Schule auszuschalten. Sollte ich das vergessen und mein Handy im Unterricht klingeln, muss ich damit rechnen, dass es mir bis zum Wochenende abgenommen wird.

○ Ich nehme am Mittagessen der Schule teil. Wenn mir das Essen nicht schmeckt, dränge ich meine Ansicht nicht meinen Mitschülern auf. Sollte mir das Essen über mehrere Tage nicht schmecken, teile ich dies meinem Klassenlehrer mit.

○ Ich grüße alle Lehrer, den Schulleiter, die Schulsekretärin und den Hausmeister. Dabei schaue ich nicht weg, sondern suche Blickkontakt.

○ Ich grüße meine Mitschüler. Ich verpflichte mich, sie freundlich und respektvoll zu behandeln. Sollte mich ein anderer Schüler schlecht behandeln oder respektlos mit mir sprechen, dann schlage ich nicht zu, sondern sage ihm deutlich: »Stopp – du gehst zu weit.«

○ Ich lasse andere ausreden.

○ Ich verzichte auf gewalttätiges Verhalten, auch sprachliche oder psychische Gewalt. Wenn ich diese Regel breche, muss ich mit einem Schulverweis, zumindest mit einer Klassenkonferenz rechnen.

○ Wenn ich Zeuge werde, wie anderen Gewalt angetan wird, werde ich sofort Hilfe holen. Wenn ich das unterlasse, muss ich letztendlich mit einem Schulverweis rechnen. Als Vorstufe ist der Schulleiter auch berechtigt, mir eine soziale Arbeit zuzuweisen.

○ Ich habe das Recht auf Meinungsfreiheit. In meiner Meinungsäußerung achte ich darauf, Mitschüler und Lehrer nicht zu verletzen. Ich höre den Meinungsäußerungen anderer zu und äußere meine Kritik stets sachlich.

○ Ich behandle meine Schulbücher pfleglich. Ausgeliehene Bücher ersetze ich, wenn bei der Rückgabe Seiten fehlen oder die Bücher verschmutzt, zerknickt oder unbrauchbar geworden sind.

○ Ich halte meinen Platz in der Klasse und mein Schulfach sauber.

○ Ich benutze die Schultoiletten nur als Toiletten und hinterlasse sie sauber.

○ Wenn ich Hausaufgaben erhalte, erledige ich diese ohne Hilfe von Mitschülern oder Eltern.

○ Wenn ich Klassenarbeiten, Tests oder Klausuren schreibe, bin ich für mich selbst verantwortlich. Ich schreibe nicht bei anderen ab.

○ Ich verpflichte mich, während der Schulzeit, auf Klassenfahrten oder Ausflügen weder Alkohol zu trinken noch andere Drogen zu mir zu nehmen. Sollte ich diese Regel brechen, muss ich mit einem Schulverweis rechnen, wenn aufklärende Gespräche nicht gefruchtet haben.

○ Ich verpflichte mich, weder andere zu bestehlen noch fremde Sachen zu beschädigen.

○ Ich bringe Ungerechtigkeiten zur Sprache.

○ Ich mobbe andere nicht und beteilige mich auch nicht am Mobbing. Ich grenze Mitschüler nicht aus und lehne Gruppenzwang ab.

○ Ich habe Schülerrechte und werde mich über diese informieren.

Wenn es Konsens ist, dass sich Schüler an diese einfachen Regeln zu halten haben, ist es nur rechtens, dass auch Lehrer ihren Part transparent und verbindlich festschreiben bzw. sogar unterschreiben (zuweilen erleichtert dies manchen Schülern, die eigenen Regeln eher zu akzeptieren):

Verhaltensregeln für die Lehrer

○ Ich blamiere niemals meine Schüler: Ich lache nicht über sie, mache keine Witze über sie und rede auch nicht schlecht über sie.

○ Ich bin ansprechbar – auch außerhalb des Unterrichts.

○ Ich bin zu allen gleichermaßen freundlich, auch wenn mir einige Schüler mehr liegen sollten als andere.

○ Ich vertrete gegenüber meinen Schülern immer die Rolle des Lehrers. Wenn Schüler mit Problemen zu mir kommen, werde ich vertrauensvoll mit dem mir Anvertrautem umgehen und nach einer schülergerechten Lösung suchen.

○ Ich präsentiere mich nicht als Freund oder Kumpel, sondern stets als verlässlicher Lehrer.

○ Ich beachte stille Schüler besonders.

○ Ich setze alles daran, den Schülern die Neugier und den Spaß an der Schule zu erhalten.

○ Ich werde meine Lehrmethoden überdenken, wenn ich merke, dass Schüler ihre Fähigkeiten nicht entfalten können.

○ Ich lasse mir regelmäßig Feedback über meinen Unterricht von meinen Schülern geben.

○ Ich werde dieses Feedback mit den Schülern diskutieren.

○ Ich gebe klare Unterrichtsanweisungen und achte darauf, dass mich alle Schüler verstanden haben.

○ Ich werde transparent sein und zu Unterrichtsbeginn ansagen, welche Ziele ich in der Stunde verfolge.

○ Ich heiße Fehler in meinem Unterricht willkommen.

○ Ich beurteile die Schüler nach ihren Fortschritten.

○ Ich werde mich fachlich fort- und weiterbilden.

○ Ich bringe meine Schüler bei Fehlverhalten im Gespräch zur Einsicht und greife erst bei Wiederholung zu angemessenen und nachvollziehbaren Sanktionen.

○ Ich werde meinen Schülern berufliche Perspektiven aufzeigen.

○ Ich stehe stets hinter meinen Schülern.

Ewige Streitpunkte auf dem Prüfstand

Zahlreiche Aspekte werden immer wieder diskutiert, wenn es um die Bildungsziele unserer Kinder geht. Aber was ist wirklich wichtig für ihren Lernerfolg? Die Klassengröße, ein hübscher Schulbau, das Lehrergehalt – oder vor allem wie der Lehrer unterrichtet? Früher lautete unsere Antwort: sowohl als auch. Doch spätestens seit der Megastudie des renommierten neuseeländischen Erziehungswissenschaftlers John Hattie, die über 250 Millionen Schülerdaten ausgewertet hat, wissen wir: Auf den Lehrer kommt es an. (Wenig überraschend, aber nun ist es eben auch wissenschaftlich abgesichert.) Trotzdem streiten wir über Klassengrößen, über G8 oder G9, über Schulstrukturen und Schultoiletten. Das erscheint merkwürdig, wissen wir doch alle, dass das Augenmerk insbesondere auf dem Unterricht liegen sollte.

Bessere Lehrer durch schönere Schulen?

Die 7b sitzt in ihrem frisch sanierten Schulgebäude. Und weil Farben psychologische und physiologische Wirkungen haben, sind die Wände in warmen pastelligen Tönen gestrichen.

Im Gelb-Rot-Bereich, damit niemand frieren muss. Die Decke eine Nuance dunkler, damit sie nicht zu hoch wirkt und eine schützende Hand über die Schüler hält. Der Boden frisch beklebt mit pflegefreundlichem Linoleum in der Trendfarbe »light mud«. Ein traditionelles Klassenzimmer mit weißen Wänden und dunkelgrüner Tafel ist heutzutage nicht mehr lerngerecht. Schulen, die ein ausbalanciertes Farbkonzept wählen, können damit Kinder beim Arbeiten unterstützen, optimistisch stimmen und das Lernklima verbessern – so erklären es die Farbberater der Chemie-Verbände Baden-Württemberg.[19] Der Klassenraum hat die Anmutung einer Seniorenheimkantine. Die Eltern finden es toll: »So eine schöne Schule! Da möchte man nochmal Schüler sein.«

Nun sitzen dreißig Zwölfjährige auf ihren neuen ergonomischen Stühlen in dem farbbalancierten Klassenraum – und starren lieber aus dem Fenster, als ihrer Lehrerin zu folgen, die ihnen den Rücken zukehrt, an das Smartboard schreibt und Richtung Wand spricht. Die Schalldämmung ist gut gelungen, sehr gut sogar. Keinerlei Nachhalleffekt. Die Worte der Lehrerin, die sowieso zu leise spricht, verhallen im Äther. So ausgeklügelt ist die Akustik wiederum auch nicht, als dass sie das abgewandte Flüstern in den Klassenraum übertragen könnte. Selbst die interessierten Schüler können also nur den Rücken der Lehrerin betrachten – aber weder hören, was sie sagt, noch wissen, was von ihnen erwartet wird.

Trotz Szenen wie dieser: Bei Eltern ist das Schulgebäude immer wieder Thema Nummer eins. Bei der Presse auch. Es wird hochemotional diskutiert und ist für Bildungspolitiker im Streit mit den Finanzministern ein Dauerbrenner.

Marode Schulgebäude: Kein Bildungsthema

»Note mangelhaft für Schulbauten«, »Investitionsstau – Berlins Schulen sind eine Milliarden-Baustelle«, »Schulsanierung: Baustelle Klassenzimmer«, »Unterricht im Container«, »Schüler müssen sich warm anziehen«, »Hamburger Schulstart mit vielen Baustellen«, »Münchner Schülern stinkt's – Klo-Katastrophe«, »Frankfurt: Marode Schulen – Lernen im Schimmel«, »Sanierungsstau an Leipzigs Schulen«, »Mecklenburg-Vorpommern: Kein Geld für marode Schulen«, »Stuttgart: Zwei von drei Schulgebäuden sind marode«. Landauf, landab überall das gleiche Thema.

Entwicklungsland Deutschland? Oder ein Land mit falschen Prioritäten, das sein Geld eher am Hindukusch ausgibt, als in seine Schulen zu investieren? Und damit die Dramatik auch wirklich allen klar wird, heißt es nicht: »Deutschland investiert zu wenig in den Schulbau.« Sondern: »Deutschland investiert zu wenig in die Bildung.« Das Gebäude wird also mit dem Bildungserfolg gleichgesetzt. Diese Kausalität lässt sich aber beim besten Willen nicht aus (zweifellos vorhandener) maroder Bausubstanz ableiten. Warum sollte sich ein Lehrer mehr anstrengen, die Lernleistungen seiner Schüler zu steigern, wenn in sein Schulgebäude mehr Geld als in die Nachbarschule geflossen ist? Und warum sollten sich Schüler mehr anstrengen, wenn ihre Lernumgebung eine neue Farbe hat? Sie mögen sich wohler fühlen. Aber dass es sie gleichzeitig motiviert, sich intensiver am Unterricht zu beteiligen, bezweifle ich sehr. Fragen wir uns selbst: Haben wir unsere Klassenräume und Schulgebäude noch genau vor Augen?

War es wichtig, ob der Raum weiß oder pastellfarben gestrichen war? Nein – ob irgendwo Putz abbröckelte oder nicht hatte überhaupt keine Auswirkungen auf unsere Arbeitseinstellung als Schüler. Wichtig war und ist das Zwischenmenschliche, das Klassen- und Schulklima und die Beziehung zu den einzelnen Lehrern.

Sicherlich gibt es auch viele Schüler, die auf eine stilvolle Umgebung Wert legen. Aber sind sie auch alle daran interessiert, diese zu erhalten? Anders gefragt: Wer verdreckt die Schultoiletten derart, wer beschmiert Tische und Wände, wer lässt auf dem Schulhof Verpackungen von Müsliriegeln fallen, wenn doch alle so an Sauberkeit interessiert sind?

Natürlich gefallen uns Erwachsenen frisch sanierte Schulen besser. Für die Lehrer ist das ihr Arbeitsplatz, an dem sie sich täglich wie andere Arbeitnehmer auch wohlfühlen wollen. Auch Lehrer finden es attraktiver, in einem ansprechend gestalteten, am besten auch schallgedämpften Raum zu unterrichten, der ihre Nerven schont und in dem sie dem Lärm der Schüler weniger stark ausgesetzt sind. »Wertschätzung«, »Fürsorgepflicht«, »Gesundheitsprävention« sind die Schlagworte, die dann auch gern die Lehrergewerkschaft gebraucht. Aber unterrichten Lehrer wirklich anders oder sogar besser in einem modernen oder schönen Schulgebäude? Ist ihr Interesse an den Schülern abhängig von der Gestaltung der Schule? Das glaube ich nicht. Das wäre auch fatal für die Schüler.

> **MERKE: Lehren und lernen kann man überall**
>
> Die Lernumgebung ist nicht unwichtig – für unser äs-
> thetisches Empfinden. Aber in einem frisch gestrichenen
> Raum wird ein schlechter Lehrer nicht plötzlich besser
> unterrichten. Ob der Putz bröckelt oder nicht – er wird
> die Aufmerksamkeit der Kinder nicht mehr oder weniger
> stark auf sich lenken können.
>
> Aber: Er wird einen Grund weniger zu meckern haben,
> wenn das Schulgebäude neu oder saniert ist, die Reini-
> gungsfirma gut arbeitet und die Schüler nicht nur wis-
> sen, wie man zur Toilette geht, sondern auch, wie man
> sie hinterlässt. Das ist ein überzeugender Grund, sich für
> schöne Schulen einzusetzen.

Das Lehrergehalt – Zahlen und Fakten

Lehrer streiken! Das ist neu, das hat es früher nicht gegeben.
Immer wieder wurde in den vergangenen Jahren diskutiert,
ob Lehrer hoheitliche Aufgaben wahrnehmen, also Aufgaben,
die dem Staat obliegen, und damit das Beamtenverhältnis zu
begründen sei. Einige Bundesländer haben diese Frage ver-
neint und sind in den Neunzigerjahren dazu übergegangen,
die Lehrkräfte als Angestellte zu beschäftigen. Begründung:
Die Versorgungslasten für Beamte hätten die nachfolgenden

Generationen zu schultern. Angestellte sorgen dagegen mit eigenen Sozialversicherungsbeiträgen selbst vor. Dadurch sind die Kosten zwar gegenwärtig höher, die Altersversorgung übernimmt später jedoch die Rentenkasse. So weit, so gut.

Mit den Angestellten gehen auch immer mehr Lehrer für ihre Anliegen auf die Straße, streiken und produzieren Unterrichtsausfall – das ist eine Konsequenz der politischen Entscheidung, sie nicht mehr zu verbeamten.

GEW und Co. haben wiederholt zum Lehrerstreik aufgerufen, um die »Besoldungslücke« zu schließen. Sie entsteht, weil sich die Bezüge von Beamten mit ihrem Dienstalter regelmäßig erhöhen – Angestellte dagegen können nur auf bessere Tarifverträge hoffen.

Ist das Gehalt tatsächlich Grund genug, den Lehrerberuf zu ergreifen? Für viele Bewerber scheint das zu stimmen, auch meine Erfahrungen an der Telefonhotline lassen das vermuten. Mit den folgenden monatlichen Beträgen wird in Berlin geworben:

Laufbahn	Brutto
Lehrer mit 1 Wahlfach	4222,49 EUR
Lehrer mit 2 Wahlfächern	4741,67 EUR
Lehrer an Sonderschulen (einschl. einer Zulage)	4855,63 EUR
Studienrat	4762,84 EUR
	Stand 10/2014

Lehrergehälter im Vergleich zum jeweiligen Durchschnittseinkommen

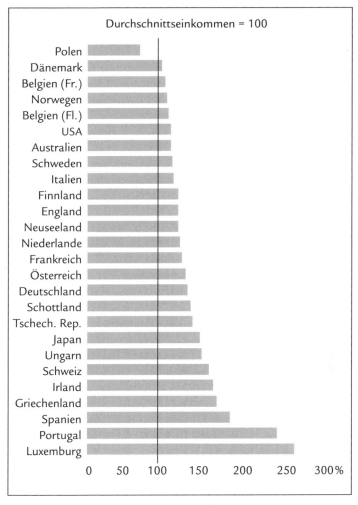

Quelle: OECD, Education at a Glance (2006); OECD, Taxing Wages (2004); Berechnung des ifo Instituts.

Zu Beginn des Schuljahres 2014/15 müssen gut 2000 Lehrerstellen besetzt werden. Pro Stelle melden sich im Schnitt mehr als drei Bewerber – für sie ist diese Gehaltsspanne außerordentlich attraktiv. Erstaunlich: Neben Theaterwissenschaftlern, Schauspielern und Medienwissenschaftlern, bei denen die augenblickliche Arbeitsmarktlage ein vergleichbares Gehalt nicht hergibt, sind unter ihnen auch viele Quereinsteiger aus eigentlich lukrativen Berufen – Pharmazeuten, Juristen und Architekten. Viele von ihnen fragen gezielt nach möglichen Zulagen. Offenbar versprechen sie sich vom Wechsel in den Lehrerberuf einerseits die Sicherung ihres bisherigen Lebensstandards, andererseits mehr Freizeit (inklusive Ferien).

Bei einem Vergleich der Lehrergehälter in den wichtigsten europäischen Ländern im Verhältnis zum dortigen Durchschnittseinkommen liegt Deutschland im oberen Drittel der Skala (siehe Seite 137). Das Leben der Lehrkräfte ist hier mit circa 145 Prozent des Durchschnittseinkommens gut auskömmlich. Verglichen mit anderen Berufsgruppen kann sich natürlich jeder immer noch mehr vorstellen. Dies konnte man jüngst auf deutlich höherem Niveau auch bei hochrangigen Politikern beobachten, die ihre Bezüge, verglichen mit dem Einkommen von Sparkassendirektoren, als zu kärglich empfanden.

Ich sage: Die Entlohnung für den Lehrerberuf ist angemessen, auch wenn er in den letzten Jahren immer schwieriger geworden ist, weil neben der reinen Wissensvermittlung zunehmend die Vermittlung sozialer Kompetenzen Raum einnimmt, und weil es um Inklusion oder neue pädagogische Konzepte wie das jahrgangsübergreifende Lernen geht. Da-

rüber hinaus bietet der Lehrerberuf eine Reihe von Vergüns-
tigungen, die in der Öffentlichkeit oft missinterpretiert werden: die vermeintlich viele Freizeit, die vielen Ferien. Wer
seinen Lehrer-Nachbarn schon am frühen Nachmittag jenseits des Gartenzauns den Rasen mähen oder auf der Terras-
se liegen sieht, muss seine Vorurteile bestätigt sehen. Dass
bei ihm aber gestern Abend noch bis spät in der Nacht die
Schreibtischlampe brannte, weil heute die Klassenarbeit zu-
rückgegeben werden muss – das bleibt zwangsläufig im Ver-
borgenen. Und trotzdem bietet die freie Arbeitseinteilung an
den Nachmittag- und Abendstunden nicht zu unterschätzende Vorteile hinsichtlich der Freizeitgestaltung oder auch Be-
treuung der eigenen Kinder.

Gutes Gehalt = guter Unterricht?

Viel spannender als die Aufrechnung von vermeintlichen
Vorteilen gegenüber anderen Berufen ist die Frage: Hat ein
höheres Lehrergehalt auch besseren Unterricht zur Folge?
Werden die Ergebnisse in internationalen Vergleichsstudien
dadurch nachhaltig positiv beeinflusst?
    Verschiedentlich wird geäußert, Spitzenkräfte würden sich
bei höheren Gehältern eher für den Lehrerberuf interessieren. Im Bereich der Wissenschaft mag es so sein, dass Kory-
phäen aus aller Welt dem Lockruf des Goldes folgen. Dass sie
sich aber um eine Beschäftigung im deutschen Schuldienst

> **MERKE:** **Lehrer sind Überzeugungstäter**
>
> In der Regel leisten sie das, was sie können, mit voller Hingabe. Eine höhere Entlohnung führt bestenfalls zum Gefühl einer höheren Wertschätzung, nicht aber zu besserem Unterricht. Anstatt also Lehrergehälter zu erhöhen, muss die Politik finanzielle Mittel in andere Bereiche stecken – zum Beispiel in die Fort- und Weiterbildung von Lehrkräften.

bemühen, wage ich zu bezweifeln. Ich behaupte: Wer sich vom vergleichsweise hohen Gehalt und der »unterrichtsfreien Zeit« (Ferien) für den Lehrerberuf motiviert fühlt, der ist für den Beruf per se ungeeignet. Jemand, der nicht hundertprozentig für sein Fach brennt, der kein gutes, vertrauensvolles Verhältnis zu seinen Schülerinnen und Schülern herstellen kann und keine Vorbildfunktion ausübt, kann auch kein guter Lehrer sein. Für guten Unterricht notwendige methodische Raffinessen lassen sich erlernen – eine allseits akzeptierte Lehrerpersönlichkeit mit positiver Ausstrahlung nicht. Schüler müssen das Gefühl haben: Von dem können wir was lernen! Dann ist der Schritt zum »Von dem wollen wir auch was lernen!« nicht mehr weit.

Ein Blick auf die Ergebnisse der PISA-Studien 2009/2012 bestätigt: Guter Unterricht und Lehrergehalt stehen in keinem unmittelbaren Zusammenhang. Trotz seiner Spitzengehälter rangiert Luxemburg in Mathematik, Naturwissenschaften und Lesefähigkeit jeweils am Ende der Rangliste.

Japan und Finnland belegen dagegen mit etwas geringeren Lehrergehältern als in Deutschland in allen drei Disziplinen Spitzenplätze.

Mathematik		Lesefähigkeit		Naturwissenschaften	
Platz	Land	Platz	Land	Platz	Land
1	Japan	1	Japan	1	Japan
2	Schweiz	2	Finnland	2	Finnland
3	Niederlande	3	Niederlande	3	Deutschland
4	Finnland	4	Schweiz	4	Niederlande
5	Belgien	4	Belgien	5	Schweiz
6	Deutschland	6	Deutschland	6	Österreich
7	Österreich	7	Frankreich	7	Belgien
8	Frankreich	8	Vereinigte Staaten	8	Frankreich
9	Luxemburg	9	Österreich	9	Vereinigte Staaten
10	Italien	9	Italien	10	Italien
11	Vereinigte Staaten	11	Luxemburg	11	Luxemburg

Numerus clausus – werden aus guten Schülern gute Lehrer?

Wer gute Lehrer haben will, der muss in Ausbildung investieren. So sagt man. Je nach Bundesland ist die Lehrerausbildung ein wenig anders: Das eine Land trennt nach Grundschul-, Realschul-, und Gymnasiallehramt, das andere packt die Oberschulen in ein gemeinsames Lehramt. Assessment Center für angehende Lehrer, frühzeitige Praxiserfahrung im Studium und eine enge Berufsbegleitung in den ersten Jahren sollen den Praxisschock vermeiden helfen oder zumindest reduzieren.

Wir wissen: Die Bereitschaft zur kollegialen Unterrichtshospitation, für eine Feedbackkultur durch Schüler und die Offenheit zur Selbstevaluierung können zu einem guten Unterricht beitragen. Über die Effekte der Lehrerbildung auf die schulische Leistung der Kinder und Jugendlichen wissen wir allerdings wenig. Wir wissen aber, dass es auf die Haltung der Lehrer, ihre Begeisterung, ihre Fachkompetenz und ihre Bereitschaft zur Reflektion ihres eigenen Unterrichts ankommt. Dann müssen diese auch im Zentrum der Lehrerbildung stehen, damit aus ehemaligen Schülern enthusiastische Studierende und gute Lehrer werden! Das rät auch der Erziehungswissenschaftler Klaus Zierer.[20]

Nun versuchen wieder neue Studien uns weiszumachen, nur die schlechtesten Schüler wollten Lehrer werden: Der Stifterverband und McKinsey kommen in einem Bericht zu dem Ergebnis, die besten Schüler würden selten Lehrer. Der Lehrerberuf gehöre zwar zu den Top fünf der angesehensten Berufe in Deutschland, dennoch könnten sich 83 Prozent der befragten Schüler mit sehr gutem oder gutem Notendurchschnitt nicht vorstellen, Lehrer zu werden. Hinzu komme, unabhängig von der Durchschnittsnote: nicht einmal jeder vierte Befragte mit Interesse am Lehrerberuf meine, er könne gut motivieren; nur 16 Prozent der Befragten hielten Selbstvertrauen und nur 13 Prozent Durchsetzungsfähigkeit für ihre persönlichen Stärken. Dieses Ergebnis ist äußerst verwunderlich. Denn wer heute zum Beispiel Grundschulpädagogik studieren möchte, der muss bei vielen Universitäten ein ausgezeichnetes Zeugnis vorlegen.

Können Sie sich noch eine Zeit ohne Numerus clausus vorstellen? Eine Zeit, in der man eigentlich studieren konnte, was man wollte – ohne den Druck zu haben, das Abitur unbedingt mit 1,6 abzuschließen, um in Berlin Grundschulpädagogik studieren zu dürfen, oder mit 1,5, um in Halle den Studiengang Lehramt an Grundschulen belegen zu können? Die Website NC-Werte.info macht Mut: man solle sich, auch mit einem sehr schlechten Abi, nicht von den vielen Studiengängen mit (und den wenigen ohne) Numerus clausus verschrecken lassen. An anderer Stelle wird dagegen darauf hingewiesen, der NC-Wert stelle immer die Abiturnote des schlechtesten Bewerbers dar, welcher noch einen Studienplatz erhalten hat. Hätten Sie es für möglich gehalten, dass man in Halle im Jahr 2013 mit einem Abiturdurchschnitt von 1,5 tatsächlich als schlechtester Bewerber im Grundschullehramt dastand? Und trotzdem schreibt die *Süddeutsche Zeitung* ein Jahr später: »Ein Beruf verliert seine Klasse.« Und weiter: »Für die besten Schüler erscheint der Beruf kaum erstrebenswert.«[21]

Wer heute an die Grundschule geht, zählt aber durchaus zu den besten Abiturienten des Landes. Er studiert (zumindest in Berlin) in jedem Fall Deutsch und Mathematik sowie ein drittes Fach. Am Ende seiner Ausbildung wird er – was sehr ungerecht ist – schlechter bezahlt als ein Gymnasiallehrer, der nur zwei Fächer studieren und sich nicht mit einem derart hohen Numerus clausus herumschlagen musste. Was sind das für Menschen, die sich trotzdem für eine Lehrtätigkeit an den Schulen entscheiden? Ich weiß es: Es sind Überzeugungstäter. Es sind Menschen, die tatsächlich des Lehrens und der Schüler wegen Lehrer werden wollen. Warum auch sonst sollte man den Beruf ergreifen?

MERKE: **Unsere Lehrer sind top!**

Es kommt nicht nur darauf an, was in Noten messbar ist – sondern ganz besonders auf die persönliche Haltung, Begeisterung, Fachkompetenz und Bereitschaft zur Reflexion des eigenen Unterrichts! Dann müssen diese auch im Zentrum der Lehrerbildung stehen, damit aus ehemaligen Schülern enthusiastische Studierende und gute Lehrer werden!

Gewusst wie – mit Plan und Methode zum Ziel

Ja, mach nur einen Plan
Sei nur ein großes Licht!
Und mach dann noch 'nen zweiten Plan
Gehn tun sie beide nicht.
Denn für dieses Leben
Ist der Mensch nicht schlecht genug.

Bertolt Brecht (aus: *Die Dreigroschenoper*)

Das schreit nach Widerspruch – in der Schule geht es nicht ohne Plan! Die Unterrichtsvorbereitung gehört zum Handwerkszeug eines guten Lehrers. Lässt man sie sein – aus Nachlässigkeit oder aus Resignation, das Planziel doch nicht oder nur in Teilen erreicht zu haben –, dann rächt sich das bitterlich. Glauben Sie mir. In meinen ersten Berufsjahren gab es zahlreiche Wochenenden, an denen ich zu meiner Freundin nach Heidelberg reiste, wo ich mich lieber mit ihr vergnügte, als die kommende Woche vorzubereiten. Die Flüge schmälerten nicht nur meine Ersparnisse, sondern erreichten Berlin-Tegel mindestens ein Mal mit erheblicher Verspätung. Zwei Klassen starteten deshalb Montagfrüh ohne Matheunterricht in die Woche. Also entschloss ich mich, künftig mit dem Auto zu fahren. Ohne Plan und todmüde stand ich nach sechs nervigen Stunden Autofahrt vor meiner Klasse:

»Wo waren wir?«

145

»Auf Seite 74.«

»Na dann schlagt mal Seite 75 auf.«

Natürlich habe ich als Mathematiklehrer Glück: Das Fach ist in seiner Logik und Stringenz geradezu prädestiniert für unvorbereitete Unterrichtsstunden.

So funktioniert das Lehren auch. Zwei- oder im besten Fall dreimal. Spätestens dann merken die Schüler, die Eltern oder man selbst, dass alles drunter und drüber geht und die langen erholsamen Wochenenden die Mühen und Anstrengungen am nächsten Schultag nicht wert sind. Und seien Sie sicher: Ein Lehrer in der Ausbildung darf sich niemals, wirklich niemals erlauben, ohne Plan in einer Klasse zu stehen! Das spüren die Schüler sofort. Und der Seminarleiter, der seinen Unterricht kritisch beäugt, sowieso. Sechs – setzen.

»Mir ist es sehr wichtig, dass Lehrer logisch sind.«
Hannah, 13 Jahre

Natürlich gibt es eine Menge Tricks, den Aufwand gering zu halten und trotzdem die eigene Qualität zu überprüfen. Ich habe mir stets mehrere Klassen der gleichen Jahrgangsstufe gewünscht, in denen ich sowohl Mathematik als auch Musik unterrichten konnte. Manchmal lehrte ich in drei 9. Klassen, manchmal in drei 10.. Das war gut. Wenn ich eine Methodik neu ausprobierte und in zwei Klassen damit scheiterte, dann wusste ich: In der dritten muss eine andere her. Und wenn sich eine Unterrichtsvorbereitung als erfolgreich herausstellte, dann bedurfte es für die Parallelklassen und nächsten Jahrgänge nur noch geringer Anpassungen. So ging ich unzählige Male und Jahre die lasziven, erotischen Aspekte von Bizets »Carmen« durch, immer in meinen pubertierenden Klassen. Die Schüler beteiligten sich intensiv und liebten am Ende diese Oper, traf das Sujet doch genau ihre altersbedingte Gefühlswelt.

Planung und Methodik sind also das A und O – doch um damit Erfolg zu haben, müssen beide Faktoren zur Zielgruppe passen. Vor einiger Zeit sah ich im Rahmen einer Examensprüfung einem äußerst engagierten zukünftigen Musiklehrer bei einer Body Percussion als Lockerungsübung zu. Bei dieser sportlich dynamischen Musikart stehen die Teilnehmer meistens in einem Kreis zusammen und klopfen sich möglichst rhythmisch auf verschiedene Körperteile. Zu sanft sollte man nicht mit sich umgehen, denn man soll das Klopfgeräusch natürlich hören – zu hart aber auch nicht, das kann auf die Dauer schmerzhaft werden (und klagewütige Eltern auf den Plan rufen: »Hilfe, mein Kind musste sich im Musikunterricht schlagen«). Ich will ganz ehrlich sein: Die meisten Schüler konnten die Übung am Anfang der Stunde nicht, und die meisten Schüler konnten sie auch am Ende der Stunde nicht. Es wurde viel geklopft und »eins und zwei und drei« gezählt, unterstützt durch eine Trillerpfeife. Eine Riesengaudi, ein Riesenlärm. Bewegung und Klopfgeräusche der Schüler wollten beim besten Willen nicht zum vorgegebenen Rhythmus passen. Lernzuwachs der Übung: gegen Null. Funktionalität im Kontext des nachfolgenden Unterrichtsvorhabens: völlig unklar. »Den Schülern hat's Spaß gemacht«, so wurde die Stunde im Nachgang reflektiert. Richtig beobachtet – aber reicht das? Es gibt vieles, was Kindern Spaß macht, aber allein das zu bedienen, kann nicht die Aufgabe von Unterricht sein. Vielmehr muss es unser Ziel sein, Inhalte mit Spaß zu vermitteln und jedem die Möglichkeit zu geben, etwas dazuzulernen.

Brecht mag auf der Metaebene recht behalten, aber ohne Planung läuft es in der Schule nicht. Wir müssen allerdings zwischen Planung und Planziel unterscheiden. Denn das sind in der Schule zwei Dinge, die nicht miteinander korrespondieren. Zumindest nicht immer. Das ist ja manchmal auch ganz schön so. Denn wir Lehrer sind zwar ziemlich kreativ, aber Schüler eben auch. Von ihnen bekommt man oft überraschend Anregungen und Ideen, auf die man selbst nicht zwangsläufig gekommen wäre.

Methodenvielfalt für guten Unterricht?

»Unterrichtsmethoden sind die Tricks, mit denen der Lehrer die Schüler dazu bringt, etwas zu tun, was sie von sich aus nie getan hätten.«[22] Bernhard Hoffmann von der Universität Trier erläutert weiter, wie der Lehrer den Schülern unter Anwendung bestimmter Methoden den Unterricht schmackhaft macht. Richtig, der Hunger kommt beim Essen.

Deutschlandweit scheint Konsens zu sein: Wir brauchen im Unterricht unbedingt mehr Methodenvielfalt – ein Gebot, an dem sich bis heute offenbar nichts geändert hat. Warum allerdings sollte die Unterrichtsqualität dadurch besser werden? Macht es dem Schüler wirklich mehr Spaß, zwischen

Gruppenunterricht, Partner- bzw. Tandemarbeit, Einzelarbeit, Stationenlernen etc. und dem traditionellen Frontalunterricht zu wechseln? Frontalunterricht klingt ein bisschen nach Krieg, nach Angriff, nach Einbahnstraßenkommunikation – und deshalb wenig methodenreich. Daher ist eben dieser Unterricht, bei dem der Lehrer vor der Klasse steht, in der Fachwelt heutzutage fast verpönt. Wer älter als dreißig Jahre ist, kann also von Glück sagen, seinerzeit trotzdem etwas gelernt zu haben.

Definitionen zur Unterrichtsmethodik gibt es zuhauf. Ich möchte hier einfach nur wenige Hinweise geben: Wer sich des Ziels seiner Unterrichtsstunde bewusst ist und gleichzeitig das Lernverhalten seiner Schüler kennt, der weiß, dass man sich die Schönheit eines Gedichts nicht erschließt, indem man daraus ein Planspiel kreiert.

»Ein Lehrervortrag liefert geballte und gut kalkulierbare Kost. Er hilft dem Lehrer, mit seinem Stoff durchzukommen. Aber ob der Stoff auch bei den Schülern angekommen ist, ist damit noch lange nicht gesagt.«[23] Das sagt Hilbert Meyer, der anerkannte Schulpädagoge, dem jeder Referendar in seiner Studienlektüre begegnet. Den Schüler im Blick zu behalten, auf seine besonderen Bedürfnisse einzugehen, seine Lernbiografie zu berücksichtigen, seine Auffassungsgabe und seine Neigungen – das ist nicht leicht bei 25 bis 32 Schülern in einer Klasse, aber es ist möglich. Man muss nur die jeweilige Schnittmenge herausarbeiten. Und die steht dann für die Unterrichtsmethode im Fokus. Dass dies individuell, von Klasse zu Klasse unterschiedlich ist, versteht sich von selbst. Es gibt Klassen, in denen viele Schüler gern in Gruppen zusammenarbeiten oder von einer Lernstation zur nächsten gehen, weil das ihrem Bewegungsdrang entgegenkommt. Es gibt Klassen, die Projektarbeit ablehnen und sich wunderbar beim klassischen Frontalunterricht konzentrieren können. Ein Lehrer, der sich mit Klassenführung, dem sogenannten Classroom Management, gut auskennt, legt damit die Basis für seinen Unterrichtserfolg. Ein Lehrer, der seine Schüler kennt – meines Erachtens die unabdingbare Voraussetzung für Unterrichtserfolg –, der wird die richtige Methode anwenden. Die richtige Methode für die Schüler und das Lernziel gefunden zu haben, bedeutet im Umkehrschluss, einfacher und stressfreier unterrichten zu können.

Unterricht ist Inszenierung

Eine gut verständliche Definition von Unterrichtsmethodik, die fast schon an eine Choreografie eines Theaterstücks erinnert, hat uns der Schulpädagoge Meyer gegeben:

»Unterricht ereignet sich nicht von selbst. Er wird durch das methodische Handeln der Beteiligten ›in Szene gesetzt‹. Man kann auch sagen: Unterricht wird ›inszeniert‹. Das ist keine polemische, sondern eine analytische Feststellung.« Und weiter: »Weil sich die Lehrziele des Lehrers von den Handlungszielen der Schüler unterscheiden, sind Lehren und Lernen dialektisch aufeinander bezogen. Lehrende und Lernende entwickeln eine je unterschiedliche Handlungslogik, durch die der Unterrichtsprozess vorangetrieben wird. Die Schüler wollen sich entwickeln; sie wollen selbst lernen (oder sich das Recht nehmen, das Lernen zu verweigern). Der Lehrer will seine Lehrziele erreichen, eine sinnvolle Arbeit leisten und möglichst unzerzaust wieder aus der Stunde herauskommen.«[24]

Ja, zerzaust sind wir hin und wieder alle einmal aus dem Unterricht gekommen. Ich sehe da folgendes Bild vor mir: Als Mischung aus Regisseur, Dompteur und Animateur springe ich von einem Gruppentisch zum nächsten, berate, motiviere, dramatisiere, laufe zwischendrin zur Tafel, um eventuell auftretende allgemeine Ratlosigkeit durch wertvolle Hinweise aufzulösen. Am Ende der Stunde bekomme ich von Musterschüler Hans das wohlverdiente Lob, die so dringend ersehnte Anerkennung, indem eben dieser Hans seinen Finger – endlich – in die Höhe hebt und allen erklärt, dass der Anstieg der Rußpartikel in der Pekinger Luft mit den ansteigenden pneumonischen Krankheiten korreliert. Ein Aufatmen meinerseits – den Hans mit einem »Gut gemacht!« gelobt – und ab ins Lehrerzimmer zu meinem Kaffee.

Hilbert hat viele Inszenierungstechniken herauskristallisiert, auf die es sich lohnt, einen Blick zu werfen (siehe Schaubild Seite 152). An das Ende seines Schaubildes setzte Hilbert die drei kleinen Buchstaben »usw«. Genau – dem Lehrer stehen unendlich viele Möglichkeiten der Inszenierung zur Verfügung! Niemand kann sich rausreden, sein Fach sei eben inhaltlich so trocken, dass man es auch trocken unterrichten müsse.

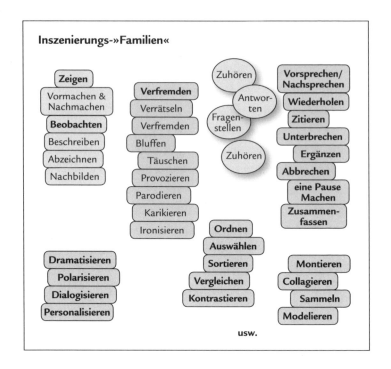

Was bringen Hausaufgaben?

»Wegen der Hausarbeiten habe ich jeden Tag drei Stunden weniger Freizeit«, erzählt Aron wenig begeistert. »Ich komme erst um 16.00 Uhr nach Hause, und dann darf ich mich schon wieder an den Schreibtisch setzen.« Und auch seine Eltern, die ihm regelmäßig mit den Hausaufgaben helfen, sagen: »Wir schaffen das nicht mehr!«

MERKE: **Viele Wege führen zum Ziel**

Methodenvielfalt ist kein unabdingbares Kriterium für guten Unterricht. Aber ein guter Plan muss her, sonst wird das nichts mit dem Unterrichtsziel.

Wer sich als Lehrer ein weitgehend sorgen- und stressfreies Unterrichten wünscht, bei dem regelmäßig das selbstgesteckte Lernziel erreicht wird, der sollte sich im Vorfeld genau mit den Kindern und Jugendlichen in seiner Klasse beschäftigen und hinterfragen: Passt meine Methode auch zu den Schülern? Oder stülpe ich ihnen einen Unterricht über, der mir vielleicht wenig Vorbereitung abverlangt, dem Lernziel oder der Entwicklung der Schülerinnen und Schüler aber gar nicht entgegenkommt?

Für solche Klagen hat Arons Lehrerin kein Verständnis. Am Elternabend macht sie allen lamentierenden Müttern und Vätern eine klare Ansage: »Liebe Eltern, wir sind hier auf einem Gymnasium, da gehören Hausarbeiten einfach dazu. Und drei Stunden sind nicht zu viel!«

Ihre Schüler sind selbstverständlich anderer Meinung. Anna, zwölf Jahre, sagt auf die Frage nach ihrem Superlehrer: »Ein Lehrer, der keine Hausaufgaben aufgibt! Was ich in der Schule nicht gelernt habe, das lerne ich doch nicht allein daheim. Sonst bräuchte man ja gar keine Lehrer mehr.«

Da ist was dran. Warum sollen Kinder zu Hause eher in der Lage sein, einen Lernstoff zu durchdringen als in der Schule? Mir als Pädagoge wird man entgegenhalten, ich müsse

153

doch wissen, dass es nicht allein ums Verstehen geht (was in der Schule passieren muss), sondern um die Steigerung der Merkfähigkeit, um die Vertiefung! Repetitio est mater studiorum – Wiederholung ist die Mutter des Studierens, eine der lateinischen Phrasen, die dann gern zitiert werden.

»Für mich ist es wichtig, dass Lehrer auch mitbekommen, wenn sich Schüler anstrengen und dann sogar verbessern. Beides sollte honoriert werden.«

Zoe, 14 Jahre

Aber es gibt kaum wissenschaftliche Erkenntnisse, die Hausaufgaben und Lernerfolge in einen unmittelbaren positiven Zusammenhang stellen. Im Gegenteil: Der Forscher Hattie kommt zu dem Schluss, Hausaufgaben hätten nur einen schwach positiven Effekt auf die Lernleistungen von Schülern. Von fünf Kategorien zum Wirkungsgrad schulischer Leistungen, die er von »Was schadet?« bis zu »Was hilft richtig viel?« einteilt, schaffen es die Hausaufgaben gerade einmal in die dritte Kategorie »Was hilft ein wenig?«. Dieser Effekt ist etwas stärker in den Sprachfächern zu beobachten, aber kaum nachweisbar in Mathematik. Das erscheint logisch: Wer in der Schule die Rechenformel verstanden hat, kann sie auch zu Hause erfolgreich anwenden. Wer sie schon in der Schule nicht kapiert hat, wird zwangsläufig auch daheim scheitern. Es sei denn, Mama und Papa sind gut in Mathematik und betätigen sich als Nachhilfelehrer.

Laut Hattie nimmt der schwach positive Effekt mit der

Menge der Hausarbeiten ab: Je länger die Schüler ihre Nachmittage mit Hausarbeiten verbringen müssen, desto schlechter werden die Lerneffekte, das heißt sie steigen nicht proportional zum Zeitaufwand.[25] Diese Ergebnisse decken sich mit einer Untersuchung des Max-Planck-Instituts München. Schon seltsam: Fast alle Schüler empfinden Hausaufgaben als Belastung, die Bildungsforschung stuft sie als wenig effizient ein – und trotzdem gehören sie als feste Konstante zum deutschen Schulalltag!

Ich habe Mathe-Hausarbeiten grundsätzlich freigestellt. Jeder sollte so viele der Aufgaben bearbeiten, wie zur Beherrschung der Problemstellung erforderlich waren. Warum sollte man auch eine Aufgabe ein zwanzigstes Mal lösen, die bereits neunzehn Mal erfolgreich bearbeitet wurde? Erstaunlicherweise gab es tatsächlich Schüler, die es dennoch taten. Vermutlich standen die Eltern dahinter – ich als Lehrer jedenfalls nicht.

Wer als Lehrer meint, sein Unterricht müsse zu Hause vertieft werden, der sollte in jedem Fall auf die Qualität der Aufgaben achten und sie nicht nach dem Motto »viel hilft viel« verteilen. Wie so oft geht Qualität vor Quantität.

Guter Unterricht ist abhängig von vielfältigen Faktoren, der wichtigste ist mit Sicherheit, wie gut der Lehrer seine Schüler kennt und bereit ist, auf ihre unterschiedlichen Lernstände Rücksicht zu nehmen und sie zu fördern – das ist anstrengend, aber lohnend. Welche Methode er dabei verwendet, sollte man ihm überlassen. Der unwichtigste Aspekt für guten Unterricht ist meiner Meinung nach die Frage der Nachbereitung oder Vorbereitung durch Hausarbeiten. Wer

> **MERKE:** **Wenn Hausarbeiten, dann bitte über-**
> **wiegend freiwillig!**
>
> Schüler wünschen sich hausaufgabenfreie Nachmittage
> und vor allem Wochenenden. Bildungsforscher konsta-
> tieren nur beim Erlernen von Fremdsprachen eine leicht
> positive Wirkung auf den Leistungserfolg der Schüler.
>   Trotzdem rücken viele Lehrer nicht von den Hausauf-
> gaben ab, obwohl sie sich damit nur unnötig zusätzliche
> Kontrollarbeit aufbürden. Warum nur? Also betrachten
> wir das Thema doch etwas entspannter.

schülerorientiert unterrichtet, der kann seinen Schülern die
wenige Freizeit auch ruhig als freie Zeit lassen. (Und er sollte
sich nicht von Eltern verunsichern lassen, die entsetzt darüber sind, dass sie die Nachmittage nun nicht mehr mit ihren
Kindern lernen können.)

Wenn Unterricht ausfällt

»In den ersten fünf Wochen ist Englisch ständig ausgefal-
len. Ich frage mich, wie Frau Brauer das aufholen will«, sagt
Frau Schmitz, Mutter der zehnjährigen Sarah. »Wenn wir
ins Gymnasium wechseln wollen, sind die Lücken ein Problem. Das heißt, wir müssen den Stoff in den Herbstferien

nachholen.« Frau Schmitz ist fiktiv, wir Lehrer kennen aber viele Eltern, die sich wegen Vertretungsunterricht und ausgefallener Stunden tatsächlich Sorgen machen – um den aktuellen Wissenstand und (noch viel schlimmer) um die berufliche Zukunft ihrer Kinder. Der Druck ist durch Noten-Regelungen beim Übergang von der Grundschule in die weiterführenden Schulen in den letzten Jahren gewachsen. Gleichwohl wird er in vielen Fällen von Eltern selbst noch massiv angefacht.

Unterrichtsausfall ist für die Kleinen eine höchst willkommene Abwechslung, für die Großen dagegen ein Besorgnis erregendes Problem. Eltern klagen, wenn ihre Kinder nach wenigen Vormittagsstunden unerwartet wieder vor der Haustür stehen. Lehrer freut es ebenso wenig, wenn sie plötzlich und unvorbereitet (wegen Erkrankung, Glatteis oder Fluglotsenstreik) auch in unbekannte Klassen geschickt werden. Für die spontane Vertretungsstunde gibt es nur eine Lösung. Und die könnte ungefähr so aussehen:

»Ja, was habt ihr denn letzte Stunde gemacht? Mathe, ach so. Na, dann schauen wir uns doch diese Stunde mal einen Film an.« Die Schüler jubeln. Damit hat der liebe Lehrer vier Fliegen mit einer Klappe geschlagen:

1. Die Schüler finden dich klasse.
2. Du suchst einen Film aus, der dich auch interessiert. (Aber achte ausnahmsweise auf die FSK-Altersfreigabe.)
3. Die Stunde wird überhaupt nicht anstrengend.
4. Du pfuschst deinem Kollegen nicht ins Handwerk.

Zum Problem werden die Eltern. Spätestens wenn Elfjährige nachts schlecht schlafen, weil sie in der Schule »Die Tribute von Panem« gesehen haben, gibt es Ärger. Da hilft auch kein Hinweis, der liebe Herr Sohn habe Stein und Bein geschworen, schon zwölf Jahre alt zu sein. Der Blick ins Klassenbuch hätte für klare Verhältnisse gesorgt – aber die Filmstunde zum Scheitern gebracht.

Löcher stopfen – Theorie und Praxis

Liest man in den Bildungsstatistiken die ausgefallenen Stunden nach, kann einem auf den ersten Blick durchaus schwindelig werden. (Aber bitte, lassen wir die Kirche im Dorf: Die Ausfallstunden müssen immer in Relation zur Gesamtstundenzahl einer Schule gesehen werden.) Neben den Eltern haben es die Lehrer mit einem weiteren Wächter zu tun: Über jede Unterrichtsstunde wacht mit strengem Blick die Schulaufsicht und achtet peinlichst genau darauf, dass möglichst keine wertvolle Unterrichtsminute verloren geht. Natürlich gibt es wie in allen Systemen Störfälle, die als Krankheit oder Tod daherkommen, die einfach nicht planbar sind und trotz aller bedachten Unwägbarkeiten den ganzen Schulalltag bis dicht an den Kollaps führen können. Neben solchen nicht planbaren Ereignissen geschehen aber auch viele vorhersehbare, wie beispielsweise Projekttage, Wandertage oder Klassenfahrten. Sie können ebenfalls zu Ausfällen oder Vertretungsunterricht führen, wenn es nicht genügend Lehrer an einer Schule gibt.

Die Schulbürokratie kämpft tapfer und unerschrocken darum – sicherlich schon seit Jahrzehnten –, die Funktionsstörung Ausfall in den Griff zu bekommen. Schulleiter sollen im Ernstfall das Ruder noch herumreißen können, damit in der Unterrichtsstunde niemand bemerkt, dass Kollegin Keller krank im Bett liegt. Also gibt man ihnen Planzahlen und feinsinnige Notfallpläne vor, man schreibt umfangreiche Ablaufschemata und kryptische Briefe. So zum Beispiel einst in Berlin im Rundschreiben LSA 48/2000 (Verwaltungsdeutsch für eine höchst wichtige Mitteilung aus der Schulverwaltung). Zusammen mit den 47 anderen Briefen aus dem selben Jahr in unzähligen Ordnern abgeheftet, wird LSA 48/2000 voraussichtlich bis zum Jüngsten Gericht im Lehrerzimmer zur entspannenden Lektüre ausgestellt.

> »Der Superlehrer darf nicht vergessen, dass er
> auch mal Schüler war, dass Schule anstrengender
> ist als mancher Job und dass man mit Gewalt bei
> Heranwachsenden eh nicht weiterkommt.«
>
> Morghan, 14 Jahre

In dem besagten Schreiben wurde einfach mal verfügt, dass künftig der Unterrichtsausfall nur maximal 1 Prozent der wöchentlichen Unterrichtsstunden einer Schule betragen darf. Für ein mittelgroßes Gymnasium mit circa 1400 Unterrichtsstunden pro Woche und damit einem geduldeten Unterrichtsausfall von 14 Stunden pro Woche mag das machbar sein – bei einer kleinen Grundschule mit einem wöchentlichen Unterrichtsvolumen von nur 400 Stunden überschreitet schon der Ausfall einer einzigen Kollegin mit ihren 28 Pflichtstunden das amtlich vorgegebene Maß um ein Vielfaches. Im Jahr 2000 war in der Schulverwaltung das egalitäre Prinzip »one fits all« beherrschend. Unter den Tücken der Prozentrechnung litten daher die kleinen Schulen. Es war somit nur eine Frage der Zeit, dass das Rundschreiben LSA 48/2000 durch ein weiteres mit dem Namen LSA 28/2001 ersetzt wurde. Darin heißt es nun:

> »Unterrichtsausfälle an Schulen stehen bundesweit in der öffentlichen Diskussion. [...] Die Schülerinnen und Schüler haben ein Anrecht auf eine vollständige Unterrichtsversorgung. Die Reduzierung des Unterrichtsausfalls auf das unumgängliche Maß ist daher unser gemeinsames Anliegen. Das Ziel wird nur schrittweise zu erreichen sein.«

Es folgen konkrete Empfehlungen, mit welchen Instrumenten ein Vertretungsunterricht sinnvoll organisiert werden kann: Die Schule soll Mehr- und Minderarbeit verrechnen und den Lehrkräften sogenannte »Springstunden« in die Stundenpläne schreiben, die einzelnen Fachbereiche sollen spezielle Unterrichtsmaterialien anlegen, und so weiter.

Ein Prozent im Nacken

Mit den Anweisungen und Empfehlungen unterm Arm und mit den besten Vorsätzen komme ich am Montagmorgen um 6.45 Uhr in mein Schulleiter-Büro. Schon nach fünf Minuten klingelt das Telefon, mir schwant nichts Gutes.

Kollegin A ist dran: »Ich muss mich leider bis Mittwoch krankmelden. Seit gestern früh liege ich mit Fieber im Bett, wahrscheinlich schwere Erkältung. Haben mir die Kinder ins Haus geschleppt. Tut mir leid.«

Sportlehrer B am Telefon: »Bin gestern Abend umgeknickt. Mein Fußgelenk ist geschwollen. Kann nicht auftreten, und Sportunterricht geht schon gar nicht. Ich denke, dass ich am Wochenende wieder fit bin. Meine Krankschreibung schicke ich zum Mittwoch. Tschüss!«

Als Dritte an diesem Morgen meldet sich Frau C: »Mein Kind liegt seit gestern mit hohem Fieber im Bett. Ich kann es nicht allein lassen. Mein Mann kann ab Donnerstag zu Hause bleiben. Aber bis Mittwoch werde ich fehlen.«

Neben den drei Krankmeldungen ist heute Kollegin D mit ihrem Leistungskurs Biologie zu einer Exkursion im Naturkundemuseum außer Haus, Kollegin E nimmt als Fachseminarleiterin eine Staatsprüfung an einer anderen Schule ab. Die Abwesenheit dieser beiden Lehrerinnen für acht Stunden war seit einiger Zeit geplant und im Vertretungsplan für heute bereits berücksichtigt. Andere Lehrkräfte sind einsatzbereit. Durch den krankheitsbedingten Ausfall der drei Lehrkräfte A, B und C sind allerdings für diesen Tag weitere zwölf Stunden zur Vertretung einzuplanen. So liest sich das im Verwaltungsdeutsch.

161

Es wird nun schwierig für mich, die Ausfallquote niedrig zu halten: Die drei kranken Lehrer hätten bereits ab der ersten Stunde Mathematik-, Sport- bzw. Musikunterricht erteilen müssen. Die Fachlehrer für diese Fächer sind entweder noch nicht da oder unterrichten schon andere Klassen.

Ich frage im Lehrerzimmer nach. Kollegin F, die als Bereitschaft für Montag, erste Stunde, eingeplant wurde, ist glücklicherweise frühzeitig anwesend und kann die Klasse 8a immerhin in Französisch statt in Mathematik unterrichten.

Doch nun wird es eng. Die Jungen-Sportgruppe aus den Klassen 10a und 10b kann niemand aus der Schulleitung übernehmen, das verbieten die Sicherheitsbestimmungen. Also muss die Kollegin der zugehörigen Mädchengruppe auch noch die Jungen aufnehmen. Das heißt: Sie wird mit sechzig Kindern über den Sportplatz toben dürfen. Ich schicke ihr eine pädagogische Koordinatorin zur Unterstützung.

Den Musikunterricht in der 9d könnte ich in diesem Fall selbst übernehmen – leider haben sich bei mir ab 8.30 Uhr mehrere Eltern zu Beratungsgesprächen angemeldet. Also gebe ich mehr schlecht als recht nur 25 Minuten Fachunterricht und beschäftige die betroffene Klasse für den Rest der Stunde mit einer eigenständig zu bearbeitenden Aufgabe. Den Kollegen aus dem benachbarten Klassenraum bitte ich, während der letzten 20 Minuten nach dem Rechten zu sehen. Mit manchen Klassen lässt sich das machen. Mit manchen Klassen aber auch nicht. Die 9d ist zum Glück interessiert und motiviert, da springt keiner gleich über den Tisch.

Zwischendurch renne ich zwischen meinem Raum, vor dem sich schon die Eltern stapeln, und dem Lehrerzimmer hin und her, in der Hoffnung, dass zwischenzeitlich weitere Lehrer eingetroffen sind, denen ich spontane Zusatzaufgaben übertragen kann. Frei nach dem Motto »Das geht jetzt nicht anders«, im Hinterkopf immer die Vorgabe von einem Prozent, und die Gewissheit: Nicht nur die Eltern, auch die Öffentlichkeit schaut auf dich und deine Schule und vor allem auf deine Unterrichtsausfallstatistik! Also versuche ich alles, um der Schule, der Schulaufsicht und der Bildungsverwaltung keine Schande zu bereiten.

Natürlich ist jeder mal mit Vertretung dran, aber je später am Tag, um so mehr Gründe gibt es, warum sich niemand gern eine Vertretungsstunde aufdrücken lässt. Seit Wochen anstehende Arzttermine, Kinder, die von der Schule abgeholt werden müssen, bis hin zum inkontinenten Haustier: »Herr Stötzer, ich muss unbedingt nach Hause, mein Hund macht mir sonst meinen ganzen Teppichboden voll!« Teppich oder Schüler? Den Teppich hat man meistens länger als die Klasse. Falls also sonst niemand mehr da ist, bleibt nur die Kapitulation – die letzte Stunde muss ausfallen.

Wie wäre es abgelaufen, wie hätten meine Antworten am Telefon wohl gelautet, hätte ich einfach nur die Rundschreiben beachtet? Vielleicht so:

Zu Kollegin A: »Krank? Wir fühlen uns doch alle mal nicht gut. Ein oder zwei Ibuprofen 800, und schon überstehst du den Vormittag. Morgen sehen wir mal weiter. Meistens ist das Schlimmste ja nach 48 Stunden überstanden. Und die sind ja morgen früh rum, nicht wahr?«

Zu Sportlehrer B: »Geschwollener Fuß? Na, hör mal, ich

lasse dich von Kollege XY mit dem Auto abholen und wir setzen dich in die Turnhalle. Und jetzt erzähl mir nicht, du hättest jemals Sportübungen mitgemacht.«

Zu Kollegin C: »Kind krank? Das ist Mist. Also heute bleibst du ausnahmsweise zu Hause. Aber morgen bist du wieder da, sonst schaffen wir es nicht, unsere Unterrichtsausfallquote unter einem Prozent zu halten. Also alles klar, oder? Da muss halt mal die Omi einspringen oder ein Babysitter ran. Lässt sich doch alles organisieren.«

So ähnlich muss sich die Schulverwaltung den Umgang mit kranken Lehrern vorgestellt haben.

MERKE: Schulleiter brauchen Weitblick

Zwischen Sollerfüllung und Lehrerkollegen, die auch nur Menschen sind, kann man als Schulleiter in einer bösen Zwickmühle landen. Daher meine Maxime: Organisiere den Stundenplan weise! Ein bis zwei Springer sollten möglichst zu jeder Stunde vorhanden sein.

Supervertretungslehrer

Sowohl Eltern als auch Schulleiter würden sich oft zu gern einen Supervertretungslehrer backen – mit leicht unterschiedlicher Rezeptur. Warum?

Der Supervertretungslehrer nach Elternrezept erspürt bereits am frühen Morgen: Heute muss ich in Chemie einspringen! Als Fachlehrer für Kunst und Deutsch hat er damit natürlich keine Probleme. Er ruft zur Vorsicht seinen kranken Kollegen an, der ihm mitteilt, die Klasse befinde sich mitten in Versuchen zur Umkehrbarkeit chemischer Reaktionen zum chemischen Gleichgewicht. Es wäre schön, wenn er bei Arrhenius weitermache, dafür bekomme er natürlich die vorbereiteten Materialien.

»Au ja!«, sagt der Eltern-Supervertretungslehrer, weil er eben der perfekte Supervertretungslehrer ist. »Dann werde ich das Säure-Basen-Konzept von Arrhenius durchnehmen. Und du kannst nach deiner Rückkehr mit Brönsted anschließen.«

So wird's gemacht, der kranke Lehrer mailt seiner Vertretung die komplette Unterrichtsvorbereitung, die Schüler lernen nahtlos ihren Stoff. Der Ausfall des Chemielehrers macht sich gar nicht bemerkbar.

Der Supervertretungslehrer nach Schulleiter-Rezept hebt den Hörer ab und bedankt sich, dass er zum Springereinsatz gerufen wird. Was könnte man mit einer Freistunde im Morgengrauen auch Schöneres anfangen? Als er hört, dass er die 10. Klasse in Chemie unterrichten darf, stößt er einen kleinen Freudenschrei aus und zückt für die Jahrgangsstufe den passenden, gerade frisch aktualisierten Ordner mit dem Etikett »Spannende Chemieexperimente 10. Klasse – umfassende Lernergebnisse nach nur einer Stunde«. Der Supervertretungslehrer verfügt über 28 solcher Ordner für die 10. Klasse, zu jedem Fach mindestens einen. Und weil er hofft, bald auch in der 7. oder 9. Klasse oder in der Oberstufe eingesetzt zu werden, besitzt er natürlich auch für die anderen Klassenstufen solche Ordner. Das hält der Lehrer für selbstverständlich – deswegen ist er auch ein Schulleiter-Superlehrer beziehungsweise ein Supervertretungslehrer. Er schmökert in seinem Chemieordner, bleibt bei der Herstellung alkoholischer Getränke stehen und überprüft seinen Kühlschrank. Wie immer hat er alles da: Hefe, Banane, Zucker und Zitrone. Heute wird er mit den Schülern den Wein ansetzen, die chemische Reaktion erläutern und in drei Wochen die Ernte einfahren. Vertretung hin oder her.

Otto-Normal-Vertretungslehrer

Zurück zur Schulwirklichkeit und zu Lehrern wie Kollege Keller, denen Fehlplanungen nach dem Motto »Das geht jetzt nicht anders« zu schaffen machen. Der Otto-Normal-Vertretungslehrer zuckt zusammen, wenn morgens das Telefon klingelt und denkt: Mist, hoffentlich nicht die Schule. Aber rangehen muss er, schließlich hat er nicht so richtig frei, sondern nur eine Freistunde.

»Wie bitte, 10. Klasse in Chemie? Du weißt schon, dass ich sonst nur 7. und 8. in Kunst und Sport unterrichte. (...) Wie jetzt, geht nicht anders? Wie stellst du dir das vor?«

Der Hörer wird unsanft aufgelegt – auf beiden Seiten. Dreißig Minuten später und fünf Minuten zu spät in der Schule hetzt der Vertretungslehrer in die Klasse.

»Wo seid ihr gerade?«, fragt er. »Brönsted? Arrhenius? Nie gehört. Heute nehmen wir Bonnet und Arroyo durch.« Dann wirft er das Smartboard an und lädt seinen Stick mit den bei-

---

MERKE: **Keine zu hohen Erwartungen an Vertretungslehrer!**

Die Realität sieht nun einmal anders aus als die Theorie. Es gibt nicht den Supervertretungslehrer, den Eltern sich wünschen, und auch nicht den, den Schulleiter und Schulaufsicht vor Augen haben. Wie auch? Ein Superlehrer wird immer das Verhältnis zu seiner Klasse als eine Grundvoraussetzung für guten Unterricht sehen. Wie soll er diesen Ansatz in einer Klasse, die ihm fremd ist, von null auf hundert umsetzen? In einem Fach, für das er vielleicht nicht ausgebildet wurde, bei einer Gesamtvorbereitungszeit von etwa 10 Minuten?

---

den Künstlern. Eltern beschweren sich anschließend beim Schulleiter: Ständig wird Chemie vertreten und fällt dann auch noch aus.

So ist die Wirklichkeit – Schulleiter sind nun einmal keine Fußballtrainer, wir haben keine Reservebank. Keine vernünftige Schulleitung lässt Lehrer für einen eventuellen Vertretungsfall herumsitzen, sondern setzt die verfügbaren Kräfte für pädagogisch Sinnvolles ein – etwa als pädagogische Unterstützung für einzelne Lerngruppen. Das kann Teilungsunterricht oder ein sonst nicht finanzierbarer, kleiner Leistungskurs sein. Dies im erforderlichen Vertretungsfall wieder zurückzunehmen wäre für die gesamte Schulgemeinschaft nicht transparent und würde ebenso unter der Kategorie »Unterrichtsausfall« verbucht werden.

Trotzdem: Am Thema Unterrichtsausfall kann man besonders gut zeigen, wie knapp die Schulen mit Lehrern ausgestattet sind. »Hätten wir mehr Personal, dann fände auch mehr Unterricht statt.« So wird Unterrichtsausfall bei Gelegenheit gern als politisches Kampfmittel gegen die ungeliebte Schulbürokratie eingesetzt. Letztere wirkt wegen der besonderen Öffentlichkeitswirksamkeit meist hilflos.

Schlecht vertreten oder ausfallen lassen?

Im Lauf der Jahre habe ich mich immer wieder gefragt, ob in manchen Fällen nicht der Stundenausfall besser wäre als ein schlechter Vertretungsunterricht. Oft werden Schülerinnen und Schüler aus Mangel an Fachkräften von fach- und klassenfremden Lehrkräften nur beschäftigt oder beaufsichtigt – oder es werden Filme geschaut. Letzteres macht Spaß, aber das bloße Absitzen der Zeit hat mit unserem Bildungsauftrag nichts zu tun. So fördern wir bei Kindern, die uns anvertraut wurden, nicht die Freude an der Schule, sondern lassen sie auf Dauer mit Frust über die vergeudete Zeit zurück.

Wenn Presse und Eltern beklagen, der Unterricht in Deutschland werde oft von fachfremden Lehrern erteilt (in etwa so, als müsste ein italienischer Pastakoch Sushi zubereiten – wofür man eigentlich fünf Jahre Praxiserfahrung benötigt), dann ist ein gewisser Qualitätsverlust nicht ganz von der Hand zu weisen.

> **MERKE:** **Vertretung ist fast immer vergebene Liebesmüh!**
>
> Eine eindeutige Positionierung ist hier nicht möglich: Der Schulleiter entscheidet in seiner pädagogischen Verantwortung, ob in dem konkreten Fall, eine Vertretung oder ein Ausfall die bessere Lösung ist. Ich tendiere dazu, den Schülern hin und wieder einfach ein wenig Freizeit zu schenken. Wer in der Woche bis zu 35 Stunden[26] in der Schule absitzen muss, dem schadet es für seine Work-Life-Balance sicherlich nicht, wenn Unterricht nicht vertreten wird, sondern ausfällt. Die Eltern nehmen die im Kollegium ungeliebten und hart durchgesetzten Vertretungsmaßnahmen doch sowieso als Unterrichtsausfall wahr. Können wir es ihnen verübeln? Eine Stunde, die vom geplanten Regelunterricht abweicht, bedeutet immer einen Bruch in der Lernfolge innerhalb eines Faches und wird – spannendes Zusatzangebot hin oder her – von der Elternschaft selten wertgeschätzt: »Schon wieder ist Unterricht ausgefallen.« Also alle Mühe umsonst.

Schulprojekte: Besser als der Stundenplan erlaubt

Wir brauchen einen offensiven Umgang mit diesem Thema. Eine Schule, in der an jedem Tag nur Fachunterricht nach Vorschrift stattfindet – die ist langweilig, da ist nichts los! Alle Gruppen, die sich an der Schule beteiligen, wünschen sich interessanten und abwechslungsreichen Unterricht: Theater-, Film- und Ausstellungsbesuche, Wandertage, Klassen- und Kursfahrten – all dies sind Ereignisse, von denen Kinder langfristig mehr profitieren als von einer noch so gut vorbereiteten Unterrichtsstunde. Das bedeutet aber im Umkehrschluss für andere Klassen, dass ihr Unterricht nicht normal stattfinden kann. Denn in den weiterführenden Schulen ist kaum ein Lehrer anzutreffen, der von 8.00 bis 14.30 Uhr ein und dieselbe Klasse unterrichtet. Viele Schulen ordnen daher auch ihre Projektwochen, Wandertage und Aktionstage für die ganze Schule an. Das ist einfacher, aber es hemmt den einzelnen Lehrer auch in seiner Kreativität und der eigenen Unterrichtsplanung. Zum Beispiel ist ein Planetariumsbesuch am gemeinsamen Schulwandertag im Februar natürlich eine schöne Sache – aber wenn Astronomie schon ein halbes Jahr zuvor dran war, fehlt der direkte inhaltliche Bezug zu den Fragen, die nach den Sommerferien im Unterricht gestellt wurden.

»Mir ist ganz wichtig, dass ein Lehrer sozial und gerecht ist, immer nachvollziehbar in seinem Verhalten und somit nicht willkürlich handelt; dass er sich gleichzeitig empathisch, flexibel und kreativ zeigt. Ich weiß, das ist sehr viel verlangt.«
Anne H., Mutter von zwei Kindern

Wie wichtig Ausflüge, Exkursionen, Blicke über den Tellerrand sind, merke ich, wenn mich ehemalige Schüler auf einen gemeinsamen Opernbesuch ansprechen, an den ich mich nur deshalb so genau erinnere, weil ich am Ende einen eingeschlafenen Schüler hinaustragen musste. Bei den übrigen Vierzehnjährigen haben das Opernhaus, die Musik und die (damals noch) elegant gekleideten Besucher einen bleibenden Eindruck hinterlassen. (Ach ja: Hier musste kein Unterricht ausfallen, weil es sich um eine Abendveranstaltung handelte.) Leider wird es für viele vielleicht der einzige Opernbesuch in ihrem Leben bleiben. Auf meine Rückfrage, ob man sich denn an andere Musikstunden erinnern könne, musste ich feststellen: Nur einige wenige Highlights, die ich gar nicht als solche wahrgenommen hatte, sind bei den Schülern hängen geblieben. Das ist hart, aber Fakt. Dem sollten wir uns bei allen Diskussionen um Projekte nicht verschließen. Angesichts des selektiven Schülergedächtnisses drängt sich unweigerlich die Frage auf: Gehen unsere Anstrengungen, Unterrichtsausfall zu vermeiden, an der Schulwirklichkeit vorbei?

Fürs Leben, für die Gemeinschaft

Sehen wir uns eine x-beliebige Projektwoche an. In der Grundschule Grünwald heißt das Motto: »Manege frei!«. Beim Elternabend wird das Zirkusprojekt vorgestellt. Wie lautet wohl die erste Reaktion? Richtig: »Wann will die Schule die ausgefallenen Stunden nachholen?« Nicht etwa »Toll!« oder »Da mache ich mit!« Nein, es geht die Angst um, die Kinder könnten Stoff versäumen und in ihren Fächern nicht mehr up to date sein. Ein Albtraum für manche Eltern. Natürlich wissen wir: Nicht alle Mütter und Väter denken so.

Aber viele – und die sind immerhin so ehrlich und sagen es auch. Liebe Eltern, hier muss jetzt eine alte Wahrheit bemüht werden: Für das Leben lernen wir, nicht für die Schule. (Das Originalzitat von Seneca soll übrigens genau anders herum gelautet haben und war durchaus als Kritik an der Schule gedacht: Non vitae, sed scholae discimus.) Die Frage, die dahintersteht, ist seit dem deutschen PISA-Schock heiß umstritten. Sollen sich unsere Kinder primär reines Fachwissen aneignen – oder Kompetenzen erlernen, mit deren Hilfe sie ihr Wissen anwenden und auf neue Situationen übertragen können? Letzteres hat sich durchgesetzt. Dabei geht es nicht darum, wissensfrei Kompetenzen zu vermitteln. Ziel ist es, dass Kinder ihr Wissen im Alltag anwenden können. Anders gesagt: Heute geht es um eine alltagstaugliche Form des Lernens. Denn niemandem bringt es etwas, das kleine Einmaleins rauf und runter beten zu können, aber an der Supermarktkasse nicht zu wissen, ob das Wechselgeld stimmt.

Wenn in einer Grundschule eine Projektwoche startet, dann bedeutet das für die Kollegen viel Arbeit – und meistens auch viel Spaß. Fünf Jahre nach dem Zirkusprojekt an ihrer Schule erzählt mir Grundschullehrerin Frau Stahnke:

»Besonderen Spaß hat es gemacht, für jeden die passende Rolle zu finden. Wer übernimmt die Rolle der Seiltänzerin im Tutu? Wer springt als Löwe durch den Reifen? Die Kinder haben sich selbst reflektiert, nicht nur ihre persönlichen Interessen gesehen, sondern auch abgewogen, wer zu welcher Nummer am besten passen würde. Zusammen mit den Eltern haben wir das riesige Zelt aufgebaut. Es gab viele Arbeitsgruppen, die das Projekt unterstützten, eine Marketing

---

MERKE: **Gemeinsame Projekte sind ein Gewinn für alle!**

Den Gemeinschaftssinn stärken und Fachwissen zur Untermauerung aktueller Unterrichtsinhalte zu vermitteln – diese Ziele stehen im Museum, auf einer Betriebsbesichtigung oder beim Waldspaziergang im Fokus. Wenn Unterricht zugunsten von Ausflügen, Projekttagen und praxisorientierten Exkursionen ausfällt, profitieren die Schüler davon! Und solange sie gemeinsam mit ihren Lehrern daran Spaß haben, sollte man zufrieden über die ausgefallene Englischstunde hinwegsehen.

AG, eine Dramaturgie AG, eine Choreografie AG und eine Musik AG, in der die Darbietungen vertont wurden, zum Teil sogar durch eigene Kompositionen. Schüler wie Lehrer waren voller Freude und Stolz aufeinander. Und die Eltern erst! Sie waren ganz perplex, was ihre noch recht jungen Kinder so leisteten. Und gelernt haben bei dem Projekt alle Seiten etwas.«

Ich wage die Behauptung: In dieser Woche wurde den Kindern ebenso viel alltagstaugliches Wissen vermittelt wie an anderen Unterrichtstagen. Nur, dass es sich nicht um klassische Schulfächer handelte.

Extraschulfrei – Eltern schwänzen für ihre Kinder

Manche Eltern machen sich schrecklich viele Sorgen um die Bildungsbiografien ihrer Kinder wegen der vielen Projekttage, Wandertage oder Klassenreisen, wegen der Krankheitsausfälle und schlechten Vertretungen. Diese Sorgen verschwinden aber urplötzlich, wenn es darum geht, früher in die Ferien zu fahren, später zurückzukommen oder aber vermeintlich wichtige – außerschulische – Termine wahrzunehmen. Erstaunlich, wie hier manche mit zweierlei Maß messen. »Herr Stötzer, wir kriegen wirklich keinen anderen Flug,« oder »Aber Herr Stötzer, Mama muss doch vor unserem Urlaub beruflich nach Istanbul, da kann sie uns Kinder ja schlecht allein zu Hause lassen.« Die Absurdität dieses Verhaltens zu kommentieren ist natürlich streng verboten.

Neben den familiären Urlaubsplänen oder Geburtstagen, die üblicherweise exakt drei Tage vor den Sommerferien gefeiert werden (»Die Oma wird doch nur einmal achtzig!«) sind heute Vorstellungstermine jeglicher Art der neue Fluch des legitimierten Schwänzens. Castingshows sprechen gerade Kinder und Jugendliche an, es doch einmal mit der großen Gesangs- oder Modelkarriere zu versuchen. Und viele Mütter machen mit oder träumen vom frühen Ruhm, der ihnen selbst versagt geblieben ist. Und ja, es sind zumeist die Mütter, die, zum Teil vom Ehrgeiz zerfressen, ihre Kids von einem Casting zum nächsten Vorspiel schicken – zumindest nach meiner Erfahrung, die selbstverständlich nicht repräsentativ ist. »Die Lena hat hier wirklich eine einmalige Chance, es sind auch nur drei Drehtage«, um anschließend in einer

Bonbonwerbung die dritte Nebenrolle zu spielen. Trösten wir uns damit, dass die Kinder trotzdem etwas lernen: Wie sieht ein Filmset aus? Wie verhalte ich mich in einer Vorspielsituation? Sind andere Kinder auch aufgeregt? Alles auch nicht unwichtig. In den letzten Jahren war eine ganze Reihe meiner Schülerinnen davon betroffen, die dann für jeweils längere Zeiträume eine Unterrichtbefreiung durch ihre Eltern beantragten. Versäumter Unterricht? Kein Problem! Klar, der Unterrichtsstoff wird nachgearbeitet, Nachhilfe wird organisiert. Ach so, kein Problem, denke ich mir. Trotzdem: Habe ich schon gesagt, dass ich die Schülerinnen und Schüler lieber bei mir in der Schule hätte?

Die Vielzahl derartiger Anträge in den letzten Jahren hat dazu geführt, dass sich die Berliner Schulverwaltung genötigt sah, folgenden Passus in die Ausführungsvorschrift zur Schulpflicht aufzunehmen:

> »Schülerinnen und Schüler können im Einzelfall nur aus einem wichtigen Grund vom Unterricht beurlaubt werden (§ 46 Abs. 5 Satz 1 SchulG). [...] Ein wichtiger Grund liegt in der Regel nicht vor, wenn die Beurlaubung zur Mitwirkung an Rundfunk-, Film- oder Fernsehaufnahmen, einschließlich Werbeaufnahmen, oder an ähnlichen Veranstaltungen beantragt wird.«

Sonderurlaub für Schüler?

Ähnliches gilt für die Tage vor und nach den Ferien. Jedermann weiß, dass Flüge ins Urlaubsparadies außerhalb der Ferienzeiten günstiger angeboten werden als zu deren Beginn. Diesbezügliche Anträge werden oft so begründet: Während der letzten Schultage passiert sowieso nichts Rechtes mehr in der Schule oder – um dem Antrag Nachdruck zu verleihen – ein späterer Flug sei nicht mehr zu bekommen gewesen. Ein befreundeter Schulleiter berichtete mir, er habe sich persönlich um eine – wenn auch etwas teurere – Flugverbindung am ersten Ferientag bemüht und sei auch fündig geworden. »Voilà«, sagte er den Eltern »hier habe ich doch noch einen passenden Flug gefunden.« Und lehnte den Antrag ab. Die Eltern waren stinksauer. Hätte die Oma den Achtzigsten gefeiert, wäre die Reise genehmigt worden. Kollegin Stahnke erzählte mir, noch besser als Geburtstage eigneten sich Krankheiten als Entschuldigung für Urlaubsanträge: »Seit ich Kemal kenne, erkrankt irgendein Verwandter pünktlich zum Ende der Sommerferien so schwer, dass die ganze Familie ihren Rückflug verschieben muss – manchmal bis zu zwei Wochen. Erst war es die Oma, dann die Tante, dann der Onkel, dann wieder die Oma.« Sie können einem schon leidtun.

MERKE: Bitte keine Selbstgerechtigkeit!

Für Eltern gibt es verschiedene Arten von Unterrichtsausfall – den hinnehmbaren, der selbstverursacht ist, und den nicht hinnehmbaren, den die Schule zu verantworten hat. Die staatliche Schulpflicht wird lautstark eingefordert, solange die eigenen Interessen davon unberührt bleiben. Aber wenn Schulen Urlaubsanträge zurückweisen, ist das Gejammer groß.

Gelassenheit statt Medienhype

Sobald an einer Schule Unterricht ausfallen muss, herrscht bei allen Beteiligten große Unzufriedenheit. Die geht sogar so weit, dass die Medien eingeschaltet werden. Mit entsprechendem Echo. Eine vergleichbare Medienresonanz bei krankheitsbedingten Fehlzeiten im Finanzamt ist mir nicht bekannt, selbst wenn sich dadurch die Bearbeitung von Steuerbescheiden verzögert. Ich kenne keine Institution, die jeden Tag ein vergleichbar hohes Aufkommen an Publikumsverkehr wie die Schulen zu bewältigen hat und damit auch unter der ständigen Beobachtung der Öffentlichkeit steht. Können wir das Thema Unterrichtsausfall nicht auch gelassener sehen?

Lehrer leisten immense Arbeit – mit viel Freude und Enthusiasmus. Sie leisten jeden Tag aufs Neue ihren Beitrag, damit aus Kindern selbstbewusste Persönlichkeiten wer-

den, die später ihr Leben eigenverantwortlich meistern können. Dafür reicht es nicht aus, Fachunterricht zu erteilen.
Schule lebt von der Vielfalt der Angebote, die sich nicht nur
im Klassenraum abspielen. Das produziert Abweichungen
von den Regelstundenplänen und damit auch gelegentlich
Unterrichtsausfälle in anderen Klassen. Alle Schulleiterin-
nen und Schulleiter, die ich kenne, gehen mit diesem Thema
sehr verantwortungsvoll um, sie lassen Stunden nicht leicht-
fertig ausfallen.

MERKE: **Schulen verdienen einen Vertrauens-**
vorschuss!

Nicht jede formal vertretene Unterrichtsstunde ist für die
Kinder ein Gewinn. Wenn diesmal in der einen Klasse Unterricht ausfällt, kann eine andere Klasse profitieren. Die
eigenen Kinder haben mit Sicherheit ein anderes Mal etwas davon. So ist Schule!

Wie wird Unterricht wirklich besser?

Unterrichtskontrolle? Fortbildungsverpflichtung? Ach wo, das ist doch nicht nötig und belastet (oder belästigt?) nur unnötig die Lehrer bei ihrer Arbeit. Daher findet Unterricht noch viel zu oft unbemerkt, ungeprüft und unreflektiert in den vier Wänden des Klassenzimmers statt. Manch ein Schulleiter wagt es, den Kollegen in seiner Deutsch- oder Mathestunde zu besuchen – aber dazu bedarf es schon des Muts, sich im Kollegium unbeliebt zu machen, oder des Drucks zahlreicher Elternbeschwerden. Dabei sollte doch jeder gute Lehrer daran interessiert sein, zu erfahren, wie es um die Qualität seines Unterrichts bestellt ist. Doch wer seine zweite Staatsprüfung abgelegt hat, muss sich vor regelmäßigen Unterrichtsbesuchen kaum fürchten. Wenn sich doch ein Gast in den Klassenraum verirren sollte, dann mit Ankündigung, so dass die Zeit für eine ausgeklügelte Vorbereitung meistens reicht. Weil Überraschungsbesuche eben recht selten sind, müssen wir uns fragen, wie Lehrkräfte ihre Unterrichtsqualität auf Dauer aufrechterhalten. Wir können nur hoffen, dass sie selbst aktiv werden, um ihre Lehrtätigkeit zu hinterfragen und zu optimieren.

Feedback holen! Denn wer nicht fragt ...

»Und, wie war ich?«, fragt Schlotter nach der Stunde hoffnungsvoll seinen kritischen Freund, den Physiklehrer Schlauer, der bei ihm hospitiert hat.

Nicht gerade toll, denkt Schlauer und analysiert messerscharf: Kollege Schlotter redet zu viel und lässt die Schüler kaum zu Wort kommen. Er gibt viel zu viele Anweisungen, die dazu noch äußerst komplex sind und dadurch leicht missverständlich. Er achtet nicht darauf, ob die Schüler für seine Ansagen aufnahmebereit sind und merkt nicht, wann sie ihm nicht mehr hinterherkommen.

»Ich wünsche mir einen Lehrer,
der sich in die Kinder hineinversetzen kann.«
Lu, 13 Jahre

Aber die Tatsache, dass Schlotter einen Kollegen zur eigenen Bewertung in seinen Unterricht lässt, spricht eindeutig für ihn. Da Schlauer nicht nur gut analysieren kann, sondern auch die Konsequenzen seiner Analyse im Blick hat, sucht er sich einen Beobachtungspunkt heraus, der ihm besonders wichtig erscheint und den der Kollege ernst nehmen sollte:
»Ich finde, deine Schüler sind nicht ausreichend zu Wort gekommen.«

Kollege Schlotter kann mit diesem Kritikpunkt gut leben und nimmt sich vor, seinen Redeanteil herunterzufahren.

MERKE: Keine Angst vor Kritik!

Ein guter Lehrer sollte sich ab und an bewerten lassen und Feedback zum eigenen Unterricht einholen. Damit die Hospitation nicht mit Schrecken endet und ehemals befreundete Kollegen entzweit, sollte man »einen begrenzten Ausschnitt des Lehrerverhaltens für die kollegiale Hospitation« festlegen[27.] Und immer darauf achten: Der Ton macht die Musik.

Selbstevaluation und Hospitation

Bin ich eigentlich wirklich gut als Lehrer? Um das zu klären, kann man sich dem Kollegen von nebenan stellen oder ein direktes Feedback von den Schülern einholen – falls man sich traut. Falls nicht, darf man getrost den Weg der Selbstevaluierung gehen. Aber wie funktioniert so eine anonyme Befragung?

Kollege Schlotter weiß jetzt: Er kann seinen Unterricht allein dadurch optimieren, dass er seine Schüler mitdiskutieren lässt, anstatt Monologe zu halten. Diese einfache Maßnahme hat Stimmung und Miteinander merklich verbessert. Und auch er selbst präsentiert sich jetzt in einem anderen Licht. Schlotter fasst neuen Mut, das Unterrichtsgeschehen noch einmal reflektieren zu lassen. Kollegen möchte er aber nicht so bald wieder um Hilfe bitten.

Und was für ein Zufall: Am selben Tag liegt in allen Lehrerfächern ein Flyer mit der Überschrift »Das Selbstevaluations-portal«. Klingt erst mal trocken, aber Schlotter liest das On-lineangebot zur Selbstevaluierung genau durch. Es erscheint tatsächlich sinnvoll. Und ein Satz erleichtert ihn besonders: »Die Evaluationsergebnisse können nur von Ihnen eingese-hen werden. Entscheiden Sie nach einer Schülerbefragung selbst, ob Sie Ihre Ergebnisse zum Beispiel innerhalb einer Jahrgangs- oder Fachkonferenz diskutieren möchten.«[28] Nun, die Ergebnisse möchte er nicht öffentlich diskutieren, da ist er sich schon mal sicher.

Als er in der Woche darauf seiner Klasse erzählt, was er vor-hat, erntet er breite Zustimmung. Also schreitet er zur Tat und stellt online per Baukastensystem seinen Fragebogen zusammen. Er wählt Fragen zur Qualität des Unterrichts und zur Schülermotivation aus, das scheint ihm momen-tan am wichtigsten. Die Schüler sollen fachbezogene Fragen in Deutsch sowie allgemeine Fragen zu seinem Unterricht beantworten. Dafür bekommt jeder Schüler einen eigenen Code. Das Ausfüllen der Fragebögen soll ungefähr 20 Minu-ten in Anspruch nehmen.

Lehrer Schlotter hat sich für folgende Fragen im allgemei-nen Teil entschieden:

1. Drückt sich Herr Schlotter klar und verständlich aus?
2. Gibt Herr Schlotter zu Unterrichtsbeginn einen Überblick zur Gliederung der Stundeninhalte?
3. Geht Herr Schlotter im Unterricht in einer logischen Rei-henfolge vor?

4. Ist es schlimm, im Unterricht etwas falsch zu machen?

5. Wird gemeinsam über ein Thema/einen Lösungsweg diskutiert?

6. Behandelt Herr Schlotter dich fair?

7. Findet Herr Schlotter sein Unterrichtsfach spannend?

8. Ist Herr Schlotter von seinem Fach begeistert?

9. Steckt Herr Schlotter dich mit seiner Begeisterung an?

10. Merkt Herr Schlotter sofort, wenn jemand nicht mehr mitkommt?

11. Lobt dich Herr Schlotter meistens, wenn du dich besonders angestrengt hast, auch wenn andere Schüler/-innen noch besser sind als du?

12. Wertet Herr Schlotter mit dir regelmäßig deine Lernergebnisse aus?

13. Ist Herr Schlotter leicht vom Unterricht abzulenken?[29]

Wer A sagt, muss auch B sagen

Schlotter geht am nächsten Tag mit seiner Klasse in den Computerraum, den er extra reserviert hat. Die Klasse ist gut drauf. Ihm hingegen ist eher mulmig zumute, denn die Schüler können über sein Wohl und Wehe entscheiden – zumindest fühlt er sich so. Schlotter ist sich darüber im Klaren, wie willkürlich und stimmungsabhängig Schülermeinungen sein können. Hoffentlich haben alle gut geschlafen! Hoffentlich hat niemand Liebeskummer! Und hoffentlich bewerten sie fair ...

Bei der Bearbeitung der Onlinebögen sind zumindest alle eifrig dabei. Zu einigen Fragen schwirren Kommentare durch die Luft. »Nicht gegenseitig beeinflussen bitte«, sagt Schlotter. Er möchte ein möglichst glaubwürdiges Meinungsbild gewinnen, das verstehen die Schüler. Er selbst füllt ebenfalls einen Fragebogen aus, schließlich geht es auch um seine Selbsteinschätzung. Die Schüler arbeiten schnell. Tatsächlich kann er nach 25 Minuten die Befragung beenden – und erhält umgehend eine Rückmeldung: »Herr Schlotter, was ist denn jetzt rausgekommen?« Na klar, die Frage musste ja kommen. Schlotter lässig: »Das schaue ich mir heute Nachmittag ganz in Ruhe an.«

Zehn Minuten später im Lehrerzimmer: Schlotter starrt auf den Ergebnisbericht, eine Tasse Yogitee zur Entspannung.

Wie vermutet passen Selbst- und Fremdeinschätzung nicht zusammen. Überhaupt nicht! Fast in keinem Punkt! Schlotter ist fassungslos. Die Schüler haben ihn durchweg besser bewertet, als er sich selbst sieht: Sie fühlen sich alle fair behandelt, er scheint sie ausreichend zu loben, selbst wenn ihre Leistungen nicht zu den besten zählen. Und für ihn ebenfalls ganz unerwartet, aber immens wichtig: Sie fühlen sich in seinem Unterricht wohl. Das hätte er nicht gedacht. An anderer Stelle kommt er aber gewaltig ins Grübeln: Zwar attestieren ihm alle Kinder ein großes Interesse an seinem Unterrichtsfach, aber anscheinend kann er seine Begeisterung nicht auf die Schüler übertragen. Das ist schlimm, zumal ihm alle freundlich gesonnen sind. Er hatte zwar längst vermutet, dass er seine Anweisungen nicht logisch und strukturiert genug aufbaut, so dass die Motivation, ihm zu folgen, verloren geht. Nun hat er es jedoch schwarz auf weiß. Diesen

Punkt möchte Kollege Schlotter sofort angehen und verbessern. Konsequenzen ziehen!

Am nächsten Tag kommt er voller Tatendrang in die Klasse und berichtet den Schülern spontan von den Ergebnissen – ein großer Vertrauensbeweis, das merken sie sofort. Schonend bringen sie ihm bei, was ihnen bei anderen Lehrern besser gefällt. Daraufhin fasst Schlotter einen Entschluss: Er bittet seine Kollegen, bei ihnen hospitieren zu dürfen.

»Du willst meinen Unterricht kontrollieren?«, fragt Kollege Schlauer misstrauisch. Er denkt an eine Retourkutsche für seine kürzlich vorgetragene Kritik. Nun berichtet Schlotter ganz offen von der Selbstevaluierung und dem anschließenden Gespräch mit seinen Schülern.

»Ach du willst nur deinen Unterricht verbessern?« Kollege Schlauer ist perplex – und auch ein bisschen geschmeichelt. Die beiden verabreden sich für den kommenden Tag zu einem Hospitationstermin. Schlotter wird schnell merken, warum die Kinder die Vertretungsstunde bei seinem Kollegen so geschätzt haben.

Die Schnellen und die Langsamen

Als Schlotter am nächsten Morgen ins Lehrerzimmer kommt, ruft ihm Schlauer entgegen: »Heute wirst du lernen, was es heißt, einen Autounfall zu haben!« Dann hebt er den Finger und zitiert Seneca: »Wer den Anfang plant, ohne an das Ende zu denken, ist dumm.«

Neugierig geworden geht Schlotter ein wenig früher in den

Nawi-Raum, um sich an der hinteren Wand einen Platz zu suchen und in Ruhe das Eintreffen der Schüler zu beobachten. Zu seiner Überraschung sind vier Schüler schon vor ihm da: Vanessa ist dabei, das Smartboard hochzufahren und die Unterrichtsvorbereitung von Schlauer zu laden. Hagen und Zoe verteilen schwere Kisten auf den Tischen und öffnen sie. Jonas hat einen Stapel Laborhefte in der Hand, den er neben der Eingangstür auf einem Tisch ablegt. Dann verschwindet er kurz und kommt mit einem weiteren Stapel wieder, dieses Mal Arbeitsblätter, die er danebenlegt. Nach und nach trudeln die Schüler ein, jeder nimmt sich ein Arbeitsblatt und ein Laborheft.

»Ein Superlehrer sollte unseren Leistungsstand, also unser Niveau, richtig erfassen und an diesem Punkt mit uns weiterarbeiten.«
Hannah, 13 Jahre

Als Schlauer in die Klasse stürmt, sitzen seine Schüler in einem perfekt vorbereiteten Physikraum. »Einen Dank an Team 2«, ruft er. »Nächste Stunde übernimmt Team 3.«

Schlauer schwingt sich hinter seinen Vorführtisch, stützt die Hände auf der Platte auf, beugt sich vor und mustert jeden eindringlich: »Mein Mercedes wiegt 1600 Kilo und fährt 250 Stundenkilometer.«

Auf der Wand hinter ihm erscheint ein silberner Roadster. Die Jungs stöhnen, die Mädchen kreischen.

»Ist nicht wahr, ist nicht Ihr Wagen, oder?«

»Nein, zum Glück nicht. Denn dieses schöne Auto ...«

Schlauer klickt weiter zum nächsten Bild: Der Roadster klebt an einem Baum. Er ist nur noch halb so lang, der Motorraum, die Frontscheibe, das Dach – nichts mehr da, wo es hingehört. Im Hintergrund ist ein Feuerwehrwagen zu erkennen. Es ist klar, dass der Fahrer hier nicht lebend rausgekommen ist.

»Alter, was für ein Crash!«, ruft Jonas entsetzt. Schlauer nimmt den Faden auf und ist bei seinem Thema: der kinetischen oder auch Bewegungsenergie, umgangssprachlich die »Wucht« oder lautmalerisch manchmal auch »Wuppdizität« genannt. »Heute«, sagt er, »lernt ihr entscheidende Grundlagen für euren späteren Autokauf.«

Jetzt werden die Kisten auf den Tischen geöffnet, darin ist je eine schiefe Bahn installiert. Die Schüler lassen verschieden schwere Autos die Bahn hinunterrollen und messen jeweils Geschwindigkeit, Gewicht und Wucht beim Aufprall. Nach einer halben Stunde ist allen der Zusammenhang zwischen Masse, Geschwindigkeit und der Kraft beim Abbau der kinetischen Energie beim Aufprall klar. Schlauer lädt noch einmal weitere fünf Modelle mit Geschwindigkeits- und Gewichtsdaten auf das digitale Board.

»Mit welchem dieser Autos ist die Kraft beim Aufprall am geringsten?« Die erste Vermutung wird durch Überprüfung zur Gewissheit: mit der Ente.

Ein Unterricht für alle?

Schlotter weiß: Er wäre das Thema auch nicht anders ange-
gangen – das ist die klassische Annäherung an die kineti-
sche Energie. Allerdings sind ihm ein paar Unterschiede aufgefallen.

Schlauer verfügt über eine besondere Präsenz im Unterricht, die in den 45 Minuten zu keinem Zeitpunkt schwindet.
Das ist sicherlich anstrengend, lohnt sich aber, da die Schüler den Enthusiasmus ihres Lehrers ununterbrochen spüren.

Schlauer spricht nicht besonders laut, dafür aber klar und
verständlich. Schlotter beneidet ihn um die kurzen, präzisen
Anweisungen und Erklärungen. Da ist er selbst viel zu aus-
schweifend, weil er ständig Sorge hat, dass ihn nicht alle verstehen. Seine überlangen Erläuterungen führen jedoch genau
dazu. Auch in Schlauers Klasse sitzen Schüler, die ihren Lehrer nicht auf Anhieb verstehen. Doch im Gegensatz zu Schlotter lässt Kollege Schlauer seine Schüler auch falsche Antworten erläutern. Und lobt dann auch noch ihren Denkansatz.
Durch suggestive Fragetechnik führt er selbst die schwächeren Schüler zum richtigen Ergebnis. Außerdem bemerkenswert: Schlauer achtet immer darauf, dass die Schüler und er
eine Sprache sprechen, dass Adressaten und Sender eine gemeinsame Wellenlänge finden. Er übernimmt zwar keineswegs den Schülerjargon, aber er wählt jedes Wort so, dass ihn
alle verstehen. Umgekehrt bemüht auch er sich, die Schüler
und ihre Fragen nachzuvollziehen.

Während der Versuche begleitet er zwei Teams länger als
die übrigen. Dort, so beobachtet Schlotter, nimmt er sich

auch Zeit für längere Erklärungen oder sogar Hilfestellung beim Versuchsablauf. Für ein Team, das mit allen Messungen und Eintragungen weit vor den anderen fertig wird, hat er ein weiteres Arbeitsblatt parat.

»Eine Physikknobelei«, erklärt Schlauer im Anschluss. »Gibt's immer für die Schnellen.«

»Aber ist es richtig, die schnellen Schüler zusammen in ein Team zu stecken?«, zweifelt Schlotter. »Da können sie die anderen nicht mitziehen und zu ähnlichen Erfolgserlebnissen führen.«

Schlauer sieht das anders: »Die Schnellen wollen auch schnell sein dürfen. Natürlich gibt es Stunden, in denen sie in anderen Gruppen arbeiten. Aber ich werde niemanden ausbremsen, der sich mit anderen leistungsstarken Schülern zusammengefunden hat. Ich will mir auch Zeit für die Schwächeren nehmen. Wenn ich genug Stoff für die Schnellen vorbereitet habe, ist das kein Problem. Ich muss eben nur gut vorbereitet sein und meine Aufmerksamkeit effizient auf alle Schüler verteilen, um sowohl fordern als auch fördern zu können.«

Dem kann Schlotter aus eigener Erfahrung sofort zustimmen. Es beansprucht schon extrem viel Aufmerksamkeit, den Unterricht gut zu managen. Recht gibt ihm Peter Liebetrau, ehemaliger Dozent der Universität Kassel, der die Lehrertätigkeit mit der eines Fluglotsen vergleicht:

»Eine Unterrichtsstunde bedeutet in der Regel 45 Minuten konzentrierter Aufmerksamkeit und höchster Anspannung. Sie erfordert Beweglichkeit, flexibles Reagieren, rasches Einstellen auf neue Situationen. Wie kaum in einem anderen

Beruf muss man 45 Minuten ›voll da sein‹. Lehrerinnen und Lehrer haben in einer Unterrichtsstunde bis zu 200 Entscheidungen zu treffen und dabei im Durchschnitt 15 ›erzieherische Konfliktsituationen‹ zu meistern.«[30]

Also was tun mit unterschiedlich leistungsstarken Schülern? Jeder Lehrer geht seinen eigenen Weg: Die einen verteilen sie in verschiedene Lerngruppen, die anderen schwören auf gemischte Gruppen. Die beste Methode gibt es nicht, eine Theorie für die perfekte Stunde schon gar nicht. Wichtig ist aber: Die Rahmenbedingungen und Lernausgangslagen müssen klar sein, um auf die verschiedenen Wissensstände der Schüler Rücksicht nehmen zu können.

Wie es um die Rücksichtnahme mancher Lehrer steht, bringt Hans Traxlers berühmte Karikatur auf den Punkt: Vor einem Baum stehen ein Vogel, ein Schimpanse, ein Marabu, ein Elefant, ein Goldfisch (im Goldfischglas), ein Seehund und ein Pudel. Ein Lehrer am Schreibtisch erklärt: »Zum Ziele einer gerechten Auslese lautet die Prüfungsaufgabe für Sie alle gleich: Klettern Sie auf den Baum!« Eine denkbar ungünstige Herangehensweise für gerechte Lernerfolgsaussichten. Wenn Charlie also zwei Minuten länger braucht als der Rest, um sein Auto zu wiegen und sein Ergebnis einzutragen, dann ist es wichtig, ihn trotzdem zur nächsten Aufgabe mitzunehmen. Niemandem ist geholfen, wenn Einzelne nicht mehr hinterherkommen, denn sichtbare Lernabstände verringern ganz klar ihre Lernmotivation. Das führt am Ende nur zu Unterrichtsstörungen oder völligem Abschalten.

MERKE: **Die perfekte Stunde gibt es nicht**

Gäbe es sie, wären alle Probleme mit einem Schlag gelöst und jeder könnte mithilfe des vorhandenen Rüstzeugs unterrichten. Lehrer müssen wissen, wer was kann und angemessen fördern, je nach Aufnahmekapazität der Schüler. Am besten in einer angstfreien Atmosphäre, da lernt es sich einfach besser. Ein stringentes Zeitmanagement, eine klare Struktur der Stunde und ein konkreter Alltagsbezug können den Unterricht zu besseren Ergebnissen führen. Aber wie gesagt: Ein Patentrezept für guten Unterricht gibt es nicht.

»Und haben Sie was gelernt?«, wird Schlotter am nächsten Tag von seinen Schülern gefragt.

»Und ob«, freut sich Schlotter. »Ab sofort teile ich euch in Teams ein. Abwechselnd nehmt ihr mir den Organisationskram vor Stundenbeginn ab. Das wird mich erheblich entlasten, ich werde entspannter, und die Stimmung in der Klasse wird besser sein.«

Schon bald weht ein frischer Wind. Schlotter hat sich in den letzten Wochen tatsächlich bewegt, das merken seine Schüler. Würde sich doch nur jeder Lehrer in Selbstkritik üben …

Vertrauensbildende Maßnahme:
Der Lehrer-TÜV

In allen Bundesländern gibt es inzwischen Evaluierungsmöglichkeiten für Lehrer. Eine der bekanntesten sind SEIS (Selbstevaluation in Schulen), das von Niedersachsen, Nordrhein-Westfalen und Sachsen-Anhalt betrieben wird, sowie das Selbstevaluationsportal von Berlin und Brandenburg. Nicht überall ist ihre Nutzung Pflicht. Selbst dort, wo sie Pflicht ist, wird sie nicht konsequent angewendet. Beispiel Berlin: Dort haben sich von 30 000 Lehrern ganze 9000 evaluieren lassen. Daher findet der Unterricht heute wie früher in den meisten Fällen hinter verschlossenen Türen statt. Nichts dringt hinein oder hinaus. Wenn man Pech hat, kommt vielleicht alle paar Jahre die Schulinspektion für zwanzig Minuten in den Unterricht, die ihren Eindruck zusammen mit hundert anderen Eindrücken – natürlich anonym – in einem Ergebnisbericht für die Schule zusammenfasst.

Diese Situation kann nicht befriedigend sein. Weder für die Schüler noch für die Lehrer. Vor allem nicht für gute Lehrer – also dialogorientierte Menschen, die sich durchaus für die Wirkungsweise ihres Unterrichts interessieren. Aufschluss darüber wünschen sie sich nicht nur in Form von Leistungskontrollen und sogenannten Vergleichsarbeiten[31] sondern als direktes Feedback durch die Schüler.

Der Bildungsforscher John Hattie fordert, den Unterricht konsequent aus Sicht der Schüler zu konzipieren und sich von ihnen Feedback zu holen. Das ist nicht jedermanns Sache, aber gar nicht so schwierig. Man muss nicht der junge Kollege sein, dem es leichtfällt, die Schülerperspektive einzunehmen. Wichtig ist nur die Bereitschaft, mit seinen Schülern zu sprechen und Rückmeldung einzufordern, um im gemeinsamen Arbeitsprozess schülerorientiertes Lehren zu ermöglichen. Diese Bereitschaft zum Dialog ist leider noch immer keine Selbstverständlichkeit, wie ein Blick in den Ethikunterricht von Kollege Schnösel zeigt.

Schüler mitnehmen, Frust vermeiden

»Oh Mann, die 9a«, murmelt Lehrer Schnösel und macht sich gemächlich auf den Weg Richtung Klassenzimmer. Lust auf seinen Ethikunterricht hat er keine. Die Schüler der 9a versuchen jedes beliebige Thema auszuwalzen und endlos zu diskutieren, das nervt! Es ist einfach anstrengend, die Diskussionen abzubrechen, um endlich mit dem Thema beginnen zu können, das er vorbereitet hat.

Auch die Schüler freuen sich nicht auf den anstehenden Ethikunterricht. Das liegt nicht am Fach.

»Oh Mann, wieso versteht der Schnösel uns nicht?«, fragen sie sich untereinander. »Warum bremst er uns bei Diskussionen ständig aus?«

Schnösel kommt herein und stellt nach kurzer, griesgrämiger Begrüßung das Thema der Stunde vor: »Heute geht es um die Frage: Ist die Ehe am Ende?«

Aber der Unterricht will mal wieder nicht richtig in Gang

kommen. Melanie versteht schon die Formulierung der Frage nicht und hakt nach: »Wie am Ende? Am Ende von was?«

Melanies Frage ist berechtigt. Sie selbst lebt abwechselnd bei Vater und Mutter, beide Elternteile haben in ihrer nächsten Partnerschaft Kinder bekommen, so dass Melanie neben zwei Geschwistern noch zwei Halbrüder und eine Halbschwester hat. Anna versteht wiederum die Relevanz der Fragestellung nicht. Sie lebt mit ihren Eltern und beiden Geschwistern zusammen, die Eltern sind nicht verheiratet. Anderen Schülern geht es ähnlich. Nur Mark, dessen Eltern geschieden sind, antwortet schlicht mit: »Jo.«

Lehrer Schnösel lässt sich zu einer kleinen Zusatzerklärung herab: »Na gut, dann formuliere ich es so: Ist die Ehe als Lebensform am Ende?« Und er fügt noch hinzu: »Also mit ›am Ende‹ meine ich ›nicht mehr zeitgemäß‹«.

Nun sind bereits 15 Minuten vergangen. Sowohl Lehrer als auch Schüler haben schlechte Laune aufgrund ihrer jeweiligen Frustrationserlebnisse. Hier würde eindeutig Feedback helfen, aber Lehrer Schnösel hat keine Lust auf Rückmeldung von Pubertierenden. Und so quält er sich und seine Schüler jede Woche mit einer Ethik-Stunde – ausgerechnet einem Fach, das gerade Jugendliche in ihrer Umbruchsphase zu Diskussionen über philosophische Fragestellungen einladen soll, damit sie lernen, sich selbst differenzierte Urteile zu bilden. Dass sich Lehrer und Schüler vorab auf eine gemeinsame Definition der verwendeten Begriffe und Formulierung einigen, versteht sich eigentlich von selbst. Schade, dass Schnösel nicht bereit ist, sich auf einen klärenden Dialog einzulassen. Sonst würde er schnell merken, was die Jugendlichen an seinem Unterricht vermissen. In den kommenden Monaten verschwinden daher die restlichen Spuren von Interesse, die Schüler schalten endgültig ab und gehen mit schlechten Noten nach Hause.

Mut zur Veränderung beweisen

Hier kommt wieder Forscher Hattie ins Spiel: Er fordert von Lehrern eine klare Identifikation mit den fachlichen Inhalten des Unterrichts sowie einen offenen und zugewandten Umgang mit den Lernenden.[32] Unsere Beispiele der Kollegen Schlotter und Schnösel machen den Unterschied deutlich:

Lehrer Schnösel fühlt sich von den Schülern der 9a unverstanden und zieht sich auf eine unkooperative und unversöhnliche Position zurück – frei nach dem Motto: Euch werde ich schon mit Noten zurechtbiegen! Schlotter dagegen ist über seinen Schatten gesprungen und hat sich vorgenommen, seinen Unterricht regelmäßig von den Schülern evaluieren zu lassen. Das ist richtig, weil es Wirkung zeigt: Seine Einführung der Feedbackkultur hat das Vertrauensverhältnis zwischen ihm und den Schülern entscheidend gestärkt. Er hat einen erheblichen Beitrag zu Gemeinschaftsgeist und Zusammengehörigkeitsgefühl der Klasse geleistet und den Schülern ihr eigenes Urteilsvermögen zugestanden. Den Schülern wiederum ist bewusst, dass ihre Meinung gehört wird, dass sie zählt und dass ihr Lehrer von nun an versuchen wird, ihre Rückmeldungen für seine Unterrichtsmethodik zu berücksichtigen. Und noch ein Punkt für Schlotter: Sowohl für seine Schüler als auch für ihn verläuft der Unterricht erheblich entspannter als früher – und die Elternabende auch.

»Ich mag Lehrer, die einem Freiheiten geben.«
Timo, 11 Jahre

»Eine so verstandene Evaluation braucht die Bereitschaft der Personen zur Veränderung, ihren Mut, sich verunsichern zu lassen und Gewissheiten zu hinterfragen. Das weckt starke Emotionen, anfänglich vielleicht auch unterschiedlich motivierte Abwehr.« Das konstatiert die Hamburger Bildungsbehörde bereits im Jahr 2000.[33]

Teilen unter Lehrern fördert den Teamgeist

Sehen wir uns noch einmal die unterschiedlichen Jahresarbeitsstunden der Lehrer an, die das Bundesland Nordrhein-Westfalen erheben ließ: Wer im gleichen Job bis zu 2000 (!) Stunden mehr oder weniger als sein Kollege arbeitet, muss sich fragen, ob alle denselben Begriff vom Mindesten haben, was Schule leisten sollte. Das Nötigste mit geringstem Aufwand erreichen – das ist ein Ausdruck von Intelligenz. Geringster Aufwand klingt nach Faulheit, kann aber zur Kreativität anregen und muss nicht zulasten anderer Kollegen gehen. Nennen wir es daher lieber Effizienz!

196

MERKE: **Lehrer müssen den Dialog mit ihren Schülern suchen**

Ein guter Lehrer ist an Rückmeldungen seiner Schüler interessiert. Wer könnte besser Rückmeldung geben wenn nicht sie, die unmittelbar vom Unterricht Betroffenen? Dass sie dadurch zugleich auch Wertschätzung erfahren, ist ein weiteres Plus. Ein guter Lehrer weiß: Hierfür muss sich eine entsprechende Kommunikationskultur etablieren, wenn er die Ergebnisse mit seinen Schülern diskutieren möchte. Das ist die hohe Kunst der konstruktiven Auseinandersetzung zwischen nicht ganz gleichberechtigten Personen, aber zugleich ein praktischer Teil der schulischen Demokratieerziehung. Statt »Vorsicht: Hier bewerten Schüler« muss es heißen »Einsicht: Hier reden Lehrer mit ihren Schülern!«

Ich bin sehr für effiziente Unterrichtsvorbereitung, weil so Zeit für zusätzliche Aufgaben bleibt. Dafür gibt es einfache Methoden, die viele Lehrer schon instinktiv anwenden: Wer in zwei 8. Klassen zum Beispiel Mathematik unterrichtet, muss sich praktisch nur einmal vorbereiten. Mit dieser Behauptung muss ich mir den Vorwurf gefallen lassen, nicht ausreichend auf die individuellen Lernvoraussetzungen der Kinder einzugehen. Gleichwohl sind in der Praxis die soziokulturellen und individuellen Voraussetzungen in Parallelklassen selten so unterschiedlich, dass grundlegend unterschiedliche Planungen erforderlich wären.

Wer in diesem Jahr eine 7. Klasse in Musik unterrichtet und im nächsten Jahr wieder, sollte seine Vorbereitungen also aufheben. Aktualisieren geht nämlich schneller als neu verfassen.

»Lebenslanges Lernen ist ein Muss für jeden Lehrer. Nichts wäre schlimmer für mich als zu merken, dass ich den Schülern nur einen Schritt voraus bin.«

Inga K., Grundschullehrerin

Sehen wir uns eine konkrete Situation genauer an, die für Teamgeist steht und als Vorbild für effiziente Arbeitsweise im Kollegium taugt:

Kollegin Seifert, 65, war 35 Jahre lang Grundschullehrerin. Heute ist ihr letzter Arbeitstag. Nachmittags sind die Kollegen zur Abschiedsfeier im Lehrerzimmer eingeladen. Seifert ist bekannt für hervorragenden Kuchen und zudem äußerst beliebt. So freut sich das Kollegium auf das Zusammentreffen. Aber ach: Anstelle eines riesigen Buffets warten dort sauber gestapelt dreißig Aktenordner: Deutsch 1./2. Klasse, Kunst 3./4. Klasse, Musik 1.-4. Klasse ... Die anfängliche Enttäuschung schwindet schnell. Denn die Kollegen können sich nach Lust und Laune bedienen und die Unterrichtsvorbereitungen für ganze Schuljahre als Anregung mit nach Hause nehmen. Jeder weiß: Seifert hat kontinuierlich an Fortbildungen teilgenommen und ihre Schüler ausgezeichnet auf die gymnasialen Anforderungen vorbereitet. Also kann man auch von einem hohen fachlichen Niveau der Materialien ausgehen. Damit hat man sich eine Menge Arbeit erspart!

> **MERKE:** **Nicht jede Stunde muss neu erfunden werden!**
>
> Lehrer, ihr könnt euch gegenseitig entlasten. Wer gute Leistungsergebnisse bei seinen Schülern erzielt, sollte verpflichtet werden, seine Vorbereitungen zu veröffentlichen. Und wer schlechte Leistungen erzielt, sollte auch verpflichtet werden, seine Vorbereitungen zu veröffentlichen, um Wiederholungen zu vermeiden.

Das Kollegium ist fröhlich, mit Humor werden die Zeichnungen aus den Kunstvorbereitungen kommentiert, das Entgegenkommen ist schon jetzt eine spürbare Entlastung für alle. Kaffee und Kuchen gibt es schließlich auch – und unsere Referendarin Claudia schleppt freudestrahlend fünf Aktenordner mit nach Hause.

Zauberformel »Open Educational Resources«

Was bei Frau Seiferts Abschiedsfeier so gern in Anspruch genommen wurde, ist bei weitem keine Selbstverständlichkeit. Stellen wir uns vor, sie wäre nicht 65, sondern 31 Jahre alt und würde jeden Nachmittag im Internet für ihre Vorbereitungen recherchieren. Vielleicht käme sie auf die Idee, ihre besonders guten Vorbereitungen nicht für sich zu behalten, sondern der breiten Lehreröffentlichkeit zur Verfügung zu stellen. Das wären dann Open Educational Resources – also frei verfügbare Materialien im Internet. Das ist derzeit noch Zukunftsmusik, doch sie sollte kräftig gespielt werden!

Aber würde es Frau Seifert nicht stören, wenn andere Lehrkräfte ihre Vorbereitungen optimieren, korrigieren oder ergänzen würden? Nein, denn sie hat ein gutes Selbstvertrauen und wäre im Sinne ihrer Schüler vielleicht sogar froh darüber.

Trotzdem: Noch immer werden Unterrichtsvorbereitungen viel zu oft wie Geheimdokumente behandelt. Ihre Veröffentlichung ist so eine Sache – denn Lehrer haben große Angst vor Kritik. Das ist erstaunlich, weil der Lehrer ja durchaus kritikfreudig mit den Lernenden, seinen Schülern, umgeht. Austeilen geht – einstecken geht gar nicht. Aber warum wird Kritik nicht auch als Bereicherung empfunden? Wer nie die Außensicht auf seine Unterrichtsvorbereitungen oder den Unterricht zulässt, verpasst auch jegliche Anregung, die die eigene Lehrtätigkeit möglicherweise optimieren würde. Interessant ist hier die Diskussion um kollegiale Unterrichtshospitation. Was so sperrig klingt, ist der Versuch, Lehrkräfte zu motivieren, sich gegenseitig zu beurteilen, um sich letztendlich zu verbessern. Obwohl diese Methode in vielen Bundesländern als das Nonplusultra zur Qualitätssicherung und -verbesserung angepriesen wird, ist die tatsächliche Anwendung im Schulalltag eher dürftig.

MERKE: Lehrer können einander helfen

Teamgeist und offener Umgang mit der eigenen Unterrichtsvorbereitung kann zu optimierten Ergebnissen führen – davon profitieren alle! Das entlastet, gibt neue Denkanstöße und kommt damit Lehrern und Schülern gleichermaßen zugute. Ein guter Lehrer sollte also immer auch an die anderen Lehrer denken. Das ist wie beim Rudern: Allein komme ich auch ans Ziel – im Zweier oder Vierer ist man aber deutlich schneller und hat es vielleicht auch ein wenig einfacher.

Von der Kunst, im Beruf glücklich zu sein

Zurück zu Frau Seiferts Abschiedsfeier. Jeder hat sich Kaffee und Kuchen genommen, und die scheidende Kollegin ergreift das Wort. »Ich hatte hier meinen Traumjob«, sagt Kollegin Seifert feierlich, »ich bin jeden Tag gern aufgestanden, um zur Arbeit zu fahren, und ich hatte jeden Abend das Gefühl, etwas Sinnvolles geleistet zu haben. Welcher Beruf bietet einem schon die Möglichkeit, ein derartiges Glücksgefühl zu erleben?«

Die meisten Kollegen nicken bekräftigend zu diesen Worten, Peter ruft: »Ja, das ist ein wahrer Luxus, den wir haben.«

Sarkasmus? Keine Spur! Denn jeder weiß: Seifert meint es ernst. Alle sehen recht zufrieden und entspannt aus. Aber woher kommt das?

Es gibt genügend Checklisten und Tests, mit denen wir unsere Zufriedenheit im Beruf überprüfen können. Die Fragen scheinen so simpel wie aufschlussreich: Hast du Pläne für das kommende Jahr? Wie sehen deine Zukunftschancen im Beruf aus? Was tust du? Wo tust du es und mit wem arbeitest du zusammen? Stimmt der Lohn? Bekommst du ausreichend Anerkennung und Feedback für deine Arbeit? Unterfordert dich die Arbeit? Interessiert dich deine Tätigkeit oder bist du während der Arbeit gelangweilt? So lauten die Standardfragen der meisten Tests. Wenn Sie jetzt über 50 Prozent der zu erreichenden Punkte erzielt haben, dann können Sie in Ihrem Job bleiben – darunter sollten Sie über einen Wechsel nachdenken. Denn nichts ist schlimmer als Routine, die keine Herausforderungen birgt, wie der Fall von Frau Hasel zeigt.

Sie arbeitet im Bildungsministerium und betreut seit einem Monat das wichtige Thema Inklusion, also das gemeinsame Lernen von Kindern mit und Kindern ohne Behinderung. Die finanziellen Mittel reichen vorne und hinten nicht aus, um die Inklusion so zu realisieren, wie es die UN-Behindertenrechtskonvention vorsieht. Hasel weiß das und notiert entsprechende Stichpunkte für die Redenschreiber ihres Ministers. Die Rede schreibt sie nicht, denn diese wird durch die Mitarbeiter des Ministerstabs fertig gestellt und »politisiert«. Leider vergisst man, ihr den fertigen Redetext zuzuschicken. Fragt sie danach, erhält sie die Antwort, es gelte ohnehin nicht der Redetext, sondern nur das gesprochene Wort. Allerdings hat sie zu dem Termin, bei dem der Minister zu ihrem Aufgabengebiet spricht, keinen Zugang. Manchmal liest sie am nächsten Tag in der Zeitung, was er gesagt haben soll und wundert sich, wie wenig Resonanz ihr Redeentwurf gefunden hat. Teilt der Minister ihre Einschätzung? Oder ist sie mit ihrer Arbeit auf dem Holzweg? Das weiß die Fachreferentin leider nicht. Nach einem Jahr hat sie den Eindruck, dass die Arbeit sie eigentlich gar nichts angeht. Ein klassischer Fall von Entfremdung von der eigenen Tätigkeit. Aber wie steht es um Entfremdung im Lehrerberuf? Gibt es das?

Wie glücklich ist der Durchschnittslehrer?

Ein Lehrer erhält unmittelbares Feedback auf sein Handeln und sein Verhalten. Die Konsequenzen sind für die Schüler sofort spürbar – und auch für ihn selbst, spätestens wenn er beginnt, sich die Standardfragen der »Bin ich glücklich im Beruf«-Tests zu stellen. Unsere fiktive Durchschnitts-Musiklehrerin Frau Pfennigschimmel könnte sie so beantworten:

Hast du Pläne für das kommende Jahr? – Auch, aber vor allem für morgen: Da werde ich mit der 7. Klasse für drei Stunden ins Instrumentenmuseum fahren. Dafür ziehe ich mir gerade die fertigen Fragebögen aus dem Netz, die die Schüler bei ihrem Rundgang ausfüllen sollen. Und langfristig? Vielleicht übernehme ich im nächsten Jahr als Klassenlehrerin die 9. von Frau Bärlein, ihre Schüler arbeiten gut mit und sind immer freundlich.

Wie sehen deine Zukunftschancen im Beruf aus? – Na ja, ich könnte mich vielleicht als Fachbereichsleiterin für Musik an unserer Schule bewerben, allerdings wird der Posten erst in vier Jahren frei. Schulleiter oder stellvertretender Schulleiter wäre nichts für mich. Da würde ich ja mehr verwalten als unterrichten!

Was tust du? – Ich unterrichte!

Geht das ein bisschen genauer? – Aber sicher. Ich versuche, Kindern möglichst packend die ganze Klaviatur der musikalischen Lehre beizubringen und sie dafür zu begeistern, meinem kleinen Orchester beizutreten.

Wo und mit wem arbeitest du zusammen? – Ich arbeite in einem Schulgebäude, manchmal auch in Kirchen oder Konzerthallen, wo meine Schüler mit mir auftreten. Der Schulbau ist vielleicht nicht auf dem neuesten Stand, aber Hauptsache, die Akustik im Musikraum stimmt. Und ja, sie stimmt. Ich arbeite an erster Stelle mit Zehn- bis Zwölfjährigen zusammen. Obwohl ich dreißig Jahre älter bin, haben sie manchmal Schwierigkeiten, mir den gebührenden Respekt entgegenzubringen. Das ist bei ihren Eltern leider nicht anders. Effektiv und freundschaftlich arbeite ich mit meinen Kollegen zusammen, deren Altersdurchschnitt sich auf 51 Jahre beläuft. Dadurch fühle ich mich jung, und das ist ein gutes Gefühl.

Wie lang ist deine tägliche Arbeitszeit? – Um 7.30 Uhr trinke ich meinen ersten Kaffee im Lehrerzimmer, bevor es um 8.00 Uhr richtig losgeht. Bis 16.00 Uhr bleibe ich in der Schule und habe meistens zwischen den Stunden ausreichend Zeit, meinen morgigen Unterricht vorzubereiten. Ärgerlich nur, wenn ich in meinen Freistunden andere Lehrer vertreten muss – dann muss ich in jedem Fall abends arbeiten. Trotzdem bleibt meistens Zeit, um – wenn nötig – mit Eltern oder Kollegen zu reden. Wenn Arbeiten korrigiert werden müssen, setze ich mich zu Hause an den Schreibtisch. Das mache ich auch am Wochenende. Viel Zeit frisst allerdings meine Orchester-AG. Auftritte müssen organisiert, Fahrdienste für die Instrumente geplant werden, das Marketing angekurbelt und Elterninformationen geschrieben werden. Hinzukommen die vielen Proben, die wir vorher absolvieren wollen. Das ganze Projekt verlangt nach einer genauen Struktur. Da kommen viele Extras zusammen.

Stimmt der Lohn? – Er könnte besser sein, aber ich gehöre damit nicht zum Prekariat.

Bekommst du Anerkennung und Feedback für deine Arbeit? – Feedback bekomme ich bei jeder Klassenarbeit! Und meistens sofort von Eltern, die nicht mit den Leistungsergebnissen ihrer Kinder zufrieden sind und die Schuld allein bei mir sehen. Am Ende des Schuljahres gibt es auch Anerkennung, manchmal in Form von teuren Pralinen, Parfums oder Büchern, die ich natürlich nicht annehmen darf, was ich aber trotzdem tue. Ich möchte ja nicht unhöflich erscheinen.

Unterfordert dich die Arbeit? – Keineswegs! 25 Schüler zu motivieren, das gleiche Musikstück zur selben Zeit zu spielen, ist eine große Herausforderung! Vor allem, weil jeder einen anderen Kenntnisstand hat, den man natürlich berücksichtigen muss.

Interessiert dich deine Tätigkeit oder bist du während der Arbeit gelangweilt? – Wenn man keine Zeit findet, um zwischendurch durchzuatmen, kann auch keine Langeweile aufkommen. Die Arbeit ist selbstverständlich interessant und fordert mich jeden Tag aufs Neue heraus. Nicht so interessant ist manchmal die enge Begleitung durch die Eltern.

Eine weitere Frage müssen wir den Standardchecklisten hinzufügen, die ganz unterschiedlich beantwortet wird – je nachdem welcher Schublade, welchem Grundtypus sich unser befragter Lehrer zuordnen ließe: **Wie anstrengend ist dein Job?**

Die Engagierte: Anstrengend? Ja schon, aber mir macht der Beruf so viel Spaß, da kann man ein wenig Anstrengung schon verkraften. Das ist doch allemal besser als Langeweile, oder?

Die Hektische: Anstrengend? Tut mir leid, aber für solche sinnlosen Fragen habe ich gerade gar keine Zeit.

Der Griesgram: Anstrengend? Ja, was denken Sie denn, wie es ist, mit 30 Pubertierenden in einem Raum eingesperrt zu sein?!

Der Faule: Anstrengend? Ach wo. Mit ein bisschen Humor lernen die Schüler doch fast von allein. Und unter Kollegen hilft man sich bei der Vorbereitung. Ist doch alles nur eine Frage der Organisation. Und jetzt entschuldigen Sie mich, es ist schon 15.00 Uhr, und ich bin noch zum Segeln verabredet.

Der Dauerkranke: kann aus gesundheitlichen Gründen nicht antworten ...

MERKE: **Unterforderte Lehrer gibt es nicht!**

Kein Lehrer wird an Unterforderung im Beruf (neudeutsch »Bore-out«) leiden, die frustriert und krank macht. Das ist vielleicht eine kühne Behauptung, aber Langeweile braucht Zeit. Zeit, um das Nichts und die Unterforderung zu spüren. Hier braucht niemand Angst zu haben: Wer seinen Beruf als Lehrer nur ein wenig ernst nimmt, wird in der Zeit, in der er sich ihm widmet, auch immer ausgefüllt sein: Er hat einfach genügend zu tun.

Viele Studien, viele Ergebnisse

Es gibt kaum ein Politikfeld, das so sehr mit Studien überhäuft wird wie der Bildungsbereich – immer zum Wohle der Kinder. Diese Untersuchungsmanie kann seltsame Blüten treiben: Da werden zum Beispiel die Leistungen von Schülern verglichen, ohne die Unterschiede ihrer sozialen Herkunft zu berücksichtigen. Da werden Ausbau und Qualität von Ganztagsschulen unter die Lupe genommen, der Fortschritt beim inklusiven Schulsystem, das Einschulungsalter, die Einführung neuer Schularten, die Leistungsergebnisse von Gymnasien, Gemeinschaftsschulen und Sekundarschulen fachbezogen miteinander verglichen. Es wird untersucht, wo fachgerecht und wo nicht fachgerecht unterrichtet wird und ob gute oder schlechte Schüler sich für den Lehrerberuf interessieren, ob viele oder wenige Lehrer mit Migrationshintergrund an den Schulen arbeiten, ob es mehr männliche oder weibliche Lehrer gibt.

Kurz: Es wird alles untersucht, was man in und um die Schule herum untersuchen kann. Und wenn möglich stellt man Rankings auf, in denen sich die Stadtstaaten mal eben mit den Flächenländern messen müssen. Und wer ist schuld an den miesen Ergebnissen? Die Lehrer! Und die schieben es auf die Politik. So geht es hin und her. Aber was angesichts der spezifischen Rahmenbedingungen vor Ort konkret getan werden soll, darüber steht in den Studien nichts. Da stellt sich schnell die Frage, ob die Studienmanie unseren Kindern tatsächlich etwas bringt, die Lehrer nicht unnötig verunsichert und in erster Linie eine Arbeitsbeschaffungsmaßnahme für die Wissenschaft darstellt. Wenn es auf den Lehrer ankommt, wie John Hattie sagt, dann sollte uns eine Frage mehr als viele andere Studien interessieren: Wie zufrieden sind unsere Lehrer mit ihrem Beruf?

Traumberuf oder Höllenjob?

Studien zur Zufriedenheit und zum Gemütszustand der Lehrer vermitteln in vielen Fällen den Eindruck, es handle sich um einen äußerst qualvollen, gesundheitsgefährdenden Job. »Höllenjob Lehrer« titelte die Presse, als der Aktionsrat Bildung im Auftrag der Bayerischen Wirtschaft im Jahr 2014 sein Gutachten mit dem Titel »Psychische Belastungen und Burn-out beim Bildungspersonal« vorstellte. Demnach sollen 30 Prozent der Beschäftigten im Bildungswesen unter psychischen Problemen leiden. Viele Betroffene fühlten sich emotional überfordert, reagierten mit Rückzug und gaben an, sich nicht mehr in ihre Schüler hineinversetzen zu können.[34] Im Vergleich zu anderen Berufsgruppen fühlten sich Lehrer deutlich schneller ausgebrannt.

Zu ähnlichen Ergebnissen kam zwei Jahre zuvor das Institut für Demoskopie Allensbach. Nur gut ein Drittel der Lehrer fühlte sich ausreichend auf seinen Beruf vorbereitet, 20 Prozent der Lehrer sprachen gar von Praxisschock. Interessant hierbei: Als unbekannte herausfordernde Größe wurden die Schüler genannt.

Trotz der leidvollen Erfahrungen gaben in der gleichen Umfrage immerhin zwei Drittel an, dass sie noch nicht über einen Berufswechsel nachgedacht hätten und ihre Freude an der Arbeit überwiege. Große Unterschiede nach Berufsjahren ließen sich dabei nicht feststellen.

>»An der Schule liebe ich als Erstes die Kinder und als Zweites die gesamte quirlige Atmosphäre.«
>
> Ullrich H., Gymnasiallehrer

Vier von fünf Befragten haben sich für den Beruf entschieden, weil sie gerne mit Kindern und Jugendlichen arbeiten wollten; zwei von fünf Befragten gaben zusätzlich an, dass sie sich einen sicheren Job wünschten. Nur einer von fünf war der Meinung, die unterrichtsfreie Zeit sei es wert, den Beruf zu ergreifen. Bemerkenswert: Die Mehrheit war der Auffassung, das Ansehen ihres Berufs sei schlecht oder sehr schlecht. Die Studie konstatiert, dass Selbst- und Fremdwahrnehmung auseinanderklaffen: In der Bevölkerung gehöre der Lehrerberuf zu den angesehensten Berufen (gleich hinter dem Arzt, der Krankenschwester und dem Polizisten).[35] Allerdings stellte das Institut für Demoskopie Allensbach noch 2010 fest, das deutsche Schulsystem schneide bei den Befragten schlecht ab und Lehrer würden vor allem durch ihre Klagen wahrgenommen. Ob sich hier wirklich etwas geändert hat? Oder lag es am Kontext der Fragen?

Verzerrtes Selbstbild

Wesentlich wichtiger als die Ansichten anderer scheint für die Arbeitseinstellung der Lehrer ihre eigene Meinung von ihrem Beruf zu sein. Und die ist nicht besonders gut. Aber woher haben Lehrer dieses schlechte Bild? Die Erklärung ist nicht schwer – mitverantwortlich dafür sind Eltern, Politik und Medien.

Können Sie sich einen Vater vorstellen, der nachmittags in die Schule kommt, um den Klassenlehrer seines Sohnes für die großartige Bildungs- und Erziehungsarbeit der vergangenen Tage zu loben? Nein? Ich mir auch nicht. Auch Politiker loben die Lehrerarbeit eher wenig – sie starten lieber Reformen oder nehmen sie zurück, um Leistungsergebnisse zu verbessern und sich keinen politischen Stillstand vorwerfen lassen zu müssen. Die dritte Gruppe, die Medien, stürzt sich vorwiegend auf schlechte als auf gute Nachrichten. Tag für Tag bringt die Presse Headlines mit Begriffen wie Ländervergleich, Ganztagsquote, Krankheitstage oder Unterrichtsausfallzeiten. In der Wahrnehmung des Lehrers muss die Kritik an seinem Beruf seitens Eltern, Politik und Presse pauschal für die öffentliche Meinung stehen.

Übrigens: Im Widerspruch zu den Ergebnissen des Aktionsrates Bildung fanden Bildungsforscher der Universität des Saarlandes heraus, Lehrer seien sehr zufrieden mit ihrem Job und darin durchaus vergleichbar mit anderen Berufsgruppen. Sie seien zwar belastet, aber weniger als Ärzte, Pfleger und Ingenieure.[36]

So ist bei allen Studien Vorsicht geboten. Nicht immer ist

> **MERKE:** **Bildungsstudien sind mit Vorsicht zu genießen!**
>
> Denn ihre Ergebnisse können zu widersprüchlichen und konträren Interpretationen führen. Trotzdem wird ihr Gehalt gern breit diskutiert und kaum in Frage gestellt.

das stringent, was am Ende herausgestellt wird, und nicht immer bildet es die Wirklichkeit ab. Dazu Johann Osel in der *Süddeutschen Zeitung:* »Lehrerstudien sind für manche Lehrer wohl eine gute Gelegenheit, sich mal richtig den Frust von der Seele zu reden.«[37] Allerdings sollten wir bei dieser Therapieform aufpassen, dass sie nicht zur Selffulfilling Prophecy wird.

Vergessen wir das Image!

Wer kriegt zum Geburtstag Bücherstützen,
oder Bücher mit Lehrerwitzen?
Der Lehrer, der Lehrer.
Wer erfüllt ständig ein Übersoll,
und wer ist beim Schulfest als Erster voll?
Der Lehrer, der Lehrer.
Wer hat die Hand am Puls der Zeit,
wer ist engagiert und allzeit bereit,
wer weiß was out ist und ist selber immer in?
Der Lehrer und die Lehrerin.

Wer schlägt sich ständig mit Eltern rum,
und wer darf nie sagen:»Dieses Kind ist dumm!«?
Der Lehrer, der Lehrer.
Wer hat alle Schüler gleich lieb,
und benotet sie streng nach dem Zufallsprinzip?
Der Lehrer, der Lehrer.
Wer bringt sich ein, wer macht nie zu,
wer sieht im ›Ich‹ auch stets das ›Du‹,
wer ist politisch und als Mensch ein Gewinn?
Der Lehrer und die Lehrerin.

Wer hätte auch Künstler werden können,
oder Kanzler, um nur zwei zu nennen?
Der Lehrer, der Lehrer.
Wer arbeitet 24 Stunden am Tag,
und wenn das nicht reicht noch die ganze Nacht?
Der Lehrer, der Lehrer.
Wer geht dereinst, für kargen Lohn,
fix und fertig in Pension,
und findet keinen Frieden,
wegen der Hämorriden?
Jürgen von der Lippe

So facettenreich wie dieses Lied von Jürgen von der Lippe, so vielfältig auch die Studienergebnisse und die landläufigen Meinungen über Lehrer. Sie sind ungerecht, faul und jammern nur. Diese gängigen Stereotype können zutreffen, müssen es nicht und sind meistens eher abwegig.

Doch welche Relevanz hat dieses Image für den Lehrer? Es

spielt vielleicht bei der Berufswahl eine gewisse Rolle, aber muss sich der Lehrer wirklich antun, was andere über ihn denken? Belauschen wir ein Gespräch von zwei Kollegen, die abends mit weiteren Bekannten zusammensitzen:

Kollege Jammer: »Kennst du die Eltern von Chiara, die bei mir in der Fünften ist?«

Kollege Kummer: »Klar, die stehen bei mir ein Mal in der Woche auf der Matte.«

Kollege Jammer: »Soll'n sie ihr Kind doch runternehmen, wenn es angeblich gemobbt wird.«

Kollege Kummer: »Moment, Moment – Chiara wird nicht gemobbt, sondern mobbt selbst. Sie stört systematisch meinen Unterricht und will immerzu im Mittelpunkt stehen. Permanent! Und wenn ich sie nicht dran nehme, sondern auch einmal die anderen, die nicht ›eh, eh, eh‹ brüllen« (Er reckt seinen Arm hoch und schnipst wild mit den Fingern.) »dann ruft mich die Mutter an und beschwert sich, ich hätte wieder ihr Kind benachteiligt. Das ist vielleicht anstrengend.«

Kollege Jammer: »Ja, und macht wirklich keinen Spaß.«

Beide Lehrer nicken einvernehmlich.

Wer Böses will, kann das Gejammer nennen. Aber seien wir ehrlich: Das ist ein ganz normales und entlastendes Gespräch unter Berufskollegen. Auch der Chirurg wird nicht zu seinem Kollegen sagen: »Niemand grüßt gewinnender als Oberschwester Babette, und der Assistenzarzt war heute wirklich besonders freundlich und aufmerksam. Ich hatte praktisch nichts zu tun!« Auch der glatte Schnitt, die gute Naht oder das umwerfend hohe Gehalt werden keine Themen unter Arztkollegen sein. Könnte man ihnen zuhören, ginge es wahrscheinlich um Sonderschichten, die das Wochenende ruiniert haben, es würde Kommentare zu Überstunden geben und Klagen über den unzuverlässigen Assistenzarzt, der ständig ausfällt. Auch normal. Wichtig ist zum einen: Lästern und Jammern sind erlaubt! Es sind Ventile, die jede Berufsgruppe braucht. Eben auch die Lehrer. Noch wichtiger ist zum anderen, dass sie den Blick auf das Schöne, das Wesentliche ihres Berufs behalten: auf die Schüler. Darüber brauchen wir uns aber keine Sorgen zu machen – denn sonst würden sich viel mehr Lehrer dazu aufraffen, den Beruf letztendlich doch zu wechseln.

Bei rund 794 000[38] Lehrern deutschlandweit kennt fast unweigerlich jeder einen von ihnen und ist vielleicht auch mit ihm verwandt oder befreundet. Und weil man sich unter guten Freunden austauscht und nicht nur über die himmelhoch jauchzenden Momente in seinem Leben berichtet – so ein Freund wäre ja auch kaum zum Aushalten –, scheint es vielleicht so, als ob Lehrer viel jammern. Das ist meine Theorie. Schon möglich, dass Lehrer mit ihrer Offenheit so ihr eigenes Image demolieren.

Vorurteile, Oberlehrer, Sündenböcke

Aber auch viele Volksvertreter stellen die Lehrer gern rhetorisch in die Ecke. Die schönsten Vorurteile prominenter Politiker hat Josef Kraus, der Präsident des Deutschen Lehrerverbandes, zusammengestellt:[39]

Guido Westerwelle (FDP): »Es gibt schon einen Grund, warum immer weniger Jugendliche zu den Veranstaltungen der Grünen gehen: Die möchten nicht auch noch die Abende mit ihren Lehrern verbringen.« (Januar 1997)

Kurt Beck (SPD): »Was die Lehrer in einer Woche arbeiten, habe ich schon bis Dienstagabend geschafft.« (Das soll er am 18. September 1997 einem Diskutanten bei eingeschaltetem Mikrofon zugeflüstert haben.)

Günther Oettinger (CDU) soll sich vor dem CDU-Wirtschaftsrat Reutlingen/Tübingen mit der Bemerkung zu Wort gemeldet haben, Lehrer jenseits des 50. Lebensjahrs seien »faule Hunde«. (März 1999)

Hinzu kommt der bereits erwähnte legendäre Satz von Ex-kanzler Gerhard Schröder: »Ihr wisst doch ganz genau, was das für faule Säcke sind«,[40] worauf Wolfgang Wieland (Bündnis 90/Die Grünen) in einer Plenardebatte antwortete: »So faul wie diese Koalition kann kein Lehrer in diesem unserem Lande sein.«[41]

Schlagzeilen wie »Lehrer haben zu viel Freizeit«[42] oder abgedroschene Phrasen wie »Lehrer haben vormittags recht und nachmittags frei« vervollständigen das Bild.

Aber damit nicht genug: Gern wird auch der Oberlehrer aus der Schublade geholt, den es in der allgemeinbildenden Schule schon länger nicht mehr gibt, zumindest nicht als Amtsbezeichnung. Während es sich in der DDR um einen von der Partei verliehenen Ehrentitel handelte, wird der Begriff Oberlehrer heute als Schimpfwort und rhetorisches Mittel verwendet, um den Adressaten als Besserwisser darzustellen. Leider liefern die Plenardebatten des Deutschen Bundestages reihenweise Beispiele für dieses lehrerunfreundliche Verhalten. Sowohl in zahlreichen Redebeiträgen als auch in Zwischenrufen wird der Oberlehrer im Bundestag instrumentalisiert, so musste sich zum Beispiel Johannes Kehrs (SPD) bei einer Plenardebatte zum Länderfinanzausgleich von Sabine Weiss (CDU/CSU) den Zwischenruf »Oberlehrerhaft!« gefallen lassen; »Herr Oberlehrer!«, rief auch Alexander Ulrich (DIE LINKE) dazwischen.[43]

Nicht nur die Oberlehrer, auch die Lehrer selbst müssen immer wieder als Sündenböcke herhalten.

Je dichter dran, umso besser das Bild vom Lehrer

Ich bestreite nicht: Es gibt auch zahlreiche Äußerungen von Abgeordneten, die der Arbeit des Lehrers Empathie oder sogar Sachverstand entgegenbringen. Ganz im Sinne John Hatties betonte Michael Kretschmer (CDU/CSU) im Deutschen Bundestag: »Gute Lehrer sind das eigentliche Erfolgsmoment im schulischen System. Gute Lehrer sorgen auch für gute Ergebnisse ihrer Schülerinnen und Schüler.«[44]

Anerkennende Töne hat auch Sylvia Canel (FDP) angeschlagen, wenngleich nicht uneigennützig: »Verloren gegangene Anerkennung und Wertschätzung für die Lehrer und ihren Beruf müssen dringend zurückgewonnen werden. Deshalb müssen wir die am besten geeigneten Abiturienten und – diese dürfen wir nicht vergessen – die fähigsten Quereinsteiger gewinnen und motivieren, den Lehrerberuf, der eigentlich der schönste Beruf von allen ist – das sage ich aus eigener Erfahrung –, weil man mit jungen Menschen zu tun hat, zu ergreifen.«[45]

Nicht nur Frau Canel, sondern auch andere Politiker können mit einer Lehrerbiografie aufwarten. So zum Beispiel der SPD-Vorsitzende Sigmar Gabriel, ehemaliger Ministerpräsident von Niedersachsen, Bundesumweltminister und nunmehr Bundeswirtschaftsminister sowie Vizekanzler, soll in seinem früheren Leben als Deutschlehrer in Goslar tätig gewesen sein. Barbara Hendricks (SPD), die jetzige Bundesumweltministerin, soll immerhin das erste Staatsexamen für das Lehramt an Gymnasien besitzen. Den Lehrberuf verfolgte sie allerdings nicht weiter.

Gehen wir also davon aus, dass die Würdigung des Lehrers durch ehemalige Angehörige dieses Berufsstandes durchaus freundlicher ausfällt als von Menschen ohne Lehrerbiografie. Diese These wird gestützt durch eine weitere Befragung des Instituts für Demoskopie Allensbach: Demnach fällt die Bewertung des Lehrers durch Eltern mit schulpflichtigen Kindern positiver aus als von Eltern ohne Schulkind. Der direkte Kontakt wirke dem stereotypen Bild des faulen, jammernden Lehrers entgegen.

Und weil es viele Institutionen gibt, die sich intensiv mit dem Lehrerimage befasst haben, sei hier auf eine schöne Studie des Forsa-Instituts von 2011 verwiesen: In der Image-Rangliste mit dreißig Berufsgruppen landen die Lehrer immerhin auf Platz neun. Angeführt wurde das Ranking vom Feuerwehrmann, Schlusslicht war – auch kein Wunder – der Versicherungsvertreter.

MERKE: **Ist der Ruf erst ruiniert ...**

Bei so viel Hin und Her, positiver und negativer Bewertung, Wertschätzung und Geringschätzung, sollten Lehrer folgende Haltung einnehmen: Unser Image ist uns wurscht! Und wenn wir das nicht können, dann schließen wir uns dem Bildungshistoriker Heinz-Elmar Tenorth an: »Lehrerschelte ist ein Indiz erreichter Mündigkeit«[46] – also nichts als der natürliche Reflex einer sich emanzipierenden Schar Heranwachsender. Denn wer sein Leben lang pädagogisiert wurde, als Erwachsener die Schnauze voll hat von Pädagogen und kein gutes Haar mehr an ihnen lässt, der ist endlich flügge geworden!

Viele Glücksmomente!

Kein Mythos, sondern Wahrheit: Die meisten Lehrer gehen mit Interesse und Enthusiasmus an die Arbeit. Und weil Deutschland ein studiengläubiges Land ist, sei in diesem Kontext auf die Coactiv-Studie des renommierten Max-Planck-Instituts für Bildungsforschung verwiesen: Zwei Drittel der Teilnehmer zeigten sich mit ihrer Arbeit sehr zufrieden – und wollten weiterhin als Lehrer arbeiten.[47]

Auf dem ersten Elternabend nach den Sommerferien sagt Frau Pfennigschimmel drei folgenschwere Sätze: »Die Klasse ist wirklich großartig! Die Kinder machen alle super mit. Ehrlicherweise sollte ich dafür bezahlen, dass ich ihre Kinder unterrichten darf.«

Verunsicherte Blicke in der Elternschaft. Getuschel. Meint die das ernst? Will sie gute Laune zum anstrengenden Spiel verbreiten? Machen wir uns doch bitte nichts vor, normalerweise wird auf den Elternabenden darauf hingewiesen, wie unkonzentriert, wie abgelenkt die Schüler sind. Aber die Lehrerin ist neu und hat die 5. Klasse gerade erst im Musikunterricht übernommen. Nach drei Wochen ist das Bild vielleicht noch nicht so klar. Endlich traut sich eine Mutter laut zu fragen, ob die neue Lehrerin vielleicht die Klasse verwechselt hat. Sie kann nicht wirklich von unseren Kindern sprechen, die schon seit drei Jahren die Blockflöte verfluchen und sich glücklich schätzen, endlich nicht mehr die Einschulungsfeier durch eines ihrer Lieder begleiten zu müssen. Frau Pfennigschimmel meint aber tatsächlich, was sie sagt. Auch nach zwei Monaten ist sie immer noch von ihrer neuen Schule begeistert und langsam ahnen Kollegen und Eltern, welch herber Verlust diese Lehrerin für ihre ehemalige Schule sein muss.

Erstaunlich auch, was die Schüler neuerdings zu Hause vom Musikunterricht erzählen: »Die Lehrerin hat gesagt, dass alle beim Orchester mitmachen können. Auch die, die kein Instrument spielen. Und sie will versuchen, dass wir bei einem Projekt in der Philharmonie auftreten.« Die Eltern schütteln ungläubig die Köpfe. Aber plötzlich werden Instrumente in die Schule geschleppt, und der eine oder andere bringt es über sich, auch die verhasste Geige freiwillig anzufassen – und nicht wie bisher nur während des wöchentlichen Geigenunterrichts. »Diese Frau ist ein Phänomen«, sagen die Eltern, »ein absoluter Glücksfall!«

Das ist sie aber nicht. Unter einem Glücksfall verstehen wir einen Einzelfall. Von diesen Lehrern gibt es jedoch mehr, als die meisten meinen. Sie treten nur nicht unbedingt nach außen in Erscheinung. Und Schüler haben die traurige Angewohnheit, daheim nur äußerst selten von glücklichen Momenten des Schulalltags zu berichten. Beim Abendbrot werden eher die Ungerechtigkeiten auf den Tisch gepackt, aber nicht, welchen großartigen Mathematikwettbewerb Lehrer Härtel durchgeführt hat. Wie er und Frau Pfennigschimmel lieben auch sehr viele andere ihren Beruf.

»Aber Lehrer jammern doch nur«, echot es nun aus den Elternreihen. Stimmt nicht! Ich habe einige Kollegen gefragt, was sie glücklich macht und warum sie ihren Beruf gern ausüben:

Inga K., Grundschullehrerin:

»Der Beruf lebt eindeutig von seiner lebendigen Vielseitigkeit. Mindestens jedes zweite Jahr lerne ich neue Schüler kennen, ihre Bedürfnisse, ihre Fähigkeiten, ihre Ansprüche – denn darauf wird mein Unterricht aufbauen. Das ist für mich eine äußerst spannende Zeit. Ein zweiter mir wichtiger Punkt betrifft neue Erkenntnisse in den Fächern, die ich unterrichte. Lebenslanges Lernen ist ein Muss für jeden Lehrer. Nichts wäre schlimmer für mich, als zu merken, dass ich den Schülern nur einen Schritt voraus bin. Das ist für mich als Grundschullehrerin wahrscheinlich längst nicht so schwer wie für Lehrer an Gymnasien und Sekundarschulen. Ich schätze aber den ganzheitlichen Ansatz im Grundschulunterricht besonders. Ich liebe es, mit Kindern verschiedener Klassenstufen fachübergreifend in Projekten zu arbeiten. Am besten in Teamarbeit mit anderen Kollegen. Es macht mir großen Spaß, musische und bewegungsorientierte Aspekte in den Unterricht einzubeziehen, auch in Deutsch und Mathe.

Wenn ich ehrlich bin, gefällt mir auch die Möglichkeit, persönliche Schwerpunkte und Haltungen in die Unterrichtsgestaltung einzubringen, meine kindlichen, verspielten Seiten auszuleben – in den verschiedenen Rollen als Lehrerin, je nachdem vor welcher Klasse, vor welcher Altersstufe ich stehe. Zugegeben, eigentlich bräuchten wir Lehrer eine verbindliche Supervision. Sonst macht jeder, was er will.

Was mir den Beruf schwer macht? Zum Beispiel Fehlplanungen, also kein optimaler Einsatz von Kollegen nach dem Motto: Das geht jetzt nicht anders. Unpädagogische Klassenzusammenlegungen nach dem Motto: Das muss jetzt leider sein. Ungleiche Verteilung von Aufgaben nach dem Motto: Der Kollege ist gerade nicht so belastbar, das geht jetzt nicht anders.«

Eva E., Realschullehrerin:

»Für mich war der Lehrerberuf die zweite Wahl. Nach meiner Scheidung stand ich plötzlich völlig allein mit meinen beiden Kindern da. Ich war gezwungen, einen sicheren und gut bezahlten Beruf zu suchen. Da schien der Lehrerberuf nicht so weit entfernt. Mit 45 Jahren war ich dann fertig ausgebildete Lehrerin. Im Umgang mit den Eltern hat mir mein Alter sicher sehr geholfen. Es stand eben kein junges Küken vor ihnen, sondern eine gestandene Frau, die wusste, wie die Berufswelt außerhalb der Schule aussieht, und die selbst zwei Kinder hat. Vielleicht ist es meinem späten Einstieg geschuldet, dass ich meinen Unterricht immer äußerst präzise vorbereitet habe – nach dem Prinzip: Möglichst viel steuern, möglichst wenig Überraschungen. Man merkt sicherlich, dass ich nicht für den Beruf geboren wurde. So spielten sich meine Glücksmomente auch eher außerhalb des Klassenzimmers ab: in Gesprächen mit klugen, verständnisvollen und auch einsichtigen Eltern oder im Lehrerzimmer mit meinem Kollegen, von denen inzwischen einige zu meinen engeren Freunden gehören.«

Frank G., Gymnasiallehrer:

»Für mich hat das Verhältnis zu meinen Schülern absolute Priorität. Wenn ich sie nicht verstehe, können sie auch mich nicht verstehen. So einfach ist das. Daher sind Klassenfahrten für den Unterricht nicht hoch genug einzuschätzen. Ich habe als Lehrer die einmalige Möglichkeit, die Jugendlichen außerhalb des Schulalltags zu erleben und sie mich umgekehrt auch. Das stärkt nicht nur das Zusammengehörigkeitsgefühl. Ich kann mich anschließend besser in sie und ihre Gedankenwelt hineinversetzen. Damit habe ich es auch wesentlich leichter, meinen Stoff zu vermitteln. Wenn ich die Schüler auf Klassenfahrten erlebe, bekomme ich all ihre Seiten und Gefühlsebenen präsentiert: die fröhlichen, aber auch die traurigen. Gut im Gedächtnis ist mir eine Skifahrt geblieben: Zwei meiner Schülerinnen, die seit Jahren unzertrennliche Freundinnen waren, redeten plötzlich nicht mehr miteinander. Während die eine fröhlich Ski fuhr, wollte die andere noch nicht einmal mit auf die Piste, litt und weinte sehr. Die beiden lebten ihre Gefühlsschwankungen so ungeniert aus, dass die Stimmung der ganzen Klasse beeinträchtigt wurde. Ich fing also an zu vermitteln – um was es ging, ist im Nachhinein nicht wichtig. Ich fuhr zwischen Piste und Hütte ständig hin und her – so lange, bis ich sie am Nachmittag endlich so weit hatte, dass sie wieder miteinander redeten. Die Klasse atmete auf und ich auch. Am Abend kamen sie beide zu mir an den Tisch. Sie saßen einfach nur bei mir, während ich einen Brief an meine Frau schrieb, und begannen leise miteinander zu tuscheln. Für mich ein Moment, der zu den glücklichsten meines Berufs gehörte.«

Dorothee S., Grundschullehrerin:

»Schwierige Kinder, ihre Bedürfnisse und ihre Sorgen haben mich immer am meisten berührt. Lars zum Beispiel, ein Viertklässler. Mit ihm stritten zu Hause die Eltern und in den Schulpausen die Schwester. Er war in der Klasse oft aggressiv und fiel durch schwache Leistungen auf. Keinen Satz brachte er ohne Stocken, ohne Stottern heraus. Und kein Elterngespräch, um mir Unterstützung zu holen, war erfolgreich gewesen. Keines. Als er eines Tages die Geduld der Klasse und meine wieder mit äußerst langsamem und stockendem Lesen strapazierte, unterbrach ich ihn. Ich erklärte der Klasse, dass Kinder, die viel herumstreiten, mit den Streitereien noch lange innerlich beschäftigt sind und sich deshalb im Anschluss daran nicht gut konzentrieren können. Es entspann sich ein intensives Gespräch mit der Klasse, in dem viele Kinder zu diesem Thema lebendige Beispiele von sich selbst erzählten. Von ihren Nöten zu Hause, im Hort oder bei der Oma. Wie schwierig es sei, anschließend konzentriert zu lesen oder Hausarbeiten zu erledigen. Plötzlich unterbrach Lars das Gespräch. Er begann seine Textpassage neu und las sie uns völlig ohne Stottern und Stocken vor. Absolutes Schweigen in der Klasse – dann klatschten alle. Mir kamen fast die Tränen! Nach diesem Erlebnis kam Lars deutlich besser mit und hatte zu der Klasse einen anderen Zugang gefunden. Für solche Momente bin ich besonders gern Lehrerin. Dann liebe ich den Beruf.

Ullrich H., Gymnasiallehrer:

»An der Schule liebe ich als Erstes die Kinder und als Zweites die gesamte quirlige Atmosphäre. Es passieren oft vergnügliche Situationen, die gar nichts mit Unterricht zu tun haben und doch dazugehören. Morgens bin ich immer in Hektik. 5.30 Uhr klingelt der Wecker, und jedes Mal sage ich mir: Bitte nicht jetzt schon, nur noch mal kurz umdrehen – und dann, au verdammt, nun wird's knapp! Raus aus den Federn, rein in die alten Klamotten. Um sich nett zurechtzumachen mit frischer Kleidung, dazu reicht oft die Zeit nicht mehr. Gerade schaffe ich es noch rechtzeitig ins Klassenzimmer, alle Kinder sitzen bereits auf ihren Plätzen und schauen mich erwartungsvoll an. Plötzlich habe ich das Gefühl, als ob sich etwas an meinem linken Bein runterschlängelt. Ich schaue nach unten und sehe weißen Stoff, der aus meinem linken Jeansbein hervorlugt. Es sieht verdächtig nach der Unterwäsche vom Vortag aus. Ich fordere die Klasse auf, sich unsere selbsterstellen Fotografien an der Wand anzusehen und – jeder Gymnastiklehrer hätte mir Anerkennung gezollt – zack gebückt, das Corpus Delicti gegriffen, in meine Tasche gestopft und gleichzeitig gefragt, welches Bild der Harmonie des goldenen Schnitts am ehesten entspricht. Niemand hat die Unterhose des Lehrers bemerkt. Später im Lehrerzimmer ist das der Pausenfüller und animiert zum Erzählen so manchen Malheurs.

Wir haben unter den Kollegen immer viel Spaß. Und ja, die gute Laune nehme ich auch ins Klassenzimmer mit. Mit den Schülern lachen ist doch das Beste, was einem Lehrer passieren kann.

Christine S., Grundschullehrerin:

»An meiner Arbeit liebe ich vor allem die AGs. Ich leite seit Jahren eine Tanz-AG. Warum? Na, weil ich selber gern und viel tanze und es trotzdem nicht zum Profi geschafft habe.

Da liegt es doch auf der Hand, die Schüler für eine AG zu motivieren. Das Schöne an Schul-AGs ist: Es nehmen sowieso nur Kinder teil, die auch wirklich teilnehmen wollen. Wir nehmen uns dann einen Song vor, zum Beispiel ›Lemon Tree‹ von der Band Fool's Garden, entwickeln eine Choreografie und tanzen danach. Ob ich mittanze? Was für eine Frage – darum mache ich doch die AG! Letzte Reihe, aber mindestens so wild wie meine Schüler. Peinlich? Ach was, ich bin 58 und fit wie ein Turnschuh. Am Ende schreien wir im Chor ›Sind wir gut!? – Ja, das sind wir!‹ Habe ich schon gesagt, dass Schule irre anstrengend, aber auch irre schön ist?«

Diese Gespräche und Interviews sind natürlich nicht repräsentativ. Sie geben dennoch einen guten Einblick in die Intentionen unterschiedlicher Menschen, diesen Beruf zu ergreifen und auch bis zur Pensionierung auszuüben.

MERKE: Aha-Effekte machen happy!

Auch Eltern und Kollegen sorgen für Glücksmomente. Aber überwiegend lösen die Schüler die Endorphinausschüttung beim Lehrer aus. Wenn sie endlich etwas verstanden haben, wenn sie mit Spaß bei der Sache sind, wenn ihnen das Thema gefällt und sie zu eigenen Ideen anregt, wenn ein Knoten platzt, wenn zusammen gelacht, getanzt oder ein Problem gelöst wird, dann entsteht der Flow bei Lehrerin und Lehrer – und natürlich auch bei Schülerin und Schüler.

Die Schulleitung – Support-Service für Lehrer

Lehrer sind ein buntes Völkchen. Sie verbinden ihre persönlichen Interessen gern mit ihren schulischen Aufgaben, und das ist gut so. Man muss ihnen nur die Möglichkeit geben, auch in ihrem Lieblingsfach zu unterrichten oder zumindest eine der AGs zu leiten, die ihnen Spaß machen. Kaum ein Lehrer scheut sich davor, Herausforderungen anzunehmen oder Probleme zu bewältigen. Vielseitigkeit, eigene Gestaltungsmöglichkeiten, lebenslanges Lernen, Teamarbeit, großartige Schüler – das sind die Punkte, die genannt werden, wenn es um die positiven Seiten des Berufs geht.

Schwierig scheint für Lehrer hingegen, ausreichend Unterstützung für ihre Tätigkeit zu finden.

Ein guter Schulleiter hat vor allem in enger Zusammenarbeit mit seinem Stellvertreter ein guter Manager und Dienstleister für seine Lehrer zu sein. Sprich: Er muss ihnen den Rücken stärken und frei halten. Und er muss die Schule organisieren – den Stundenplan erstellen, sich mit den rechtlichen Vorgaben seines Bundeslandes auskennen, Personalgespräche führen, die Schulentwicklung vorantreiben, Fortbildungskonzepte für seine Lehrer erarbeiten, auf Gesundheitsvorsorge achten, Konfliktmanagement beherrschen und auch vorbildhaft seinen Unterrichtsverpflichtungen nachkommen.

Handelt es sich bei Schulleitern um Menschen, die Personalwesen oder Organisationsentwicklung, Marketing oder Recht studiert haben? Wir wissen, dass es nicht so ist. Wofür ist der Schulleiter ausgebildet? Nur für die letzte Aufgabe, seinen Unterrichtsanteil. Schulleiter sind Pädagogen, die zunehmend auch Managementaufgaben übernehmen. Das kann sehr gut funktionieren, aber auch sehr schlecht. Dann vergrault ein Schulleiter auch die besten Lehrer. Dann sorgt ein Schulleiter dafür, dass der Lehrer seine Energie nicht vornehmlich in den Unterricht stecken kann. Dann reicht der Schulleiter die Vorgaben des Bildungsministeriums einfach an seine Lehrer durch. Dann braucht man ihn eigentlich nicht.

MERKE: Verwaltungsleiter gehören an alle Schulen!

Auch ein Superlehrer braucht jemanden, der ihm den Rücken stärkt, der verlässliche Ansagen gibt und sein Personal entlastet. Darum sollte jeder Schulleiter eine verpflichtende Qualifizierung durchlaufen – mit einer Zertifizierung vor seiner Bewerbung um den Posten. Schulleitungen sollten auch die Qualität des Unterrichts überwachen. Dies passiert in der Praxis selten, weil die Verwaltungsaufgaben den Job zu stark bestimmen. Wie an den großen Schulen (zum Beispiel an den Oberstufenzentren[49]) sollten deshalb alle Schulleiter durch Verwaltungsleiter entlastet werden.

Eltern und Lehrer – Partner oder Gegner?

Kommen wir zu einer wortmächtigen Gruppe: den Eltern. Ohne ihre aktive Mitarbeit oder zumindest ihr Grundvertrauen gegenüber der Schule kann die Bildungsinstitution nicht optimal funktionieren. Doch wer sind diese Eltern? Unterstützen sie die Lehrer oder behindern sie diese in ihrer Arbeit?

Lehrerin Keller ist wirklich sauer, fühlt sich oft von Eltern gestört und teilweise sogar in ihrer Tätigkeit ausgebremst: »Was mich in meinem Beruf ärgert? Anmaßende, ständig fordernd auftretende Eltern. Die Lehrer schenken ihnen immer häufiger Beachtung. Und warum? Aus purer Angst vor rechtlichen Auseinandersetzungen.«

Eltern und Schule – ein Thema, das viel Konfliktstoff birgt –, so wird es zumindest medial vermittelt und prägt die öffentliche Meinung: »Die Panik der Eltern vor der falschen Schule« (*Berliner Morgenpost*), »Schüler und Eltern: Schule als feindliches Territorium« (*Focus*), »Genervte Lehrer: Die Eltern setzen immer den Direktor in cc« (*Spiegel Online*), »Kampfplatz Schule: Lehrer verzweifeln an Eltern« (*Spiegel Online*). Ist es wirklich so schlimm?

Selbsternannte Experten

Manche Themen eignen sich für Small Talk oder auch tiefergehende Gespräche zwischen Freunden, Bekannten oder Neubekanntschaften besonders gut. Themen, bei denen besonders viele selbsternannte Experten meinen, mitreden zu können.

Das gilt auch für die Bildungsthemen – jeder möchte, jeder kann etwas beisteuern. Es scheint einen inneren Drang zu geben, sich aktiv an schulischen Diskussionen zu beteiligen oder diese zu entfachen. Sei es, weil die Kinder oder Enkel noch nicht das Nest verlassen haben und man ständig Ärger mit ihren ausbleibenden Schulerfolgen hat, sei es, weil man zu einer der hauptberuflichen Lehrkräfte gehört oder als Hausmeister, Sekretärin oder Erzieher in einer Schule arbeitet. Oder sei es aus eigener Erfahrung als Schüler. Fast alle von uns haben irgendwann schon eine Schule von innen gesehen. Und viele leiten daraus das Recht ab, sich über den Lehr- und Lernbetrieb fundiert äußern zu können, auch ohne pädagogische Ausbildung. Und Bildungsfragen lassen sich doch sowieso mit dem gesunden Menschenverstand klären. Oder nicht?

Meine eigenen Eltern haben sich während meiner Schulzeit zu Hause nie negativ über die Schule oder gar einzelne Lehrkräfte in Anwesenheit von uns Kindern geäußert. Zwischen Elternhaus und Schulbetrieb passte (zu meinem Leidwesen) kein Blatt Papier, zumindest wurde mir dies erfolgreich suggeriert. Das heißt nicht, dass meine Eltern mit allem, was in der Schule passierte, einverstanden waren. Diese Dinge wurden bei persönlichen Terminen mit meinen Lehrern geklärt. Für mich stellte sich Schule und Elternhaus immer als eine von mir nicht zu knackende, durch den gemeinsamen Erziehungsauftrag vereinte Front dar. Das ist heute bei einem Teil der Eltern immer noch so – bei vielen besonders aktiven Eltern leider nicht. Je nachdem profitiert die Schule von dem Verhältnis zu den Eltern oder leidet unter ihm.

Rotstift und Rotwein

Mit Eltern zurechtzukommen ist doch kein Problem, betont Kollegin Weber, Grundschullehrerin. Im Gegenteil: Ihre Erfahrungen sind sogar sehr gut, selbst in Konfliktsituationen hat sie immer Fairness erlebt. »Meine Eltern haben viel Verständnis für mich, zu jeder Zeit.«

Sie erzählt eine Anekdote, die für sie repräsentativ ist für die Offenheit und das positive Grundverständnis ihrer Elternschaft. Nach Mitternacht saß sie an ihrem Schreibtisch, hatte noch fünf Hefte zu korrigieren und brauchte einen Muntermacher. »Keinen Kaffee. Ich goss mir ein Glas Rotwein ein, stellte das Glas oberhalb der Hefte ab und arbeitete nach folgendem Rhythmus: einige Zeilen Diktat, ein Schluck Rotwein und wieder ein Abschnitt Diktat, ein Schluck Rotwein und wieder ... das ging eine Weile so. Und da passierte es: Müde wie ich war, stieß mein Arm an das Glas. Der Wein ergoss sich über den Tisch, und ich konnte nur noch zuzusehen, wie ein roter Strom das vor mir liegende Heft tränkte. Oh Gott, was würde Karin sagen, wie werden ihre Eltern reagieren? Zu kaschieren gab es da nichts. Alle Seiten waren rosarot gefärbt und gewellt. Also hieß es Farbe bekennen und einen »Bekennerbrief« an die Mutter, Frau Klein, schreiben. Am nächsten Tag erklärte ich meiner Schülerin das Malheur, gab ihr Heft und Brief. Frau Klein schätzte ich als aufgeschlossene, unkomplizierte Persönlichkeit, wartete aber doch etwas unruhig auf ihre Reaktion.

Einige Tage tat sich nichts, dann begleitete sie ihre Tochter in die Klasse, lächelte mich an und entschuldigte sich, dass sie so in die Klasse hereingeplatzt komme, sie wolle mich nur kurz sprechen. Ihre Reaktion war umwerfend: »Frau Weber, was müssen Sie für einen Schreck bekommen haben, korrigieren da bis in die Nacht … ich bewundere die Lehrer sowieso, und dann geht Ihnen auch noch der Rotwein flöten.« Sprach's und zog mit den Worten »da darf ich doch für ein bisschen Nachschub sorgen« eine Weinflasche aus der Tasche. »Wann immer Sie mich für eine Klassenaktivität brauchen, stehe ich Ihnen zur Verfügung«, so verabschiedete sie sich und verließ lachend den Klassenraum. Mir fiel ein Stein vom Herzen. Frau Klein unterstützte übrigens sehr oft die Klasse bei Ausflügen und anderen Aktivitäten. Das Malheur hat der guten Eltern-Lehrer-Arbeit nicht geschadet, sondern sie gestärkt. Eltern schätzen wahre Worte und kein Drumherumgerede. In jeder Hinsicht.«

Kleine Egozentrikerin, großer Bluff

»Eltern? Zum Glück gibt es sie in der Schule!«, sagt auch Herr Gerdler, ebenfalls Lehrer einer Grundschule. »Ich brauche Harmonie in der Klasse, damit ich effektiv unterrichten kann. Wenn die Schüler nicht kameradschaftlich, nicht verständnisvoll miteinander umgehen, dann nutze ich die Unterstützung der Eltern. Das ist oft einfacher, als wenn ich mich allein abstrampeln muss.«

Dann schildert der Kollege folgenden Fall: »Ich hatte eine 1. Klasse übernommen, die zum Teil aus recht temperamentvollen und eigenwilligen Schülern bestand, alles schon kleine Persönlichkeiten. Nach einigen Wochen hatte ich sie ziemlich beisammen, das Klassenklima ausgeglichen und gut. Nur ein Mädchen, Lisa, sehr intelligent, künstlerisch begabt, witzig und sportlich, rastete gelegentlich aus nichtigen Gründen dermaßen aus, dass es nicht nur der Klasse, sondern auch mir den Atem verschlug: Sie warf sich schreiend auf den Boden, schlug mit Armen und Beinen wild um sich und verschwand schimpfend und weinend unter ihrem Tisch. Die Gründe hielt ich für belanglos, aber was weiß man schon, was in so einem kleinen Menschen vor sich geht.

Also führte ich Gespräche mit dem Kind, Gespräche mit der Mutter. Die Situation war für ein paar Wochen erträglich, bis es wieder zu einem unkontrollierbaren Ausbruch kam. Nach ihren Ausrastern verbannte ich die Schülerin in den kleinen Gruppenraum neben dem Klassenzimmer, pendelte nun hin und her und erklärte ihr, auch die Klasse sei solche Situationen langsam leid. Wieder ging es eine Weile besser – bis zum nächsten heftigen Wutausbruch. Da platzte mir der Kragen mit einer Lautstärke, die meine Schüler von mir nicht gewohnt waren. Ich beförderte die kleine Egozentrikerin wieder in den Gruppenraum, setzte mich dazu und sagte Lisa, sie könne ja in eine andere Klasse wechseln, wenn sie sich bei uns gar nicht wohlfühlte. Das sollte sie bitte ihren Eltern ausrichten.

»Mir ist wichtig, dass mein Kind richtig gesehen wird.«

Johannes K., Vater von Leo

Per Telefon bat ich die Mutter zum Gespräch. Was würde sie wohl sagen, wenn ich ihrem Kind einen Vorschlag dieser Art machte? So ganz wohl war mir nicht, denn pädagogisch war das nicht gerade lupenrein. Man darf nicht vergessen: Es handelte sich um eine Erstklässlerin! Im anschließenden Elterngespräch teilte ich der Mutter mit, es habe sich um eine durchaus ernst gemeinte Drohung gehandelt. Ich verschwieg allerdings, dass ich geblufft und mein Vorgehen vorher mit niemandem, vor allem nicht mit der Schulleitung besprochen hatte. Sie stimmte mir sofort zu: Ja, das sei das Wirkungsvollste, was ich Lisa »androhen« könne, denn sie wolle auf jeden Fall in der Klasse bleiben und werde sich zusammennehmen. Versprochen! Und siehe da: Es ging tatsächlich von Stund an bestens.

Die Mutter wurde übrigens meine Lesepatin, half überhaupt, wo immer es nötig war. Das ist nun zwanzig Jahre her, aber bis heute haben wir Kontakt. Ich bekomme regelmäßig

Urlaubsgrüße von Lisa, mit den Eltern treffe ich mich immer mal wieder in größeren Abständen.

Dahintergekommen bin ich bis heute nicht, was Lisa damals so verzweifeln ließ. Meine Reaktion beruhte auch mehr auf Intuition, aber darüber sollten wir in unserem Beruf ohnehin verfügen und im richtigen Moment einsetzen können, denn nicht alles ist akademisch erlernbar.«

Zwei Beispiele, die gut belegen, wie wichtig und wie positiv für alle Seiten ein gutes Miteinander zwischen Lehrern und Eltern sein kann. Es basiert im Wesentlichen auf einem Vertrauensvorschuss seitens der Eltern gegenüber dem Lehrer sowie einem grundsätzlichen, stillschweigenden Übereinkommen, dass beide Seiten das Beste für das Kind wollen.

Der Umgang mit Eltern will gelernt sein

So wie Schüler ihre Lehrer in Kategorien von gut bis schlecht einordnen oder Lehrer ihre Schüler, so lassen sich auch die Eltern aus Sicht der Lehrer klassifizieren: zwischen übereifrig und stets aktiv bis nie anwesend und nachlässig. Schattierungen im Zwischenbereich? Werden meist vernachlässigt.

Die Lehrer seien für den Umgang mit desinteressierten oder kaum sichtbaren Eltern auch gar nicht ausgebildet, konstatiert die *Süddeutsche Zeitung:* »Lehrer sind keine Sozialarbeiter, wenn sie Glück haben, bekommen sie einen an

die Seite gestellt.«[49] Da sage ich: Moment mal, schön langsam, wir Lehrer haben doch eine umfassende Ausbildung
erhalten! Wie man Elterngespräche führt, lernt man an
verschiedenen Stellen: an der Universität und danach im Referendariat. In der Uni ist in den Masterstudiengängen der
Erziehungswissenschaften gleich das erste Modul der »Beratung von Schülerinnen/Schülern und Eltern« gewidmet. Dabei erlernen die Studenten Gesprächs- und Problemlösungs-
techniken, sie erhalten alle Kenntnisse, die über den Umgang
mit lernbezogenen und sozialen Problemen erworben werden können. Auch im anschließenden Referendariat werden
die angehenden Lehrer auf die Elternarbeit vorbereitet. Kom-
munikationstheorien und ihre praktische Umsetzung sind
ebenso Bestandteil wie die Einbeziehung der Eltern in die
Entwicklungsprozesse ihrer Kinder oder lösungsorientierte
Konfliktgespräche.

Nichtsdestotrotz unterliegt die Ausbildung in diesem Bereich natürlichen Grenzen. Fallbeispiele und Rollenspiele
können ein »echtes« Elterngespräch eben nicht ersetzen.
Dieses findet als »training on the job« statt. Teilweise fehlt
noch eine Menge Übung. Theorie und Praxis klaffen auch hier
oft weit auseinander.

Es gibt keine fertigen Lehrer

Frau Greier, Mutter dreier Kinder, kommt entsetzt aus dem
Elterngespräch mit der neuen Klassenlehrerin ihres Sohnes.
Der ehemalige Klassenlehrer fand ihren Sohn humorvoll und

selbstbewusst – die neue Lehrerin betitelt ihn mit den Worten »theatralisch, borniert, bis hin zur Arroganz«. Das führt bereits im Vorfeld zu einer Verletzung, eine vertrauensvolle Zusammenarbeit mit der Mutter fördert es nicht. »Ich hätte es verstanden und auch akzeptiert, wenn sie mir gesagt hätte, dass sein Verhalten den Unterricht stört oder das Klassenklima beeinträchtigt. Sie hat ihm allerdings Charaktereigenschaften zugeschrieben, was ihr meiner Ansicht nach nicht zusteht, vor allem nicht nach nur fünf Wochen Unterricht.«

> »Gute Lehrer sehen das Kind als
> vielschichtige Persönlichkeit,
> erkennen Kreativität und Inselbegabungen.«
>
> Nicole K., Mutter von zwei Söhnen

Solche Ausrutscher sind zwar böse, aber doch eher selten. Denn den Junglehrern wird in ihrer Ausbildung einiges über Elternarbeit vermittelt. Begabtenförderung, Diagnose von Entwicklungs- und Lernständen sowie deren Voraussetzungen, sonderpädagogische Fördermaßnahmen, Berücksichtigung der kulturellen Vielfalt in einer Klasse sowie die entsprechende Konstruktion von Aufgaben – das alles geht nicht ohne Lernentwicklungsgespräche, ohne individuelle Lernberatung und Fördergespräche. Diese müssen nun einmal mit den Eltern geführt werden.

Nun fragen sich manche Eltern ein wenig sorgenvoll: Sind das zusammen mit dem Fachwissen nicht zu viele Inhalte, die ein Lehrer in seiner Ausbildungszeit erlernen muss? Ich sage: Keine Bange! Lehrer sind super, die können das! Und wer trotzdem Sorge hat, den tröstet das Berliner Handbuch zum Vorbereitungsdienst beziehungsweise Referendariat:

»Es gibt keine ›fertigen‹ Lehrer«[50] – zu diesem Befund kam eine empirische Studie, die außerdem belegte, dass sich wichtige berufsrelevante Überzeugungen (wie die »Selbstwirksamkeitsüberzeugung«) erst entwickeln, während der Beruf schon ausgeübt wird.[51]

Die Lehrerpersönlichkeit entwickelt sich also im Lauf der Zeit, erfindet sich immer wieder neu und – so ist zu hoffen – optimiert sich dabei. Wer sich noch nicht fertig fühlt, muss sich also keine Sorgen machen. Das gehört dazu, ist ganz normal und in den meisten Berufen der Fall.

Aber Eltern wehren sich gegen diesen Befund. Noch mehr: Sie haben ständig Sorgen, der Lehrer könnte noch nicht fertig sein, wenn er auf ihr Kind trifft. Dass der Lehrer erst im beruflichen Kontext reift, werten sie nicht so positiv. Nein, er soll sofort, ohne zu reifen, frisch vom Apfelbaum fallen. Vergessen wird allerdings: In jedem anderen Beruf gibt es auch Berufsanfänger – wie sollte es anders sein? Sonst würden alle Berufsgruppen mit der Zeit aussterben. Aber der mütterliche und väterliche Schutzinstinkt lässt lieber einen Bank-Azubi den sauer verdienten Lohn anlegen, als es hinzunehmen, dass ein Frischling auf das eigene Kind trifft. Lebenslanges Lernen wird als wichtig angesehen und natürlich auch dem Lehrer abverlangt – trotzdem soll dieser beim ersten Kind-Kontakt schon fertig sein.

Einwände gibt es viele, wir kennen sie alle:

»Der Assistenzarzt führt die OP auch nicht allein durch.«

Stimmt. Nur geht es in der Schule glücklicherweise nicht jeden Tag um Leben oder Tod.

»Aber es geht um die Biografie unserer Kinder!«, wird nun gekontert.

Richtig. Aber ich verspreche Ihnen, liebe Eltern: Auch Junglehrer sind gut gerüstet, um Kinder zu unterrichten. Es ist schließlich nicht nur langjährige Erfahrung, die einen Lehrer zum Lehrer macht. Um den Praxisschock zu lindern und falsche Routinen zu vermeiden, haben die Bundesländer eine Berufseingangsphase eingeführt. Neulinge erhalten Checklisten für die ersten Tage in der Schule, Tipps für ihr Gesundheits- und Zeitmanagement, Beratung zum Einsatz von Materialien für den Unterrichtsalltag, zur Planung und Vorbereitung von Klassenfahrten, zur Relevanz von Rechtsvorschriften und vieles mehr. In Fortbildungsveranstaltungen und Beratungsgesprächen werden Neulinge ein Jahr lang bei allen Problemen unterstützt, die sie allein nicht in den Griff bekommen. Durch Coaching oder Supervision werden Lehrer fit gemacht, um schwierige Situationen zu meistern. Wer vergessen haben sollte, was er im Studium und in der Ausbildung gelernt hat, der kann getrost im Handbuch »Berufseingangsphase« auf wertvolle Tipps zurückgreifen.

Und wer sich nicht sicher ist, ob er die Hinweise richtig verstanden hat und sie in dieser Form tatsächlich ernst gemeint sind, der sollte sich mit einer netten, aufgeschlossenen Lehrkraft darüber beraten. Kollegiale Fallberatung nennt man das, wenn Lehrer Lehrer unterstützen.

Liebe Eltern, Sie sehen: Die Lehrer sind sehr wohl auf die

Schule, den Unterricht und auch Ihre Kinder vorbereitet, die vielleicht nicht immer so wollen, wie der Lehrer will. Ein bisschen Reifezeit müssen wir ihnen schon zugestehen.

Der Elternführerschein

Doch sind Lehrer auch auf die unterschiedlichen Eltern, insbesondere auf engagierte Eltern vorbereitet?

»Wer an meine Schule will, der belegt zunächst ein Elternseminar«, erzählt eine Schulleiterin einer Berliner Sekundarschule. »Ohne Elternseminar keinen Schulplatz.« Mit dem Schulgesetz geht das zwar nicht konform, aber noch haben sich keine Eltern beschwert und besuchen gehorsam die Seminare, in denen ihnen erklärt wird, wie sie ihr Kind beim Lernen begleiten können. Denn allen ist klar: Eigentlich kann Schule nur funktionieren, wenn Lehrer und Eltern nicht gegeneinander arbeiten, sondern zum Wohl der Schülerinnen und Schüler an einem Strang ziehen. (In den Privatschulen läuft das in der Regel besser: Dort geht der Anmeldung eine bewusste und aktive Entscheidung der Eltern voraus, Vertrauensvorschuss inklusive.)

Aber nicht nur Schulen, sondern auch Städte und Kommunen bieten Elternseminare an, einerseits um Kinder und Jugendliche in ihrer wichtigsten Entwicklungsphase besser unterstützen zu können, andererseits um die Bindung von Eltern an Lerninstitutionen zu festigen. Die Themenbereiche sind vielfältig, hier ein paar Beispiele der Stadt Stuttgart:

- Erwachsen werden heute – Welche Grenzen und welche Freiräume brauchen Heranwachsende?
- Umgangsformen zwischen Provokation und Rückzug
- Probleme in der Schule
- Meine Tochter wird zur Frau – mein Sohn zum Mann
- Miteinander im Gespräch bleiben – aber wie?
- »Ohne Moos nix los« – Jugendliche und Konsum[52]

Außerdem werden verschiedene Erziehungsstile diskutiert, Fragen zur Konfliktlösung erörtert, wie Eltern ihren Kindern Mut machen können, sowie Informationen zur Rollenverteilung in der Schule gegeben. Letzteres ist immens wichtig, denn dieser Punkt bildet beim schulischen Miteinander oft den Schwerpunkt von Auseinandersetzungen.

»Nicht immer werden die Energien in der Kommunikation zwischen Schule und Elternhaus optimal genutzt«, heißt es auf der Website der Käthe-Kollwitz-Gesamtschule Mühlenbecker Land. »In den Elternseminaren wollen wir an der Beseitigung von Missverständnissen arbeiten, uns austauschen über unsere Erwartungen gegenüber anderen und über Wertvorstellungen und Fragen der Erziehung sprechen.«[53]

Warum diese Elternkurse so wichtig sind, lässt sich also auf einen einfachen Nenner bringen: Kernpunkt ist das Vertrauen aller Beteiligten – Eltern, Lehrer und Erzieher – in die Entwicklungspotenziale der Kinder, aber vielmehr noch in die Lehrmethoden und Kompetenzen der Lehrkräfte.

Unumstößliche Instanzen

Ein weiterer frommer Wunsch, der gerne postuliert wird, ist der Wunsch der Lehrer nach Unterstützung durch die Eltern. Da ist uns oft gar nicht zum Lachen zumute, denn wir wissen: Manche der Eltern, deren Kinder wirklich über alle Stränge schlagen, zeigen entweder überhaupt kein Interesse an der Schule, oder sie machen den Lehrern unmissverständlich klar, was sie von ihnen halten. Und das, so glauben Sie mir, wollen wir hier nicht in Worte fassen müssen.

»Ich merke sofort, wenn Eltern zu Hause respektlos über Schule und insbesondere über mich reden«, berichtet Frau Stahnke, »dann sieht das Kind natürlich nicht ein, warum es in der Schule auf mich hören soll. Papa und Mama sind – und so soll es auch sein – unumstößliche Instanzen. Der umgekehrte Fall macht sich ebenfalls sofort bemerkbar. Wenn Eltern ihren Kindern klarmachen, dass die Entscheidung der Lehrerin richtig war und sie selbstverständlich auf mich zu hören hätten, dann erleichtert mir das meine Arbeit.«

Ja, das war der Vorteil früherer Zeiten: Da zogen Lehrer und Eltern an einem Strang. Das war oft auch höchst ungerecht – zumindest habe ich das so empfunden. Für den Lehrer war es natürlich einfacher: Er musste sich nicht damit auseinandersetzen, welchen Erziehungs- und Unterrichtsstil die Eltern wohl schätzen würden, welche Erziehungsmaßnahmen die Eltern für angebracht oder unangebracht hielten. Er konnte davon ausgehen, dass er in der Schule das alleinige Sagen hatte und die Eltern zu Gesprächen selbstverständlich in die Schule zitierte. Diese klare Rollenverteilung hatte auch einen Nachteil: Viele Probleme kamen nicht auf den Tisch, sondern wurden unter den Teppich gekehrt. Dass Kinder zum Teil mit großer Angst in die Schule gegangen sind, dass sie sich noch nicht einmal ihren Eltern anvertrauen konnten, wenn sie herabgewürdigt oder gar sexuell missbraucht wurden, ist furchtbar.

Wenn's zu Hause nicht läuft ...

Immer wieder wird die Arbeit der Pädagogen von Elternseite hinterfragt, also ist der Dialog zwischen beiden Gruppen ein Thema. Viele Schulen haben für sich ein Leitbild entwickelt, in der Hoffnung, dass sich eine wechselseitige Wertschätzung zwischen Eltern, Lehrern, Erziehern und Schülern entwickelt. Bezugsgröße bleibt dabei das Kind. Einige Schulen führen Klimakonferenzen durch. Dort benennen Eltern Probleme und erarbeiten zusammen mit Lehrern Lösungsvorschläge. Diese Konferenzen fungieren sozusagen als Blitzableiter.[54]

Klimakonferenzen, Elternführerscheine, Elternseminare oder Elterntraining – das sind die gängigen Instrumente, um einerseits für die Bildungsinstitution Schule zu werben und andererseits Verständnis für ihr Bedürfnis nach einem harmonischen Miteinander der Beteiligten zu entwickeln. Von München über Stuttgart bis Berlin versuchen Lehrkräfte und Schulleiter, Eltern für die schulischen Bedürfnisse ihrer Kinder zu sensibilisieren. Das Konzept des Elterntrainings kommt unter anderem vom Bildungsforscher Klaus Hurrelmann, der für ein engeres Miteinander von Erziehung und Bildung plädiert: »Lernlust, Leistungsfähigkeit und soziale Einstellungen werden nämlich nach wie vor durch die Eltern geprägt – selbst wenn sich das Kind einen großen Teil des Tages in öffentlichen Einrichtungen aufhält.« Und weiter: »Wir dürfen nicht bloß die Kinder direkt fördern, sondern auch die Eltern.«[55]

»Mein Superlehrer ist eine souveräne Person, die streng ist und klare Regeln vertritt. Meine Kinder mögen es überhaupt nicht, wenn Lehrer zu nachgiebig sind – dann wird sich zu Hause über sie lustig gemacht.«

Anne H., Mutter von zwei Kindern

Das spricht vielen Lehrern aus der Seele. Wir können uns nämlich abrackern, wie wir wollen – wenn's zu Hause nicht einigermaßen läuft, läuft's auch nicht in der Schule. Für uns Lehrer ist diese Situation nach wie vor problematisch. Die interessierten Eltern nehmen sowieso zu uns Kontakt auf, an die anderen ist nur schwer heranzukommen.

Eine weitere Frage ist berechtigt: Warum sollen nur Kinder auf den Schulalltag vorbereitet werden? Für die Eltern ist die Umstellung ebenso groß. Und wir wissen: Für manche Familien ohne geregelten Arbeitstag bringt die Schule überhaupt erst Struktur in den Alltag, weil sonst niemand freiwillig um 7.00 Uhr aufstehen würde.

An dieser Stelle bietet es sich noch einmal an, auf John Hattie zu verweisen: Viele Punkte, die den Lernerfolg bei Kindern und Jugendlichen senken, sieht er im außerschulischen

246

Leben begründet. Dessen Ablauf wird weitgehend durch die Eltern bestimmt: Mobilität, Fernsehen und Familiensituationen, die von Kindern als belastend empfunden werden können, wie zum Beispiel getrennt lebende Eltern. Wir kennen alle großartige Alleinerziehende, deren Kinder Lernerfolge erzielen, von denen andere nur träumen können. Die Crux liegt wohl darin, wie die Erwachsenen mit ihrer Trennung umgehen und ob sie ihren Kindern das Gefühl ermöglichen, trotzdem auf sicherem Boden zu stehen – im besten Fall nun auf zwei sicheren Böden. Eltern, die es im Beruf oder im Privaten schwer haben, können sich freuen, wenn ihnen Lehrer zur Seite stehen, die ihnen auch mit Hinweisen und Ratschlägen manchen Kampf mit dem Sprössling erleichtern. Aber Hilfestellung muss auch erfragt, auch angenommen werden.

MERKE: Eltern müssen in die Pflicht genommen werden

Elternseminare und Elternführerscheine sind probate Mittel für ein verständnisvolles Miteinander in der Schule. Eine Teilnahme aller Eltern könnte dem ganzen Thema einen positiven Schub geben – und die Lehrer erheblich entlasten. Allerdings nehmen wie bei vielen freiwilligen Angeboten häufig die »falschen« Eltern teil, die sowieso sensibilisiert sind und Interesse an Lehrern und Schule haben. Also bleibt nur die Verpflichtung aller Eltern zur Teilnahme schon bei der Schulanmeldung – ohne Zwang wird das nichts.

Elterntypen: Helikopter, Ignoranten, Querulanten

Manche Eltern können äußerst diskussionsfreudig sein und dem Lehrer graue Haare wachsen lassen. Und wie sieht es mit all den anderen Eltern aus? Kommt man mit ihnen besser klar?

»Bei uns engagiert sich nur ein kleiner Elternteil«, berichtet Frau Böhm, Gesamtelternvertreterin. »Du siehst immer die gleichen Gesichter beim Weihnachtsbazar oder beim ehrenamtlichen Putztag. Ich ärgere mich manchmal darüber, dass andere Eltern nicht mithelfen. Riesenthema waren über Jahre die dreckigen Toiletten. Wir haben uns überlegt, eine zusätzliche Putzhilfe zu finanzieren. Das hätte jeden Schüler einen Euro im Monat gekostet. Doch als es um diese kleine finanzielle Beteiligung ging, wurde das Thema plötzlich uninteressant. Eltern signalisieren damit: Man braucht sich nicht zu beteiligen. Das verstehe ich nicht.«

Mit der Schilderung spricht sie drei Elterncharaktere an: die Engagierten, die Desinteressierten und die Nörgler, die trotzdem nicht bereit sind, an Verbesserungen mitzuwirken. Wie geht der Superlehrer mit diesen Eltern um? Wie gelingt es ihm, nicht an ihnen zu verzweifeln? Was würde er raten?

Engagierte und überengagierte Eltern

Es gibt zahlreiche Eltern, die sich für die Schule, die Klasse ihres Kindes engagieren und damit die Lehrer unterstützen. Sie investieren Zeit, etwa für handwerkliche Arbeiten, als Lesepate oder Begleitung bei Ausflügen. Manchmal investieren sie auch Geld, zum Beispiel für den Förderverein, der die Schule unterstützt. Das ist großartig, und das ist gut so.

»Wenn ich Hilfe brauche, dann telefoniere ich einfach die Klassenliste durch«, Kollege Kamberg. »Bislang hat jeder geholfen, der helfen konnte. Wir – damit meine ich Schüler, Eltern und mich – sind ein festes Team.« Er spricht von »gesunder Anteilnahme am Schulleben« und »ausgewogenem Engagement der Eltern«.

Dann gibt es einen Teil überaus engagierter Eltern, die aber nicht die Schule, die Klassengemeinschaft und den Lehrer im Blick haben, sondern nur und ausschließlich ihr eigenes Kind. Das sind Eltern, die vor den Schulen ein Verkehrschaos verursachen, damit das Kind die hundert Meter nicht laufen muss. Die gern direkt vor dem Unterricht noch »ganz kurz« mit dem Lehrer ein wichtiges Gespräch führen wollen. Die sich über das Schulessen aufregen – aber zu Hause »ausnahmsweise mal« was Tiefgefrorenes oder Süßes bereithalten. Die die Sitzordnung bestimmen wollen, damit das eigene Kind auf keinen Fall hinten sitzen muss (wegen Hör-, Seh- oder anderer Schwächen bei dem sonst überbegabten Kind.)

Das sind Eltern, die bei Hausaufgaben mitarbeiten und sich furchtbar über schlechte Noten aufregen, weil sie mit ihren Kindern intensiv geübt haben.

»Die Eltern signalisieren damit, dass sie Externe, nämlich Lehrer, für die schlechten Leistungen ihrer Kinder verantwortlich machen möchten«, sagt Josef Kraus, Präsident des Deutschen Lehrerverbandes. »Dabei wäre es oft so unendlich wichtig, dass sich Eltern zurücknehmen, anstatt sich in einer das Kind fesselnden Distanzlosigkeit in eine totale Symbiose zu begeben. (...) Diese Psychodynamik geht nicht selten einher mit verklärten Visionen von einem perfekten, tollen Kind. Daraus entsteht für Kinder eine fatale Gemengelage aus maximaler Verwöhnung und gigantischem Erfolgsdruck.« Er spricht von »Gluckenfalle« für die Kinder, vom Prinzen- und Prinzessinnensyndrom quer durch alle Schichten.[56]

»Helikopter-Eltern« ist ein weiterer Modebegriff, mit dem Menschen gerne betitelt oder gar in diesem Sinne diffamiert werden, die das Elterndasein zum Beruf erhoben haben.

»Ich traue mich schon nicht mehr, mich an der Schule meiner Kinder blicken zu lassen«, erzählt Frau Schiffer, Elternvertreterin in Hamburg. »Sonst nennen mich meine Freundinnen gleich wieder Übermutter. Dabei meine ich es doch nur gut!«

Wenn Eltern überengagiert sind und die Schule zu ihrem Hobby auserkoren haben, dann müssen Lehrer mit ständiger Einmischung rechnen und diese so schnell wie möglich regulieren. Doch andererseits steckt in diesem überdurchschnittlichen Engagement ein unglaubliches Potenzial, eine nicht zu unterschätzende Kraft, die die Schule für sich auch nutzen kann: Dieser Elterntyp lässt sich gern einbinden, sei es für die Unterstützung oder sogar Ausrichtung der zahlreichen Schulfeste, sei es, um die administrative Obrigkeit wirkungsvoll auf Missstände hinzuweisen und auf deren schnelle Beseitigung zu drängen. Überengagierte Eltern haben zudem kein Problem damit, mit Schulaufsicht und Ministerien zu verhandeln oder mit Medien zu sprechen.

Auch Frau Schiffer lässt sich nicht in ihrem Engagement beirren: Gerade hat sie an einer Petition zur Rückkehr zu G9 mitgewirkt und kämpft gegen das pädagogische Konzept der Ganztagsschulen. »Denn diese Schulen lassen den Familien kaum noch Zeit mit ihren Kindern.« Weil sie selbst Berufsmutter ist und ihr Kind auch gern zu Hause fördert, hat sie dafür kein Verständnis.

MERKE: Überengagierte Eltern sind das kleinere Übel

Wenn sich Helikopter-Eltern über die Sitzordnung beschweren, dann ist das natürlich überzogen – trotzdem können sich Lehrer über sie freuen. Denn das ist weit besser, als wäre ihnen die Schule und alles, was dort passiert, völlig egal. Das wäre wirklich schlimm.

Desinteressierte Eltern

»Meine Elternabende sind überschaubar«, erklärt mir Kollege Frensch. »Wir sind eine nette, kleine eingeschworene Gemeinschaft von zehn Leutchen, die sich nun seit zwei Jahren kennt. Die anderen kommen einfach nicht.«

Es gibt sie auch noch in Zeiten der Bildungspanik, die desinteressierten Eltern. Leider sind es nicht wenige: Eltern, die sich aus unterschiedlichen Gründen nicht am Schulleben beteiligen wollen oder können. Eltern, die meinen, die Schule habe ihren Bildungsauftrag doch bitte allein zu bewältigen. Eltern, denen die Schule tatsächlich völlig egal ist, weil sie selbst keine Perspektiven für ihr Kind sehen. Und Eltern, die aus Zeitgründen der Schule voll und ganz vertrauen, weil es so schön praktisch ist.

Diesen ignoranten Elternblock zu erreichen stellt eine wahre Herausforderung für den Lehrer dar. Denn diese Eltern treten nur ungern in Erscheinung, selbst (oder vielleicht auch gerade) dann nicht, wenn es Probleme gibt. »Herr Stötzer, Sie wissen ja, um diese Uhrzeit muss ich noch arbeiten; ich muss eigentlich die ganze Zeit arbeiten, da kann ich nicht einfach mal vorbeikommen.«

Es gibt viele Lehrer, die sich ein Bein ausreißen, um mit desinteressierten Eltern ins Gespräch zu kommen, wenn es für die Entwicklung des Kindes, des Jugendlichen notwendig ist. Das sind Lehrer, die am Telefon nicht lockerlassen, bis der Vater endlich in der Schule erscheint. Die mit dem Jugendamt drohen müssen, damit das Kind pünktlich zur Schule geschickt wird. Und die sich zur Not mit dem Schulsozialarbeiter auf den Weg machen, um die Eltern und den Schüler zu Hause zu besuchen. Das sind die wahren Helden! Lehrer, die kein Kind aufgeben und an jeden ihrer Schüler glauben. Lehrer, die Kindern nicht nur Lernstoff vermitteln, sondern Perspektiven aufzeigen wollen, die mit ihren Schülern Betriebsbesichtigungen und Berufsmessen besuchen und jeden einzelnen verpflichten mitzukommen.

MERKE: Superlehrer haben keine Angst vor Ignoranten

Liebe Lehrer: Lasst euch von desinteressierten Eltern nicht abschrecken und setzt auf eine gute Lehrer-Schüler-Beziehung.

Nörgelnde Eltern

Die Gruppe der Querulanten ist, wenn auch klein, nicht zu unterschätzen. Ein Querulant kann bereits die nette Atmosphäre eines zeitlich kurz gedachten Elternabends sprengen. Und meistens mit unbefriedigendem Ergebnis. Herr John zum Beispiel hat sich das Schulmittagessen auf seine Fahnen geschrieben. Allein in der letzten Woche sei sein Sohn Yannik an drei Tagen hungrig nach Hause gekommen. »An drei Tagen! Das sind im Monat also mindestens zwölf Tage, an denen das Essen ungenießbar ist! Für dieses großartige Essensangebot gebe ich nun monatlich 37,50 Euro aus, um meinem Sohn noch zusätzliches Essen mitzugeben.« Er schaut sich im Raum um, einige Eltern nicken ihm zustimmend zu. Die Lehrerin nimmt die Sorge des Vaters ernst. Sie schlägt ihm vor, sich beim Mittagessensausschuss der Schule zu engagieren, der sich einmal im Monat mit dem Caterer trifft, um Wünsche oder Probleme anzusprechen. John passt der Vorschlag gar nicht, er brummt ein »dafür habe ich nun wirklich keine Zeit« – ist aber für den Rest des Abends still. Nörgelnde Eltern mögen die Schule als Institution nicht, sehen Lehrer zum Teil als Konkurrenten und suchen mit ihrem demonstrativen Gemecker, das sie selbst als »kritische Begleitung« beschreiben würden, Sympathie und Zustimmung bei anderen Eltern.

MERKE: Keine Macht den Querulanten!

Der Nörgler hat im Grunde kein Interesse, sich für die Schule oder gar für Veränderungen zu engagieren. Der kluge Lehrer bindet den Nörgler deshalb ein, versucht ihn für eine Lösung zu gewinnen und kann ihn so (meistens) entlarven.

Elterngespräche

So wichtig individueller Umgang mit den Schülern ist, so wichtig ist auch die differenzierte Herangehensweise an die Eltern. Der Lehrer darf nicht vergessen: Eltern können ihre Kinder nur schwer objektiv einschätzen. Darum geht der gute Lehrer zunächst behutsam in das erste Elterngespräch.

Zuallererst führt ein guter Lehrer das Elterngespräch nicht unter Zeitdruck! Manche Kollegen werden einwenden: »Das ist bei so vielen Eltern schier unmöglich!« Stimmt. Umso wichtiger ist es, das Gespräch gut vorzubereiten. Der Superlehrer macht sich im Vorfeld einige Notizen zum Gesprächsanlass und je nachdem, ob es um das Sozialverhalten oder die Leistungsergebnisse des Schülers (oder beides) geht, strukturiert er das anstehende Gespräch nach folgenden Gesichtspunkten:

- Wann, wo und wie hat sich der Schüler problematisch verhalten?
- Welche Auswirkungen hat das Verhalten auf die Klasse und auf den Lehrer?
- Welche Konsequenzen hat das Verhalten für den Schüler selbst?
- Was habe ich als Lehrer bisher unternommen, um dieses Verhalten zu unterbinden?
- Welche Erfolge haben meine Maßnahmen gezeigt?

Für das Thema Leistungsstand berücksichtigt er in seiner Vorbereitung folgende Punkte:

- Bei welchen Aufgaben hat der Schüler Probleme?
- Kann ich den Eltern den Leistungsabfall dokumentieren? Liegen mir dafür Arbeiten oder Tests vor, die ich den Eltern zeigen kann?
- Welche individuellen Fördermaßnahmen habe ich inzwischen in die Wege geleitet?
- Welche Maßnahmen zur Unterstützung des Schülers können die Eltern durchführen, welche kann ich durchführen?
- Welches Potenzial sehe ich in dem Schüler? Worin bestehen seine Stärken?

Sie, liebe Eltern, können wiederum aus diesen Punkten Ihre Fragen an die Lehrer formulieren:

- Bei welchen Aufgaben hat mein Kind Probleme?
- Können Sie mir Arbeiten oder Tests zeigen, die den Leistungsabfall dokumentieren?
- Welche Fördermaßnahmen haben Sie bereits eingeleitet?
- usw.

Für den Lehrer ist außerdem Selbstreflexion im Vorfeld hilfreich: Mit welchen Gefühlen, mit welcher Einstellung werden ihm die Eltern gegenübersitzen? Was mag man an ihrem Kind besonders, was nicht? Das ist manchmal schwierig. Ein guter Lehrer wird immer darauf bedacht sein, alle Kinder gleich zu behandeln und keine nennenswerten Präferenzen zu hegen. Er wird glauben, stets tiefer zu blicken, und die Goldkettchen, Pickel, fettigen Haare und dick überschminkten Gesichter nicht zu sehen. Er hält es so, wie der Fuchs in *Der kleine Prinz* von Antoine de Saint-Exupéry: »Man sieht nur mit dem Herzen gut.« Trotzdem ist es nicht selbstverständlich, dass die Zuneigung, zumindest Akzeptanz von allein funktioniert. Je nach Charakter und Wesen des Schülers – und des Lehrers – fällt das mehr oder weniger leicht.

Flexibel bleiben, Eltern entgegenkommen

Nach der Problemanalyse folgen die Handlungsempfehlungen, die ein Lehrer schon vor dem Gespräch klar umrissen haben sollte. Aber Achtung: Diese können sich durchaus während des Gesprächsverlaufs ändern! Es bringt wenig, einem Vater zu sagen, er solle seinen Sohn früher ins Bett schicken, damit er nicht im Unterricht schläft, wenn sich herausstellt, dass der Vater nur noch sporadisch zu Hause wohnt oder für eine Nachtschicht nach der anderen eingeteilt wird. Da ist Flexibilität gefragt.

Haben die Eltern den Lehrer um ein Gespräch gebeten, dann wird es schwieriger. Dann darf der Lehrer davon ausgehen, dass die Eltern unzufrieden sind, meistens mit ihm selbst (Notengebung, Gerechtigkeit, Unterrichtsinhalte, Sitzordnung – das sind die gängigen Themen), manchmal auch mit dem Verhalten anderer Schüler. Wichtig ist, immer nach dem Gesprächsanlass zu fragen, um ausreichend vorbereitet zu sein. Und ebenso wichtig ist es, einen positiven Gesprächsrahmen zu gestalten. Dieser fängt schon bei der verabredeten Zeit an: »Ich arbeite in einem Blumenhandel«, erzählte mir eine Mutter, »wir beginnen um 9.00 Uhr und schließen um 18.00 Uhr. Ich könnte allerdings in meiner Mittagspause schnell vorbeikommen.«

Das Wörtchen schnell sagte schon alles. Ich stellte mir vor, wie die Mutter zur Schule hetzt, ihr Anliegen vorträgt, bemüht in möglichst kurzer Zeit ihre wichtigsten Botschaften zu vermitteln, von mir schnellstmögliche Einsicht verlangt und mit guten Ratschlägen meinerseits zu ihrem Geschäft zurückfährt, um nach 45 Minuten ihren Kunden wieder lächelnd gegenübertreten zu können. Für mich wäre das praktisch gewesen, weil ich mittags auch etwas Zeit hatte. Aber wer als Lehrer nicht bereit ist, die Berufstätigkeit der Eltern zu berücksichtigen, der braucht sich am Ende nicht zu wundern, wenn Gespräche in einer angespannten Atmosphäre verlaufen. Deshalb bereite ich mich ausnahmsweise in der Schule auf den nächsten Tag vor und lege Gesprächszeiten mit Eltern auf 18.30 Uhr. Ich habe die Erfahrung gemacht, dass Entgegenkommen und Flexibilität honoriert werden und zum entspannten Gesprächsverlauf beitragen.

Ein weiterer Aspekt, mit dem sich leicht punkten lässt, ist die Frage der Stühle, die man den Eltern anbietet. Gerade in der Grundschule sollte man darauf achten – stellen Sie sich vor: Die zierliche Grundschullehrerin Frau Seifert sitzt an ihrem Lehrerpult auf einem Lehrerstuhl – ihr gegenüber Vater Müller, 1,85 Meter groß und 87 Kilo schwer auf einem winzigen, roten Zwergenstuhl für ABC-Schützen, der gerade mal die Hälfte der benötigten Sitzfläche hergibt und sich unter Vater Müllers Gewicht biegt. Damit hätte Frau Seifert eine Gesprächsatmosphäre geschaffen, die zu Recht als ungemütlich zu bezeichnen wäre. (Übrigens: Eltern haben das Recht, nach einer angemessenen Sitzgelegenheit zu fragen.)

Wie beim Speed-Dating: Der Elternsprechtag

Besonders prickelnd sind die von der Schule angesetzten Elternsprechtage, an denen im Zehnminutentakt Mütter und Väter alle Schulprobleme, Noten, Wünsche und so weiter auf einmal mit dem Lehrer diskutieren sollen. Da geht es vor allem darum, in möglichst kurzer Zeit viel Empathie zu zeigen und zwei oder drei gezielte Botschaften zu platzieren.

Unangenehm kann es werden, wenn man weder Eltern noch Schüler kennt oder einzuordnen weiß – etwa weil man die 32 Schülerinnen und Schüler in der 7. Klasse erst vor Kurzem übernommen hat.

»Ja, also Ihr Sohn ist sehr ruhig und unauffällig. Er sollte sich viel mehr im Unterricht beteiligen«, so musste ich in meinem ersten Berufsjahren den drängenden Fragen engagierter Eltern ausweichen. In der Tat hatte ich einmal überhaupt keine Ahnung, über wen wir gerade sprachen. Im Musikfachraum saßen die Schüler seinerzeit im Kreis in ständig wechselnden Sitzordnungen. Da fielen einem nur die sehr guten oder die eher schwachen Schüler in der Gruppe auf. In meinen sehr allgemein gehaltenen Floskeln konnten die Eltern ihren Sohn kaum wiedererkennen. Als die Fragen immer bohrender wurden, musste ich schließlich Farbe bekennen und erklären, dass ich die einzelnen Schülerinnen und Schüler der Klasse nach der kurzen Zeit noch nicht gut kannte und mir daher ihr Sohn auch noch nicht – weder positiv noch negativ – aufgefallen sei. Glücklicherweise nahm die Geschichte ein für mich versöhnliches Ende: Die Mutter bat ihren Mann, mir ein Foto zu präsentieren. Der fand aber auch nach längerem Suchen keines in seiner Brieftasche, woraufhin seine Frau fuchsteufelswild wurde und sich bei mir für ihren Mann entschuldigte. »Sehen Sie, Herr Stötzer, nicht einmal ein Foto hat er von unserem Sohn!« Ich war aus dem Schneider.

Das ist mir allerdings nur ein Mal bei meinem ersten Elternsprechtag passiert. So schlecht vorbereitet war ich nie wieder.

Nicht verurteilen, sondern Ursachen finden

Wichtig für jedes Elterngespräch: Lehrer sollten vermeiden, ihre Schüler zu stigmatisieren (»Er ist nur abgelenkt, macht immer blöde Sprüche, kann sich nicht konzentrieren.«), sondern gemeinsam nach den Gründen forschen. Es hilft weder Eltern noch Lehrern, das Verhalten von Schülern als Persönlichkeitsmerkmale festzuschreiben. Eine solche Beurteilung kann den Schüler – gleichsam als unbeabsichtigte Verurteilung – in seinen Entwicklungsmöglichkeiten einschränken. Gemeinsam muss man herausfinden, warum sich das Kind so und nicht anders verhält und ob es Situationen gibt, in denen diese Probleme nicht auftreten.[57]

Oft übertragen Eltern ihre eigenen Ängste auf die Biografie des Kindes. Direkte Hilfe braucht dann die Mutter oder der Vater – und vorerst noch nicht das Kind.

Wer umgekehrt vor Krisen und Problemen seines Kindes die Augen verschließt, der schützt sich intuitiv selbst zulasten des Kindes: »Was nicht sein darf, kann nicht sein.« Diesen Eigenschutzreflex zu durchbrechen erfordert von Lehrern eine Menge psychologisches Gespür und viel Zeit – doch das zahlt sich überproportional aus, wenn Schüler dadurch wieder zu einem anderen Verhalten finden, welches letztendlich positiv auf das Klassen- und Lernklima wirkt.

MERKE: Probleme erfordern Fingerspitzengefühl

Eltern sehen an manchen Stellen Probleme, wo es aus Lehrersicht keine oder zumindest noch keine gibt. Und andererseits sehen Lehrer Probleme, die Eltern nicht sehen können oder auch nicht sehen wollen. Ohne Einfühlungsvermögen sind solche Situationen nicht aufzulösen.

Was Eltern wollen

Wenn Eltern Lehrer kritisieren, kann in der Kritik durchaus eine konstruktive Anregung stecken. Lehrer müssen – bei aller täglichen Belastung – ein Gespür entwickeln, ob das negative Feedback nicht durchaus einen wahren Kern enthält, den es abzuwägen, zu diskutieren und zu berücksichtigen lohnt.

Eltern können für das Miteinander in der Schule sogar viele gute Vorschläge machen, auf die wir Lehrer nicht gekommen wären. Aber wer zuhört, wird oft auch ein wenig klüger.

»Auffällig war, dass sich bei Elena alle Zeugnisnoten, auch das Sozialzeugnis, um eine Note verschlechtert hatten. Mir war wichtig zu erfahren, warum das so ist«, sagt Nele B., Elternvertreterin einer 6. Klasse. »Für mich wäre es auch wichtig gewesen, dass uns die Lehrerin vorgewarnt und einen Hinweis auf den Leistungsabfall gegeben hätte. Als wir zusammensaßen und das letzte Zeugnis mit dem vorhergehenden verglichen, war sie selbst überrascht. Sie konnte sich den Leistungsabfall nicht erklären. Darüber war ich sehr erstaunt! Kann man verlangen, dass Lehrer die Entwicklung der Kinder im Auge behalten? Vielleicht sollten sich Lehrer quartalsmäßig Gedanken machen, wo die einzelnen Schüler jeweils stehen und einen Vergleich zu den früheren Entwicklungsständen ziehen. Ähnlich wie beim Stromverbrauch, den man im Blick behält, damit es am Jahresende keine böse Überraschung gibt. Lehrer bräuchten meines Erachtens ein digitales Tool, mit dem sich die Entwicklungsverläufe, die Lernleistungen und das Sozialverhalten per Knopfdruck nachvollziehen lassen.«

Kein schlechter Vorschlag, fand auch die Lehrerin. Sie hat sich im Anschluss an das Gespräch zwar keine Statistik für die Lernergebnisse ihrer Schüler gebastelt. Aber sie hat sich vorgenommen, die Entwicklungen stärker in den Blick zu nehmen, selbst bei Noten im besseren Bereich, um Eltern rechtzeitig über Veränderungen informieren zu können.[58]

Nicole K., Mutter von zwei Söhnen, wünscht sich mehr Gerechtigkeit in der Schule. Viele Lehrer würden die Schüler unterschiedlich behandeln: »Manche Lehrerinnen sind reine Mädchenlehrer. Was das ist? Jemand, der die Schülerinnen den Schülern vorzieht. Frau Meyer, die Klassenlehrerin meines Jüngsten war nicht in der Lage, Kinder als komplexe Personen zu sehen. Für meinen Sohn war die Frau eine Katastrophe. Ein Beispiel: Die Kinder sollten im Kunstunterricht eine Tulpe malen. Diese musste allerdings so aussehen, wie sie sich das vorstellte. Eine Tulpe, die nicht so aussah wie die Tulpe in Frau Meyers Vorgarten, ging gar nicht. Die Frau passte nicht mehr in die Zeit. Umgekehrt ausgedrückt: Gute Lehrer sehen das Kind als vielschichtige Persönlichkeit, erkennen Kreativität und Inselbegabungen. Die schlechten Lehrer drücken ihre Vorstellungen bewusst oder unbewusst den Schülern auf.«

Ralf H., Elternvertreter, nimmt ebenfalls das Thema Gerechtigkeit in den Blick: »Als wir die Klassenreise besprechen wollten, teilte uns der Klassenlehrer lapidar mit, mit dieser Klasse werde er nicht verreisen. Fünf Kinder hätten sich wiederholt so danebenbenommen, dass eine Belohnung im Moment nicht angebracht sei. Die Elternschaft reagierte erstaunt: Dürfen Klassenfahrten als Belohnung eingesetzt werden? Wir dachten, sie würden zur schulischen Bildung beitragen und Lernprozesse unabhängig vom Rahmenplan fördern. Wir waren völlig irritiert, dass die ganze Klasse nun zusätzlich bestraft werden sollte. Doch der Lehrer meinte, die Kinder müssten alle merken, dass Regeln eingehalten werden müssen. Warum werden alle in Haftung genommen? Was soll diese Strafe bringen? Ich bin der Auffassung: Mit seiner undifferenzierten Haltung hat er das Klassenklima erheblich verschlechtert.«

Maria M., Mutter von Ludwig, wünscht sich von den Lehrern mehr individuelle Förderung, die die Neigungen der Kinder berücksichtigen: »Unmittelbar nach seinem Schulwechsel stand eine Klassenreise an, auf die mein Sohn Ludwig mitfuhr. Die Lehrerin erzählte mir anschließend, dass mein Kind nicht Fußball spielen wollte und sich regelmäßig zurückzog, wenn es an das runde Leder ging. Na hoppla, sagte ich, wieso Fußball? Der Junge ist kein Fußballer, der ist ein Mathematiker! Er spielt seit seinem vierten Lebensjahr Schach, aber kein Fußball! Die Lehrerin meinte, das eine schließe das andere nicht aus. Das mag sicherlich bei vielen Kindern so sein, aber nicht bei allen. Zum Glück gab es zwei Lehrer, die Ludwigs Talent schnell erkannten. Die ihn mit Zusatzaufgaben und Knobeleien in Mathematik gezielt förderten. Er fühlte sich mit seinen Interessen anerkannt und ging von da an wieder gern zur Schule.«

Auch Johannes K., Vater von Leo, geht es darum, dass die Persönlichkeit seines Sohnes wahrgenommen und respektiert wird: »Mir ist wichtig, dass mein Kind richtig gesehen wird. Der Leo ist halt ein wenig speziell. Da bin ich froh, wenn er nicht in eine falsche Schublade gesteckt wird. Als es um eine Gruppenarbeit in Mathematik ging, hat sich Leo eine Vier geholt. Gruppenarbeit liegt ihm nicht, aber manche Lehrer zwingen Kindern Lernmodelle auf, weil sie meinen, damit die sozialen Fähigkeiten der Schüler zu fördern. Ich verstehe den Ansatz, dass Kinder das lernen sollen, was sie noch nicht können. Aber wenn sich ein Kind dabei merkbar unwohl fühlt, dann wurde das Lernziel falsch definiert. Zum Glück gibt es durchaus viele Berufe, in denen auch Einzelgänger und ihre Fähigkeiten gefragt sind.«

Bettina P., Mutter von zwei Töchtern, wünscht sich Lehrer, die offen für Neues sind: »Die Lehrer meiner Kinder lassen sich gemeinhin in drei Kategorien unterteilen – die guten Lehrer (25 Prozent), die mittelmäßigen Lehrer (45 Prozent) und die schlechten Lehrer (30 Prozent). Das bedeutet: Die Zahl der mittelmäßigen und schlechten Lehrer, die ich im Laufe der vergangenen fast zehn Schuljahre meiner beiden Kinder erlebte, überwiegt die Zahl der guten Lehrer im Verhältnis 3:1. Viele dieser mittelmäßigen und schlechten Lehrer gingen mangels anderer Alternativen ins Lehramt, weil es sich halt so ergab oder ihnen nichts Besseres einfiel. Neuerungen, wie dem Smartboard zur Unterstützung von Lehr- oder Lernmethoden, stehen sie ablehnend gegenüber – sie halten das alles für Firlefanz und haben auch keine Lust, sich

»schon wieder« was Neues aneignen zu müssen. Lieber verwenden sie ihre seit Jahren benutzten Unterlagen – nicht, weil sich diese bewährt hätten, sondern weil es für sie weniger Vorbereitung bedeutet. Dieser faule Lehrertypus ist zum Glück nicht der häufigste, aber »ausgestorben« ist er noch nicht.

Anne H., Mutter von zwei Kindern, wünscht sich einen Lehrer, der den Schülern mit Klarheit und Aufgeschlossenheit begegnet: »Mein Superlehrer ist eine souveräne Person, die streng ist und klare Regeln vertritt. Meine Kinder mögen es überhaupt nicht, wenn Lehrer zu nachgiebig sind – dann wird sich zu Hause über sie lustig gemacht. Die Kinder sind beide wettbewerbsorientiert und wollen auch gefordert werden. Mir ist ganz wichtig, dass ein Lehrer sozial und gerecht ist, immer nachvollziehbar in seinem Verhalten und somit nicht willkürlich handelt; dass er sich gleichzeitig empathisch, flexibel und kreativ zeigt. Ich weiß, das ist sehr viel verlangt.«

Ruby M., ehemalige Elternvertreterin einer Gesamtschule und Mutter zweier Söhne, wünscht sich mehr Organisationsgeschick: »Unsere Kinder mussten zum Schulmittagessen in ein anderes Gebäude gehen, das ungefähr zehn Minuten von den Klassenräumen entfernt lag. In der Kantine haben sie sich dann selbst bedient und sind regelmäßig zu spät zurückgekommen. Da gab es ständig Krach zwischen Lehrern, die pünktlich mit dem Unterricht beginnen wollten, und Eltern, die feststellten, dass ihre Kinder nicht ausreichend Zeit zum

Essen hatten, da sie oft hungrig nach Hause kamen. Es schien keine Lösung zu geben, bis die Schule einen neuen Mathelehrer bekam. Er entschied, die Kinder zur Mittagspause zu begleiten, gemeinsam mit ihnen zu essen und zum Schulgebäude zurückzugehen. Plötzlich reichte die Zeit, und jeder kam pünktlich in seinen Unterricht. Ein Superlehrer, oder?«

Nina W., Elternvertreterin und Mutter einer Tochter, wünscht sich einen souveränen Auftritt und respektvollen Umgang: »Die Klassenlehrerin kommt in hohen Schuhen und Minirock in die Schule. Sie ist recht jung und kann sich anscheinend nicht damit anfreunden, dass sie als Lehrerin eine andere Rolle annehmen müsste. Inzwischen machen sich die Jungen über sie lustig, vor allem wenn sie sich mit ihrem kurzen Rock auf das Pult setzt. Die Oberstufenschüler nimmt sie mit auf ihre Wochenendpartys. Meine Tochter hat überhaupt keinen Respekt mehr vor ihr und findet sie »nur noch peinlich«. Der Lerneffekt in ihren Stunden tendiert daher gegen null. Wer soll ihr sagen, dass sie sich angemessener anziehen und ihre Freizeit nicht mit ihren Schülern verbringen sollte? Ist das meine Aufgabe als Elternvertreterin? Müsste hier nicht die Schulleitung ihrer Kollegin einen Wink geben? Ich wünschte mir bei einigen Lehrern mehr Gefühl für das, was geht, und das, was nicht geht.«

Ungerechtigkeit, fehlende Empathie, fehlende Förderung, fehlendes Organisationstalent, unangemessene Auftritte – das sind die Punkte, die wiederholt in vielen Gesprächen angeführt wurden:

- Das eigene Kind wird mit seinen Fähigkeiten verkannt.
- Für das eigene Kind eignen sich nicht die angewandten Lehrmethoden.
- Andere Kinder werden dem eigenen Kind vorgezogen.
- Lehrer schaffen es nicht, Schule und Unterricht optimal zu organisieren.
- Erziehungsmaßnahmen sind überzogen und eignen sich nicht, um das Problem zu lösen.
- Lehrerverhalten fördert nicht den respektvollen Umgang zwischen Lehrkraft und Schülern.

Alles Aspekte, alles Punkte, die das Klima in der Klasse vergiften können. Wenn sie aber ernst genommen und diskutiert werden dürfen, ohne sich dabei gegenseitig zu diffamieren – denn wir sind hier ja in der Schule und nicht bei Heidi Klum –, dann können sich Unstimmigkeiten schnell auflösen, und vielleicht stellt sich sogar heraus, dass sie auf Missverständnissen beruhen.

MERKE: Eltern-Feedback muss sein!

Eltern wissen in der Regel sehr genau, was sie von der Schule und den Lehrern erwarten. Lehrer können Elternwünsche ganz schön strapazieren – allerdings sind sie im Kern oft nicht nur aus Elternsicht gerechtfertigt. Also ist Nachsicht angesagt. Wie von seinen Schülern muss der Lehrer auch von Elternseite Feedback ertragen, überprüfen und gegebenenfalls auch eine positive Konsequenz daraus ziehen. Selbst wenn es schwerfällt.

Zufriedene Eltern

Weil die meisten Eltern weitgehend zufrieden mit den Lehrern ihrer Kinder sind, sollen auch Stimmen aus dieser Gruppe gehört werden:

Margarethe S., Mutter von drei Kindern:

»Wenn ich mit einem Lehrer zufrieden bin, dann sage ich das auch. Für mich ist die Reaktion jedes Mal erstaunlich: Fast überrascht und ungläubig wird die Anerkennung entgegengenommen. Ich glaube, Lehrer werden viel zu wenig gelobt! Das tut mir dann jedes Mal sehr leid – ich erfahre in meinem Job täglich Wertschätzung und weiß, wie wichtig Lob ist.«

Clara K., Elternvertreterin:

»Ich freue mich, wenn mein Kind zufrieden aus der Schule kommt. Das hat momentan zwar eher mit der Klassengemeinschaft als mit dem Unterricht zu tun, aber auch dafür ist es wichtig, dass Lehrer Raum lassen, damit Kinder und Jugendliche eine Gemeinschaft und Teamgeist entwickeln können. Unser Lehrer führt viele Gemeinschaftsprojekte durch und unternimmt eine Menge Ausflüge. Auch diese bereiten auf das Leben nach der Schule vor.«

Christina B., Gesamtelternvertreterin:

»Manche Elternwünsche stellen eine klare Grenzüberschreitung gegenüber den Lehrern dar. Ich persönlich unterstelle erst einmal, dass der Lehrer als Pädagoge richtig handelt und meinem Kind nichts Böses will. Deswegen reden wir zu Hause tendenziell positiv von der Schule und den Lehrern. Die Grundschullehrer an der Schule meiner Tochter haben einen tollen Job gemacht. Ich finde es grandios, was Frauke alles kann.«

Rosa M., ehem. Mitglied im Landeselternausschuss:

»In der 3. Klasse hat sich mein Sohn bereits aus dem Schulleben verabschiedet und jeden Tag auf dem Pult geschlafen. Irgendwie hat er es geschafft, gute Arbeiten zu schreiben und eine Gymnasialempfehlung zu bekommen. In der Oberschule hat sich an dem Schlafrhythmus nichts geändert. Der Lehrer erzählte mir, er wache nur auf, wenn die ganze Klasse still sei. Dann würde er sich nach der Frage erkundigen, kurz überlegen und eine Antwort geben, die in den meisten Fällen richtig sei. Mündlich stand er mit diesem Verhalten auf ungenügend. Aber sein Klassenlehrer erkannte und respektierte sein Potenzial, das im wahrsten Sinne des Wortes in ihm schlummerte. Mein Sohn hatte nie Hausaufgaben gemacht, aber er konnte zu jedem x-beliebigen Thema aus dem Stegreif Referate halten. Man musste ihn nur wecken. Und das machte der Lehrer. Ohne ihn hätte unser Sohn keinen Abschluss, da bin ich mir sicher.«

Nicola S.:

»Unser Lehrer und unser Schulleiter arbeiten ständig an einem guten Schulklima, sie setzen sich sogar explizit für eine gute Eltern-Kind-Beziehung ein. Für die Eltern aller 8. Klassen haben sie eine Veranstaltung durchgeführt zu dem Thema »Was passiert in der Pubertät?«. Das hat mir die Augen geöffnet und wirklich geholfen, ein absoluter Zugewinn. Wir hatten zu Hause solche Momente, dass ich dachte: Das ist nicht mehr mein Kind, das ist nur noch seine Hülle. Der Hinweis, sich mit anderen Eltern im gemeinsamen Gespräch auszutauschen, hat dazu beigetragen, die eigenen Probleme nicht so aussichtslos zu sehen. Statt in Mutlosigkeit zu versinken, haben wir zusammen Lösungsansätze gesucht und meist auch gefunden. Unser Lehrer hat immer stark auf die Besonderheiten dieser Entwicklungsstufe hingewiesen. Ihm war es wichtig, dass wir alle gemeinsam die Bedürfnisse der Jugendlichen berücksichtigen, sie nicht schonen, ihnen aber auch bei der Bewältigung dieser Entwicklungsphase hilfreich zur Seite stehen. Uns hat das viel vom Stress daheim genommen. Ich bin der Schule für diese regelmäßigen Veranstaltungen außerordentlich dankbar.«

So viel Lob ist nicht oft zu hören. Denn während unzufriedene Eltern sich äußerst schnell zu Wort melden, den Lehrern bei vermeintlichen Ungerechtigkeiten gehörig die Meinung sagen, schweigen meistens die zufriedenen. Keine Verteidigung, nur selten ein öffentliches Statement. Eigentlich schade.

Eltern auf Konfrontationskurs

»Stellt euch vor, sie hat die halbe Klasse nicht mehr in den Unterricht gelassen, nur weil die Kinder das Klingeln nicht gehört haben«, entsetzt sich eine Mutter auf einem Elternabend. Obwohl einige Eltern mit dieser Erziehungsmaßnahme durchaus einverstanden sind, geht die Empörung wie ein Lauffeuer durch die Reihen.

»Das ist unglaublich!«, erregt sich ein Vater. »Niemand weiß, was die Kinder vor der Tür gemacht haben. Frau Lehmann hat damit nicht nur ihre Aufsichtspflicht verletzt, sondern gleichzeitig die Schulpflicht mit Füßen getreten.«

Die juristische Keule

Schnell konstatieren Hobby-Anwälte den Bruch mit dem Schulgesetz und machen Lehrern die Hölle heiß. Dann aber mit echten Anwälten, die auf ihren Websites ungeniert auf die vielen Klagemöglichkeiten gegen Schulen hinweisen:

- Sie haben keinen Platz an Ihrer Wunschschule bekommen?
- Ihr Kind wurde schlecht benotet (obwohl Sie die Präsentation größtenteils selbst vorbereitet haben)?

- Sie finden die disziplinarischen Maßnahmen der Lehrer gegen Ihr Kind ungerecht?
- Ihr Kind läuft Gefahr, durchs Abitur zu fallen (wenn es weiterhin so faul ist)?

Für all diese Fälle gibt es zahlreiche Rechtsbeistände, die sich auf Schulrecht spezialisiert haben und den Unfrieden zwischen Lehrern und Eltern am Köcheln halten – oder zumindest Eltern auf Ideen bringen, die sie vorher vielleicht gar nicht hatten.

Manche Kanzleiwerbungen suggerieren den Eltern: Wenn das eigene Kind die Leistung nicht erbringt, dann wird das im Nachgang der Anwalt erledigen; wenn sich das eigene Kind danebenbenimmt, ebenso. Dort heißt es dann, dass sowohl Erziehungsmaßnahmen als auch Noten- oder Versetzungsentscheidungen nachprüfbar sind, dass man sich auf einen bestimmten Schulplatz durchaus einklagen könnte, dass selbst Abiturprüfungen im gerichtlichen Verfahren überprüft werden können.

Dahinter verbergen sich wahre Heilsversprechen. Und Eltern lesen gern heraus: Eigentlich alles, was der Lehrer mit dem eigenen Sprössling veranstaltet, ist anfechtbar, und alles, was die Schule tut oder nicht tut, ist auch be- bzw. einklagbar.

Das ist für das Verhältnis beider Seiten äußerst belastend. Lehrer fühlen sich in ihren Handlungsmöglichkeiten eingeschränkt – aus Angst, angreifbar und letztendlich angeklagt zu werden. Das kann sogar so weit gehen, dass einige Schulkollegen sich weigern, auf Klassenreisen mitzufahren, weil zu den netten Kindern klagewütige Eltern gehören, welche dem

Lehrer schnell nachweisen, dass er bei dreißig Kindern nicht jedes gleichermaßen im Auge gehabt haben kann.

Eltern fühlen sich zum Teil auch in der Pflicht, alle rechtlichen Möglichkeiten auszuschöpfen. Nicht, dass der Sohnemann am Ende der Schullaufbahn den Vorwurf erhebt, sie hätten ihn bei der Aufnahme in seine Wunschschule nicht ausreichend unterstützt. Zudem möchte man seinem Kind auch beibringen, dass nicht alles, was in den eigenen Augen ungerechtfertigt erscheint, gottgegeben ertragen werden muss. Einmischen, diskutieren und wehren lohnt sich – das sind Kompetenzen, über die schließlich jeder mündige Bürger verfügen sollte. Es mag schwierig sein, Lehrerentscheidungen zu akzeptieren, die in ihrer Summe über die schulische Biografie des eigenen Kindes entscheiden; es ist aber auch schwierig, sich anmaßen zu wollen, alle pädagogischen Entscheidungen juristisch nachzuprüfen.

MERKE: Der Anwalt schadet dem Schulfrieden!

Die Klagewut gegen pädagogisches Handeln ist dem guten Verhältnis von Schule und Lehrern auf der einen Seite und Eltern auf der anderen Seite sehr abträglich. Wenn Lehrer bei jeder disziplinierenden Maßnahme oder Benotung den eisigen Atem des Anwalts im Nacken spüren, dann brauchen wir uns über ein angestrengtes Miteinander nicht zu wundern.

Die Mär vom gerechten Lehrer

Eltern und Schüler erwarten von Lehrern zu Recht, gerecht zu beurteilen und zu benoten. Aber geht das überhaupt? Vier Beispiele zeigen, wie schwierig oder schier unmöglich Gerechtigkeit bei der Benotung ist:

Fall 1: Eine Mutter beschwert sich auf einem Elternsprechtag: »Ich kann gar nicht verstehen, warum meine Tochter im Fach Musik eine Vier im Zeugnis hat. Sie gibt doch mehr als die Hälfte ihres Taschengeldes bei iTunes aus!« In ihrer Freizeit beschäftigte sich die Schülerin also ausgiebig mit Musik. Aber konnte das musikalische Hobby bei der schulischen Beurteilung berücksichtigt werden?

Fall 2: Als Prüfungsvorsitzender im Abitur machte mich der Zweitgutachter für die schriftlichen Chemiearbeiten auf gravierende fachliche Fehler aufmerksam. Dem Notenvorschlag »gut« des unterrichtenden Fachlehrers konnte er nicht zustimmen. Sein Gegenvorschlag lautete für viele Arbeiten »mangelhaft«! Meine Recherche ergab: Offensichtlich war fachlich falsch unterrichtet worden, was die unterschiedliche Bewertung der beiden Lehrer einleuchtend begründete. Sollen Schüler gute Noten für falsche Antworten bekommen, die ihnen aber so beigebracht wurden?

Fall 3: Für eine Grundkursklausur im Fach Musik hatte die Schülerin zu einer Fragestellung zu Beethovens 3. Sinfonie (Eroica) einen Artikel eines Konzertführers wortwörtlich auswendig gelernt und diesen unter direktem Bezug auf einzelne Takte des Werkes niedergeschrieben – obwohl die Partitur gar nicht vorlag. Zum Pech der Schülerin konnte mit einer kurzen Recherche die Quelle ausfindig gemacht werden. Wie aber sollte das auswendig Gelernte benotet werden?

Fall 4: Von dem großen deutschen Mathematiker Carl Friedrich Gauss ist folgende Begebenheit überliefert: In der Volksschule stellte sein Mathematiklehrer den Schülern die Aufgabe, die Summe der Zahlen von 1 bis 100 zu ermitteln. Damit schien die Klasse für den Rest der Unterrichtsstunde beschäftigt. Die Mitschüler von Carl Friedrich machten sich also an die mühevolle Aufgabe und fingen an zu rechnen:

$1 + 2 = 3$

$3 + 3 = 6$

$6 + 4 = 10$

$10 + 5 = 15$

usw.

Um das korrekte Ergebnis so zu ermitteln, brauchten die meisten Schüler bis zum Ende der Stunde – nur dem kleinen Carl Friedrich war diese Prozedur zu aufwändig. Schon nach kürzester Zeit legte er dem Lehrer die richtige Lösung auf den Tisch: Er hatte 50 Zahlenpaare mit der Summe 101 gebildet (1+100, 2+99, 3+98 ... 50+51), per Multiplikation das richtige Ergebnis ermittelt (50×101=5050) und mit diesem Lösungsweg sein herausragendes mathematisches Talent bewiesen. Für einen siebenjährigen Volksschüler fürwahr eine geniale Leistung!

Dennoch: Beide Lösungswege führen zum richtigen Ergebnis und erfüllen die Aufgabenstellung. Wie hätte der Lehrer also die verschiedenen Schülerleistungen beurteilen sollen?

»Ein Superlehrer behandelt alle Schüler gleich.«

Anna, 13 Jahre

In Zeiten, da Zensuren an vielen Stellen des Lebens maßgeblich über das weitere Fortkommen entscheiden, rückt die Frage nach einer aussagekräftigen, gerechten Benotung von Schülerleistungen immer stärker in den Vordergrund. Schon am Ende der Grundschule wird der Übergang in eine weiterführende Schule in vielen Fällen von einem Notendurchschnitt abhängig gemacht. Da kann eine Vier zum Beispiel in Mathematik am Ende der 4. bzw. 6. Klasse darüber entscheiden, wie sich der weitere Lebensweg gestaltet. Dass die Aufnahme in bestimmte Studiengänge an den Universitäten vorwiegend vom Abi-Schnitt abhängt, ist seit Jahren Usus und wird kaum mehr in Frage gestellt.

Zählbarer Unsinn

Schulnoten kennzeichnen nur tendenziell den tatsächlichen Leistungsstand von Schülern. Die Flucht in eine feinere Differenzierung durch Notentendenzen (plus und minus) oder fünfzehn Punkteschritte soll der Schülerleistung möglichst genau

---

MERKE: **Gleiches Recht für alle!**

Lehrer sollen ihre Schüler gleich behandeln! Das ist unstrittig. Die gefühlte Bevorzugung einzelner führt oft zu Demotivation und Zweifeln an der eigenen Leistungsfähigkeit seitens der Mitschüler. Gleiches gilt, wenn ein Schüler besondere Anstrengungen nicht hinreichend durch den Lehrer gewürdigt sieht. »Der kann mich ja sowieso nicht leiden. Da kann ich machen, was ich will!« ist die Erkenntnis, die letztlich das weitere Engagement in dem betreffenden Fach erstickt. Gleichzeitig ist es aber auch eine einfache Erklärung, warum man eine schwache bis schlechte Benotung erhält. »Nicht ich bin schuld, sondern der Lehrer!«

---

gerecht werden, führt aber nicht zum allseits akzeptierten Erfolg. Wer kann bei einer Schülerleistung schon nachvollziehbar über den Unterschied zwischen 49 Prozent (Note Vier minus) und 50 Prozent (Note Vier) entscheiden? Nicht zu vergessen: Die Vier minus wird als Ausfall gewertet und kann damit ein Scheitern zur Folge haben. Im Zusammenhang mit schriftlichen Abiturarbeiten musste ich sogar erleben, dass im Fach Kunst bei einer Bildbeschreibung die Prozente auf zwei Nachkommastellen berechnet wurden. Dies muss bei den Schülern das Gefühl einer scheinbaren Gerechtigkeit hervorrufen. Im unmittelbaren Vergleich mit Arbeiten von Mitschülern weicht dieser Eindruck jedoch einer Enttäuschung über Willkür und Beliebigkeit – Frustration ist die Folge.

Die Schuld an diesem Unsinn tragen nicht etwa die Lehrkräfte. Vielmehr hat sich in den vergangenen Jahrzehnten eine zunehmende »Verrechtlichung« des Schulalltags entwickelt. Immer mehr Rechtsanwälte und sogar Gerichte müssen sich mit schulischen Entscheidungen befassen. Rechtssicher ist nur, was nachvollziehbar und berechenbar ist. Dazu ist ein überschaubares Noten- bzw. Punktesystem erforderlich. Eine objektive Messlatte ist dies nur zum Schein, denn eines erschließt sich Richtern und Rechtsanwälten im Allgemeinen nicht unmittelbar: die pädagogische Dimension. Gerade diesen Aspekt muss die Schule, muss jede einzelne Lehrkraft in die Waagschale werfen. Neben der Vermittlung von Wissen und Fertigkeiten haben die Schulen in den vergangenen Jahren immer mehr Erziehungsaufgaben übernommen. Sie haben damit auf eine sich stetig verändernde Gesellschaft reagiert, in der sich leider viele Elternhäuser immer häufiger der Erziehungsverantwortung entziehen. Ganztagsbetreuung in der Grundschule und Ausweitung der Unterrichtszeiten an den weiterführenden Schulen setzen Kinder und Jugendliche in zunehmendem Maße dem Einfluss der Schule aus. In vielen Fällen ist Kleingruppen- bis Einzelbetreuung notwendig. Dies wird von den Lehrkräften einerseits als Belastung empfunden, andererseits auch als Chance für ihre eigentliche pädagogische Arbeit erkannt. In diesem Zusammenhang sollte man auch die Notengebung von Schülerleistungen sehen. Wem es noch nicht bewusst ist: Erfolg erzeugt Motivation und stachelt den Ehrgeiz noch mehr an. Das beginnt in der Schule und setzt sich im Berufsleben fort.

Die Welt ist ungerecht

Eltern haben oft eigene Kriterien für die Beurteilung der Leistungsfähigkeit ihrer Kinder, die mit denen des Lehrers und manchmal auch mit den Benotungsskalen kollidieren. Ist das an dem oben genannten Beispiel über den Musikkonsum noch nachvollziehbar, so führte dies bei dem genannten Beispiel des Auswendiglernens für die Musikklausur zu längeren Diskussionen: Schließlich läge doch eine beträchtliche Gedächtnisleistung vor, die eine positive Würdigung verdient gehabt hätte. Dass hier fremdes geistiges Eigentum als eigenes ausgegeben wurde, sei zwar nicht korrekt, aber doch eher nebensächlich.

> »Ich finde Lehrer sehr gut, die verstehen, wenn man etwas selber nicht versteht. Lehrer, die einen nicht nach vorne an die Tafel holen und blamieren, wenn sie merken, dass man ihrem Unterricht nicht gut gefolgt ist.«
>
> Zoe, 14 Jahre

Gravierende fachliche Fehler dürfen einem Lehrer im Unterricht nicht unterlaufen. Dafür hat er sein Fach studiert. Wenn so etwas trotzdem passiert und dies erst in einer Prüfung deutlich wird, dürfen seine Fehler nicht den Schülern angelastet werden. Konsequenz: Die Prüfungsaufgabe wurde nicht gewertet – zur Enttäuschung all jener Schüler, die sich nach guten Noten im vorangegangenen Unterricht eine entsprechende Bewertung für ihren Abi-Schnitt erhofft hatten.

Dieses Beispiel macht deutlich: Die Leistung eines Schülers ist grundsätzlich im Zusammenhang mit dem zuvor abgehaltenen Unterricht zu beurteilen. Es kommt immer wieder vor, dass Eltern zu einer Klassenarbeit oder Klausur Gegengutachten von befreundeten Lehrern oder Professoren vorlegen, die ihren Kindern eine bessere Leistung attestieren als die unterrichtende Lehrkraft. Dies hätte nur dann einen Sinn, gäbe es einen allgemein gültigen und allseits akzeptierten Kriterienkatalog. Ein solcher könnte aber besondere Schwerpunkte oder Akzente, die im Unterricht gesetzt wurden, nicht hinreichend berücksichtigen – er müsste sich allein an rein fachlicher Korrektheit orientieren.

Der kleine Carl Friedrich Gauss wäre sicherlich enttäuscht, bekäme er für seine geniale Lösung der gestellten Aufgabe nur eine Eins, wie alle Mitschüler, die zum gleichen Ergebnis gekommen sind wie er. Hatte er doch die Aufgabe viel schneller gelöst und damit im physikalischen Sinne die größere Leistung vollbracht. Ebenso hätten sich die Mitschüler zu Recht darüber geärgert, hätte unter ihrer Arbeit »Fehler: 0; Note: 2« gestanden.

Wir wissen nicht, wie der Lehrer in diesem konkreten Fall entschieden hat. Sicher ist jedoch: Er hat das mathematische Talent erkannt und weiter gefördert, so dass wir auch heute noch auf viele Gauss'sche Erkenntnisse verweisen können – wie zum Beispiel die nach ihm benannte Normalverteilung, die die Wahrscheinlichkeitsdichte von unbeeinflussten Ereignissen beschreibt, auch bei der Notengebung.

Die Welt ist ungerecht – das hat jeder in seinem Leben irgendwann erfahren müssen. Und in dieser von vielen als ungerecht empfundenen Welt kann sich Schule nicht als Insel der Gerechten darstellen. Den gerechten Lehrer, der es immer und zu allen Zeiten jedem recht macht, mit dessen Urteil alle zufrieden sind, gibt es nicht. Der Lehrer entscheidet immer subjektiv in eigener Entscheidung und unter Wahrnehmung seiner pädagogischen Verantwortung. Dies kann ihm niemand abnehmen. Aber das macht seinen Beruf, den besten der Welt, auch so einzigartig und spannend!

MERKE: Lehrer sind Menschen!

Liebe Eltern, nehmt sie auch als solche wahr. Lehrer versuchen, alle Schüler gleich und gerecht zu beurteilen. Ihnen können Fehler unterlaufen, wie jedem anderen auch! Sprecht mit ihnen, auf Augenhöhe, aber überzieht sie und die Schule nicht mit Klagen. Und stellt sie nicht öffentlich an den Pranger.

Die Medien als Katalysatoren – »Ich geh zur BILD«

Elternkritik kann auch in vielerlei Hinsicht Schulen und damit eben auch uns Lehrern eine große Hilfe sein. Vor allem im politischen Sinne. Wenn ich als Schulleiter nicht mehr weiterweiß, wenn ich mich über die Schulaufsicht ärgere, weil sie mir keine weiteren Lehrkräfte gewährt oder weil wir Kollegen die zugigen Fenster, die schlecht gereinigten Räume oder den fünfzig Jahre alten Schulhof nicht mehr ertragen – dann gibt es eine relativ einfache Lösung: die Eltern und die Medien. Das funktioniert immer. Das ist das tägliche Trauma der Pressestellen in den Bildungsministerien.

Es gibt zwei Möglichkeiten, mit der Unzufriedenheit im Kollegium über die Rahmenbedingungen der Schule umzugehen: entweder arbeite ich mich als Schulleiter an der Schulaufsicht bis zur Erschöpfung ab und schalte anschließend (per Eltern) die Medien ein. Oder ich schalte gleich (per Eltern) die Medien ein, weil ich die Argumente und Widerstände meiner Vorgesetzten hinreichend kenne.

Wenn ich kein Disziplinarverfahren gegen mich riskieren möchte, darf ich mich auf keinen Fall zitieren lassen. Halte ich diese Regel ein, gibt es eine weitere Möglichkeit, sich zu wehren: Ich rufe eine mir bekannte Journalistin an und erzähle ihr unter zwei[59] meine Sorgen. Das funktioniert zumindest auf dem dichten Zeitungsmarkt in Berlin, wo die Tagespresse in hoher Konkurrenz zueinander gern auch Einzelfälle thematisiert, um diese wirkungsvoll zu pauschalisieren. Befragt man zusätzlich noch einen Landtagsabgeordneten, setzt sich für die Öffentlichkeit schnell ein rundes und vor allem meist dramatisches Bild zusammen.

Wenn sich Pressevertreter der Bildungs- oder Bauprobleme an Schulen annehmen, dann bewegt sich immer etwas. Dann wird plötzlich ein Profilierung suchender Politiker (der auch gerne Minister oder Senator geworden wäre) auf das Thema aufmerksam. Er stellt vielleicht eine parlamentarische Anfrage, dann beschäftigt sich der Bildungsausschuss mit dem Problem, und wenn es genug Druck gibt, findet sich meist auch eine Lösung. Allerdings gibt es auch eine Kehrseite: Werden Einzelfälle medial pauschalisiert, wird aus ihnen die anekdotische Evidenz gezogen, dann ergibt sich sukzessive für das gesamte Schulsystem in einer Stadt oder in einem Bundesland ein schlechtes Bild. Jeder negative Artikel, mag er sich auch nur auf einen spezifischen Punkt im Schulsystem beziehen, schädigt immer auch das Image des Ganzen.

Der offene Brief

Als probates mediales Druckmittel seitens der Elternschaft haben sich offene Briefe erwiesen, wenngleich sich diese von Schulen schlecht steuern und noch schlechter kontrollieren lassen. Über hundert Jahre nach Emile Zolas berühmten offenen Brief über die wahren Hintergründe der Dreyfuss-Affäre[60] gehört das Instrument des offenen Briefes zum festen Portfolio der Krisenkommunikation, um auf Missstände aufmerksam zu machen und Entscheidungsträger zum Handeln aufzufordern. Der wohl berühmteste offene Brief im Bildungswesen wurde im Jahr 2006 nicht von Eltern, sondern von Lehrkräften der inzwischen überregional bekannten Berliner Rütli-Hauptschule verfasst:

»Die Gewaltbereitschaft gegen Sachen wächst: Türen werden eingetreten, Papierkörbe als Fußbälle missbraucht, Knallkörper gezündet und Bilderrahmen von den Flurwänden gerissen. (...) Lehrkräfte werden gar nicht wahrgenommen, Gegenstände fliegen zielgerichtet gegen Lehrkräfte durch die Klassen, Anweisungen werden ignoriert.« Eine Bankrotterklärung der Hauptschule in Berlin.

Die Wirkung des Brandbriefes war immens. »Welchen Sinn macht es, dass in einer Schule alle Schüler/innen gesammelt werden, die weder von den Eltern noch von der Wirtschaft Perspektiven aufgezeigt bekommen, um ihr Leben sinnvoll gestalten zu können?«, fragte das Kollegium im Jahr 2006. Heute gibt es in Berlin keine Hauptschulen mehr, heute gehört die Rütli-Schule zum Campus Rütli, hat zahlreiche Kooperationspartner aus Wirtschaft, Politik und Kultur und eine Schirmherrin, die Christina Rau heißt. Die Lehrerausstattung stimmt, in das Schulgebäude, die Mensa, die angrenzende Turnhalle sind Millionen geflossen. 2014 entließ die Schule ihre ersten Abiturienten.

Das Beispiel zeigt: Offene Briefe als Brandbriefe wirken. Zumindest in der Bildung, zumindest damals. Denn heute nimmt ihre Anzahl ein wenig überhand und man muss schon kräftig die Buschtrommel schlagen, um bei so vielen Briefen noch mediales Gehör zu finden.

Im April 2015 ergab eine Google-Suche nach den Stichworten »offener Brief« und »Schule« 258 000 Treffer. Darunter Briefe von Schulleitern an ihre Minister, von Lehrern an ihre Schulaufsichten, von Eltern an ihren Bildungsminister, von Schulleitern und Lehrern an die Eltern, von Schülern an ihre Lehrer, von Schülern an ihre Schulleiter – und von Eltern an ihre Lehrer. Wenn der Adressat nicht die administrative Obrigkeit ist, dann ist der offene Brief meist Ausdruck einer entzweiten Schulgemeinschaft. Dann ist der Brief ein Beleg dafür, dass Eltern und Lehrer nicht mehr miteinander kommunizieren können und sich Hilfe über den medialen Weg versprechen. Zum Beispiel um Probleme zu kommunizieren, die von der Schule, von den Lehrern nicht im Sinne der Eltern gelöst wurden. Oder um einen Lehrer loszuwerden: Da regen sich Eltern öffentlich über einen Sportlehrer auf, im Nu steht der Kollege mit seinen rücksichtslosen, konservativen Unterrichtsmethoden in der Zeitung und die eigene Schule am Pranger. Das möchte man als Schule nicht.

Von den Zeitungen werden viele dieser offenen Briefe mit Dankbarkeit aufgenommen. Selbst wenn es sich um Einzelfälle handelt, werden diese schnell verallgemeinert. In Berlin schaffen es auf diesem Wege 30 von 600 000 Eltern schulpflichtiger Kinder mühelos, ihre Meinung über die Medien an die große Glocke zu hängen.

MERKE: **Schlechte Nachrichten sind gute Nachrichten.**

Presse- und Medienvertreter freuen sich über schlechte Schulnachrichten. Offene Briefe funktionieren daher gut als PR-Instrument, um eigene Interessen durchzusetzen. Aber am Ende leidet das Schulimage. Und während sich die Drehteams an manchen Schulen die Klinke in die Hand geben, fragt man sich als Lehrer: Wie soll ich hier konzentriert arbeiten?

Eltern mischen mit – auch ohne Öffentlichkeit

»Wenn ich schon das Recht zur Einmischung habe, dann will ich auch mitmischen«, sagt Tina. »Außerdem interessiert mich das Bildungsthema beruflich!« Die Journalistin ist seit vierzehn Jahren in Elterngremien vertreten. Was ihre anfängliche Triebfeder war, kann sie heute nicht mehr genau sagen. Klar ist: Das Thema lässt sie nicht los. Nicht nur in positiver Hinsicht: »Ich finde es unglaublich, wie schwierig es immer noch ist, sich von schlechten Lehrern zu trennen. Wer hat heute den sichersten Job? Richtig, der Lehrer.« Aber warum diese Absicherung gerade in einem Berufsfeld stattfindet, in dem Erwachsene mit Kindern arbeiten, versteht sie nicht.

Selbst wenn man die arbeitsrechtliche Knute herausholt – im Öffentlichen Dienst ist ein Rausschmiss nahezu unmöglich. Zumindest reicht es nicht, wenn ein Lehrer schlecht unterrichtet. Er muss sich schon richtig danebenbenehmen – und zwar so, dass seine unflätigen Worte aus dem Klassenzimmer heraus bis an die Ohren der Eltern dringen und diese sich vehement darüber beschweren.

Ruby M., die jahrelang im Landeselternausschuss von Berlin Mitglied war, empfiehlt lakonisch einen Handel: »Natürlich gibt es an jeder Schule mindestens einen schlechten Lehrer. Von dem kann sich die Schulleitung nicht einfach so trennen. Das bedeutet im Umkehrschluss auch viele gute Lehrer, sehr gute Lehrer. Von denen sollte man sich einen aussuchen und darauf pochen, dass man ihn bekommt. Im Gegenzug dazu erträgt man auch den schlechten Lehrer.«

Derartige Vereinbarungen gehören nicht zum üblichen,

rechtlich gesicherten Portfolio der Einflussnahme. Sie sind ein pragmatischer Ansatz und tragen zur Entspannung bei.

Das Recht auf Einmischung geht natürlich sehr viel weiter. In den jeweiligen Schulgesetzen der Bundesländer ist das geregelt. Wer sich auskennt, ist erstaunt, wie viel Eltern bei pädagogischen Entscheidungen mitreden dürfen:

- Eltern dürfen – je nach Bundesland – mitbestimmen, ob der Lernerfolg der Schüler in Textform statt durch Noten beurteilt wird.
- Sie haben ein Recht auf umfassende Information über schulische und unterrichtliche Angelegenheiten.
- Sie können als Klassenelternsprecher Lehrkräfte der Klasse zur Teilnahme an Elternversammlungen verpflichten.
- Sie können als Schulelternsprecher ohne Genehmigung des Schulleiters Gäste zu Sitzungen einladen.
- Sie sind stimmberechtigtes Mitglied der Schulkonferenz oder des Schulforums und haben Entscheidungs-, Anhörungs-, Befassungs- sowie exklusives Informationsrecht.
- In einigen Bundesländern haben Eltern über die Schulkonferenz sogar ein Vorschlagsrecht im Rahmen der Schulleiterwahl: Mit einer Zweidrittel-Mehrheit können stimmberechtigte Mitglieder der Schulkonferenz (also auch Eltern) einen Personalvorschlag für das Amt des Schulleiters an die Schulaufsichtsbehörde geben.

Dieses letzte Recht ist ausgesprochen weitreichend. Man stelle sich folgende Situation vor: Sie haben eine Banklehre oder ein betriebswirtschaftliches Studium absolviert und arbeiten als Kundenbetreuer in einem Kreditinstitut. Ihr Filialleiter scheidet aus, ein Nachfolger wird gesucht. Mehrere Bewerber melden sich. Und jetzt kommt's: Ihre Bankkunden dürfen über den Nachfolger mitbestimmen – schließlich geht es ja um ihr Geld. Fänden Sie ein solches Beteiligungsverfahren zielführend? Auch wenn Ihre Kunden zum Beispiel Theaterwissenschaften oder Germanistik studiert haben und sich eigentlich kein Urteil über die ökonomischen Kompetenzen der Bewerber erlauben dürften? Nein? So geht es manchen Lehrern auch mit den Mitbestimmungsrechten der Eltern – trotzdem räumen einige Bundesländer den Eltern derart umfassende Rechte ein. Ziel ist es, das Miteinander sämtlicher Personen zu stärken, die an Schule beteiligt sind – frei nach dem Prinzip: Wenn Eltern über die Anstellung eines Schulleiters mitbestimmt haben, dann werden sie seine Entscheidungen im Großen und Ganzen auch mittragen.

»Eltern sind die besseren Pädagogen. Zumindest glauben sie das«, sagt Ruby M. Und das Schulrecht in Berlin stützt sie eindeutig in diesem Glauben.

Wir brauchen eine friedliche Schulkultur!

Schule darf kein Hort der ständigen Auseinandersetzung sein, aber auch kein Autoritätsgebilde im Sinne alter verstaubter Regularien. Was Kinder im schulischen Alltag erfahren müssen, ist für Eltern ebenso eine wichtige Erkenntnis: Abläufe und Verhaltensweisen, festgefahrene Strukturen können beeinflusst und geändert werden – jedoch nicht, um im ständigen Konflikt miteinander zu leben. Schule kann nur im respektvollen Miteinander gut funktionieren. Für besonders gute oder sogar herausragende Leistungsergebnisse von Kindern und Jugendlichen ist ein friedliches und tolerantes Schulklima unabdingbar.

Das Gleiche gilt auch für die Arbeitseinstellung und Arbeitsweise von Lehrern. Wer wüsste nicht, dass sich Probleme am besten auf ruhige und überlegte Art und Weise lösen lassen, ohne den Lehrer in eine Ecke zu drängen oder ihm eine Klage samt Sanktionen anzudrohen? Derartige andauernde Angriffe können auch auf Lehrer lähmend wirken! Wege aus Lernproblemen, sozialen Problemen oder zur Konfliktbewältigung lassen sich am ehesten gemeinsam finden und umsetzen. Eine von allen akzeptierte Corporate Identity ist nötig, um das Beste für alle Schüler zu erreichen, damit Schule ein Schutzraum und kein Streitraum für Kinder ist.

Viele Schulen haben daher gemeinsam mit ihren Lehrern und Eltern ein Leitbild für das Zusammenleben und die Zusammenarbeit in der Schule entworfen, dem sich alle verpflichtet fühlen sollen. Das liest sich zum Teil wie ein kleines Grundgesetz, das extra für die Schule erlassen wurde.[61] Andere Schulen bilden Eltern-Lehrer-Gruppen, um zu potenziellen Konfliktherden Lösungsstrategien und Handlungsempfehlungen für ein friedliches Miteinander zu erarbeiten. Das ähnelt dann einer Vereinssatzung, an die sich jeder zu halten hat.[62] Ob Leitbilder, Schulregeln, Schulordnungen, Schulverträge, Leitsätze oder Qualitätsprogramme – alle haben das

291

gleiche Ziel: ein konstruktives, demokratisches und harmonisches Miteinander zum Wohle der Kinder.

MERKE: Eine Schule ist keine Kampfarena.

Lehrer und Eltern haben bei ihrem Handeln in der Regel das Wohl der Kinder im Blick. Für eine gute Schulatmosphäre sollten sich daher auch alle Akteure gut verstehen, gemeinsame Ziele verfolgen und an einem Strang ziehen. Schule ist kein Kräftemessen oder Tauziehen, sondern vergleichbar mit einer Gipfelbesteigung, die am besten im Team gelingt. Am Ende winkt ein Schulabschluss.

CHECKLISTE:

So klappt's mit Eltern und Lehrern

Für eine effektive und möglichst reibungsfreie Zusammenarbeit von Eltern und Lehrern lassen sich ebenfalls recht einfach Vereinbarungen treffen. Beide Seiten sollten sich dazu verpflichten, bestimmte Verhaltensweisen einzuhalten, die das gemeinsame Leben in der Schule bereichern – und nicht verkomplizieren.

Vielen Eltern ist nicht bewusst: Sie haben nicht nur Rechte in der Schule, sondern müssen auch Pflichten nachkommen, damit sich ihr Kind positiv integrieren kann.

Auch Lehrer müssen sich bewusst machen: Elternarbeit ist ein fester Bestandteil ihres Berufs. Den Bedürfnissen der Eltern sollen sie mit Offenheit und nicht Ablehnung entgegentreten. Darum haben auch Lehrer Verpflichtungen gegenüber Eltern einzuhalten.

Verhaltensregeln für die Eltern

Soll Ihr Kind Erfolg in der Schule haben? Dann ist es sehr wichtig, dass Sie eng und vertrauensvoll mit den Lehrkräften zusammenarbeiten. Darum werden Sie von den Klassenlehrern gebeten, Ihre Erwartungen, Wünsche, aber auch Sorgen und Irritationen, die die Klasse Ihres Kindes und Ihr Kind betreffen, direkt anzusprechen. Eine Eltern-Lehrer-Vereinbarung kann dabei helfen. So könnte sie aussehen:

Sie, liebe Eltern, können bereits viel für einen entspannten Schulalltag Ihres Kindes beitragen:

○ Achten Sie darauf, dass Ihr Kind ausreichend Schlaf bekommt. Wird Ihr Kind morgens kaum wach und erscheint schlecht gelaunt mit Augenringen zum Frühstück? Dann ist das ein ziemlich sicheres Indiz dafür, dass es den Schlaf in der Schule nachholen und den Lernstoff verpassen wird.

○ Essen hält Leib und Seele zusammen. Das ist auch bei Kindern so. Sorgen Sie dafür, dass Ihr Kind am besten mit Ihnen zusammen frühstückt. Chips, Cola und Schokoriegel mögen dem Kind zwar schmecken, gehören aber nicht zu einem gesunden Frühstück! Das Gleiche gilt für sein Pausenbrot. Es heißt daher nicht Pausengummi oder Pausenschokolade. Fragen Sie Ihr Kind: Gibt es nicht vielleicht doch eine Käse-, Wurst- oder Salatsorte, die man zwischen zwei Brotscheiben legen könnte und dir auch schmeckt?

○ Fragen Sie jeden Abend, ob Sie das Pausenbrot vom heutigen Tage essen dürfen, sollte es übrig geblieben sein. Damit haben Sie zwei Fliegen mit einer Klappe geschlagen: In der Tasche Ihres Kindes verschimmeln keine Essensreste, und Sie haben bereits einen Teil des Abendessens vorbereitet.

○ Schicken Sie Ihr Kind immer pünktlich zur Schule. Berechnen Sie ein, dass es auf dem Weg herumtrödeln oder einen Bus verpassen könnte.

○ Sorgen Sie dafür, dass Ihr Kind an allen Ausflügen und Klassenfahrten teilnimmt! Sollten Sie finanzielle Unterstützung benötigen, sprechen Sie den Lehrer an. Er wird Ihnen helfen.

○ Sollte Ihr Kind noch in die Grundschule gehen: Trauen Sie Ihrem Kind etwas zu! Wenn es allein laufen, stehen und sitzen kann, dann wird es sich auch ohne Sie in seinem Klassenraum zurechtfinden. Außerdem behindern Sie den Unterrichtsbeginn, wenn Sie Ihr Kind bis zu seinem Platz führen.

○ Werfen Sie wenigstens einmal in der Woche einen Blick in die Schultasche. Dort befinden sich manchmal wichtige Elterninformationen, die vergessen wurden, Ihnen zu geben.

○ Bringen Sie Ihrem Kind bei, dass sich mit angespitzten Stiften besser schreiben lässt als mit stumpfen. Zeigen Sie ihm, wie man Blätter locht und in Hefter einordnet. Erklären Sie ihm, dass Lehrer nicht ausreichend Zeit haben, zerknitterte Arbeitsblätter erst glatt zu streichen, um sie überhaupt lesen zu können.

○ Achten Sie darauf, dass wenigstens die Schulbücher, die Ihr Kind leihweise erhalten hat, in einem gepflegten Zustand bleiben. Kürzen Sie andernfalls das Taschengeld Ihres Kindes, um für Ersatzbücher zu sparen.

○ Stellen Sie Ihrem Kind nie die rhetorische Frage: »Hast du Hausaufgaben auf?« Legen Sie einfach eine Uhrzeit dafür fest – am besten dann, wenn Sie zu Hause sind.

○ Versuchen Sie, Unterhaltungselektronik (Smartphones, Computer, Fernseher) so weit möglich aus der Wohnung zu verbannen. Sollten Sie dies nicht realisieren können oder wollen, denken Sie daran: Fernsehen wirkt sich negativ auf den Leistungserfolg Ihres Kindes aus. Vielleicht schaffen Sie es, dafür ein festes Zeitfenster zu vereinbaren und einzuhalten.

○ Bitten Sie Ihr Kind, die angesagten Arbeiten in einen Familienkalender einzutragen. (Fragen Sie bei anderen Eltern nach, ob in diesem Schuljahr tatsächlich keine Arbeiten geschrieben werden.)

○ Ihr Kind kommt nicht von allein auf die Idee, für seine Klassenarbeiten zu üben? Dann erinnern Sie es daran! Und wieder gilt: nicht rhetorisch fragen, sondern feste Übungszeiten vereinbaren.

○ Wurde Ihr Kind Ihrer Meinung nach ungerecht benotet? Dann gehen Sie am besten erst zum Klassenlehrer, dann zur Schulleitung und zuletzt zur Schulaufsicht, um über die Note zu diskutieren. Verwechseln Sie nicht die Reihenfolge! Ihr Klassenlehrer könnte dahinter Absicht vermuten und verärgert reagieren.

○ Auch wenn Sie über eine Lehrerentscheidung wütend sind, sollten Sie dem Lehrer zumindest sachlich entgegentreten und ihn nicht mit Anschuldigungen – vor allem nicht auf Elternabenden – überhäufen.

○ Auch Lehrer mögen es nicht, in die Enge getrieben zu werden. Also gehen Sie bei Beschwerden nicht im ganzen Pulk auf ihn los, sondern suchen Sie sich die Elternvertretung als verbündeten Begleiter.

○ Versuchen Sie stets respektvoll und tolerant über den Lehrer Ihres Kindes zu sprechen. (Auch wenn Sie anderer Meinung sind als er.)

○ Auch wenn bei Ihnen zu Hause gern alle auf einmal reden: Bringen Sie Ihrem Kind bei, dass in der Schule andere Regeln gelten und jeder jeden ausreden lässt – vor allem den Lehrer!

○ Wenn der Klassenlehrer Sie anruft und in die Schule bittet, folgen Sie gleich seiner ersten Aufforderung – er wird sowieso nicht lockerlassen.
a) Ist der Klassenlehrer der Auffassung, insbesondere Ihr Kind störe den Unterricht? Dann zeigen Sie in jedem Fall Verständnis für seine Lage. Und sagen Sie bitte nicht: »Tja, jeder Beruf birgt seine Herausforderungen« – das könnte ihn wirklich verärgern.
b) Stellen Sie Ihrem Kind Fragen: »Findest du, dein Lehrer schätzt dich richtig ein? Hast du eine Idee, was du im Unterricht tun könntest, anstatt ihn zu stören?«
c) Sammeln Sie die Vorschläge Ihres Kindes und sagen Sie ihm, dass Sie nun beide mit diesen Vorschlägen zu seinem Lehrer gehen werden.
d) Im gemeinsamen Gespräch zwischen Ihnen, Ihrem Kind und dem Lehrer sollten Sie sich einfach nur zurückhalten. Erst wenn Ihr Kind unaufmerksam und ungeduldig wird, ist es Zeit aufzubrechen.

○ Freuen Sie sich über den Lehrer Ihres Kindes oder meinen Sie, dass er gute Arbeit leistet? Dann sagen Sie es ihm bitte! Auch Lehrer wollen gelobt werden.

○ Hat Sie ein Lehrer angesprochen, ob Sie beim nächsten Hoffest, Weihnachtsbazar oder auf der nächsten Einschulungsveranstaltung den Kuchenstand übernehmen könnten? Sagen Sie wenn irgend möglich zu – selbst wenn Sie dafür einen Tag freinehmen oder für Ihre kleineren Kinder einen Babysitter organisieren müssen.

○ Versuchen Sie, die Elternabende nicht unnötig in die Länge zu ziehen. Denken Sie daran, dass sowohl die Lehrer als auch die anderen Eltern nach einem Arbeitstag in der Regel müde sind.

○ Rufen Sie Ihren Lehrer nur in dringenden Fällen an. Er könnte sich gestört fühlen, auch er hat ein Recht auf berufsfreie Stunden.

○ Verärgern Sie die Lehrer Ihres Kindes nicht. Sprechen Sie offen mit ihnen und hören Sie sich an, was sie von Ihnen erwarten. Erklären Sie, dass Sie ihre Wünsche nach Möglichkeit beachten wollen, und bitten Sie darum, dass gleichermaßen auch Ihre Regeln und Wünsche berücksichtigt werden.

Halten Sie diese Regeln ein, dann haben Sie gute Chancen, von den Lehrern ihres Kindes als Supereltern wahrgenommen zu werden!

Verhaltensregeln für die Lehrer

Wenn Eltern ihr Kind an Ihrer Schule anmelden, dann schenken sie den dort arbeitenden Lehrern sowie der Schulleitung einen Vertrauensvorschuss. Sie, lieber Klassenlehrer, dürfen diesen nicht verspielen. Mit Respekt, Toleranz und Wertschätzung ist daher nicht nur den Schülern, sondern auch den Wünschen der Eltern entgegenzukommen.

○ Zeugnisse, Lernausgangslagen und Sprachlerntagebücher eines Schülers sind praktisch, um sich rasch einen Überblick über die Meinungen früherer Lehrer oder Erzieher zu verschaffen. Warten Sie so lange mit der Durchsicht, bis Sie sich selbst ein Bild gemacht haben. Erst dann nehmen Sie Einsicht in die vorliegenden Unterlagen, die dazu beitragen können, bestehende Unsicherheiten abzubauen.

○ Sie betreten die Klasse zum ersten Mal? Seien Sie vorurteilsfrei! Egal wie schlimm die Erzählungen der Kollegen sind – Sie gehen mit der Klasse und auch mit den Eltern auf Start.

○ Das gilt auch für einzelne Schüler. Stecken Sie keinen von ihnen zu früh in eine Schublade, sondern lassen Sie sich überraschen.

○ Liegt Ihnen ein Schüler mehr als andere? Dann sollten Sie das niemals (!) jemanden merken lassen – vor allem nicht den Lieblingsschüler.

○ Meinen Eltern, ihr Kind würde ungerecht benotet? Überprüfen Sie, ob Sie das Kind eventuell nicht sonderlich mögen. Sollte dies der Fall sein, überprüfen Sie noch einmal genau Ihre Notengebung.

○ Oberste Maxime ist Transparenz Ihrer Entscheidungen.

○ Auch wenn Sie keine Lust auf Elterngespräche haben, hören Sie sich stets geduldig die Sorgen und Nöte an. Nehmen die Anrufe und Gesprächswünsche überhand? Dann müssen Sie
a) Ihren Unterrichts- und Erziehungsstil überdenken, und
b) in der Woche eine feste Sprechstunde mit den Eltern vereinbaren. Eine Stunde sollte reichen. Es gilt: Wer zuerst kommt, mahlt zuerst.

○ Sagen Sie Klassenarbeiten nicht nur Ihren Schülern an, sondern kontrollieren Sie, dass die Termine auch aufgeschrieben werden. Dann können Eltern im Nachhinein nicht behaupten, die Daten seien nicht bekannt gewesen.

○ Versuchen Sie herauszufinden, ob alle Eltern Ihre Sprache verstehen. Wenn nicht, versuchen Sie einen Dolmetscher zu finden, der Ihre Mitteilungen übersetzt.

○ Besitzen Sie eine Mailingliste der Eltern? Dann senden Sie auf diesem Wege alle wichtigen Termine. Eltern lieben Transparenz – insbesondere dann, wenn ihre Kinder nicht mehr viel von der Schule erzählen.

○ Geben Sie Hausaufgaben nur auf, wenn es Ihnen absolut notwendig erscheint. Sollten Sie Mathematik unterrichten, verzichten Sie bitte nach Möglichkeit auf obligatorische Hausarbeiten. Freiwillig gelöste Übungsaufgaben können Sie sich in Ruhe zu Hause anschauen – sie stehlen Ihnen dann auch keine wertvolle Unterrichtszeit.

○ Verzichten Sie darauf, Präsentationen zu Hause erstellen zu lassen. Präsentationen belasten Eltern unnötig. Und Sie wollen nicht ernsthaft sehen, ob Mama und Papa PowerPoint beherrschen.

○ Sie sind Klassenlehrer? Dann gehen Sie mit Ihrer Klasse wenigstens ein Mal auf Klassenfahrt. Die Schüler und Eltern werden Sie sonst immer wieder zu diesem »wichtigen Gemeinschaftserlebnis« drängen. Nehmen Sie sich einen netten Kollegen/eine nette Kollegin mit und sorgen Sie für die langen, unruhigen Abende und Nächte vor – zum Beispiel mit einer Flasche Wein im Gepäck.

○ Tragen Sie alle Testergebnisse und mündliche Noten Ihrer Schüler in Verlaufstabellen ein. Eltern wollen lückenlose Nachweise, wenn Sie sagen: »Ihr Kind ist in den letzten Monaten immer schwächer geworden.«

○ Eltern hassen negative Überraschungen am Ende des Schuljahres. Sie sollten die Eltern deshalb frühzeitig über den Leistungsabbau ihres Kindes informieren. Geben Sie ihnen eine realistische Chance, ihre Kinder zu überreden, sich am Unterricht zu beteiligen.

○ Auf Elternabenden sollten Sie die Sandwich-Theorie anwenden: Lob, Kritik, Lob. Dabei darf die Kritik an der Klasse ruhig detailliert und hart ausfallen – Hauptsache Sie enden mit einem überschwänglichen Lob. Eltern sollten grundsätzlich ein zufriedenes Gefühl haben, wenn sie die Schule verlassen.

○ Lesen Sie niemals die Noten von Klassenarbeiten und Zeugnissen beim Verteilen derselben laut vor! Eltern mögen es nicht, wenn ihr Kind blamiert wird. Schüler mögen die Blamage auch nicht. Und gute Schüler stehen nicht gern als Streber da.

○ Treffen Sie sich nicht mit Ihren Schülern außerhalb der Schule. Rauchen und trinken Sie nicht mit ihnen. Eltern könnten meinen, Sie hätten einen schlechten Einfluss auf ihr Kind. Versuchen Sie, auch außerhalb des Unterrichts ein Vorbild für die Schülerinnen und Schüler zu sein.

○ Beziehen Sie bei Problemen des Schülers zügig die Eltern ein. Eltern mögen es nicht, wenn Lehrer in dieser Hinsicht einen Wissensvorsprung über das eigene Kind haben. Eltern mögen es auch nicht, wenn Lehrer von ihrem Kind ins Vertrauen gezogen werden und Probleme dann nicht zur Sprache bringen.

O Lassen sich die Eltern nicht einbeziehen? Dann überwinden Sie sich und statten ihnen einen Besuch ab – aber bitte nicht allein.

O Bemerken Sie Probleme im Elternhaus? Dann beraten Sie sich entweder mit der Schulpsychologie oder der Jugendhilfe. Sie werden Ihnen mit Rat und Tat zur Seite stehen!

O Eltern freuen sich, wenn Sie ihr Kind gut durchs Schuljahr gebracht haben. Damit Sie nach dem Zeugnistag nicht wegen Bestechlichkeit die Staatsanwaltschaft am Hals haben, sollten Sie beizeiten – zum Beispiel auf einem Elternabend – anmerken, dass Geschenke nur bis zu einem Wert von 10 Euro angenommen werden dürfen.[63] Und weisen Sie daraufhin, dass es sich nicht um Unhöflichkeit Ihrerseits handelt, wenn Sie die schöne kalbsledernde Handtasche wieder zurückgäben. Eltern aus anderen Kulturkreisen könnten sich sonst verletzt fühlen.

O Benötigen Sie Eltern für Aufgaben in der Schule? Sprechen Sie sie am besten persönlich an. Sonst laufen Sie auf den Elternabenden Gefahr, minutenlang unerträgliches Schweigen erdulden zu müssen.

O Informieren Sie sich, welche Institutionen und Ämter finanzielle Unterstützung für Nachhilfeunterricht, Schulmittagessen oder Klassenfahrten anbieten. Halten Sie Formulare für eventuell betroffene Eltern bereit. Holen Sie sich dazu ggf. Hilfe vom Schulleiter. Niemand soll Ihnen sagen können, aufgrund der finanziellen Situation einer Familie sei keine Nachhilfe möglich oder es müsse auf die Klassenfahrt verzichtet werden.

○ Verärgern Sie nicht die Eltern Ihrer Schüler!

Halten Sie sich an diese Regeln, dann werden die allermeisten Eltern Sie als Superlehrer wahrnehmen!

Aus dem Leben eines Superlehrers

Nehmen wir die formulierten Wünsche von Eltern und Schülern zusammen, kommen wir der Vorstellung eines Superlehrers, zumindest eines guten Lehrers schon sehr nahe. Frau Pohl, Mutter zweier Töchter, bringt es auf den Punkt:

»Die guten Lehrer sind engagiert, hilfsbereit, fair und humorvoll. Sie ziehen nicht einzelne Schüler oder Gruppen – zum Beispiel Mädchen den Jungen oder umgekehrt – in ihrem Unterricht den anderen vor, sie kommunizieren so, dass jeder Schüler weiß, was gefordert ist, versteht, was unterrichtet wird und Klarheit über Hausarbeiten erhält. Sie benoten gerecht, Noteninflation ist ihnen fremd, aber schlechte Noten gelten ihnen nicht als Strafe, sondern als Signal an den betroffenen Schüler: ›Hier musst du mehr tun.‹ Sie geben schwachen Schülern immer wieder Chancen sich zu verbessern und starken Schülern Möglichkeiten, sich zu profilieren. Sie belohnen Leistungen und bemühen sich, Leistungsschwächen abzubauen. Sie haben keine Angst vor Kontroversen – weder im Unterricht noch auf den Elternabenden – und wissen mit Konflikten umzugehen, indem sie angemessene Lösungsstrategien anbieten. Mobbing oder auch nur Streitereien werden besprochen, verständlich gemacht und geklärt – Mobbing wird nicht als Lappalie betrachtet und unter den Teppich gekehrt. Sie mögen ihr Fach und noch mehr mögen sie die Kommunikation mit Schülern, das Lehren junger Menschen. Sie sind angstfrei. Sie probieren gern etwas Neues im Unterricht aus – eine Lehrmethode, ein Buch, eine Technologie. Sie wissen um die Holprigkeit von Jugend und Pubertät, um deren Unsicherheiten oder auch mal Ausfälligkeiten gegenüber Erwachsenen. Sie sind im besten Sinne des Wortes Erziehende und in sich ruhende Persönlichkeiten. Man erkennt sie leicht daran, dass ihnen die Schüler im Flur oder auf dem Hof oder sogar außerhalb der Schule, wenn sie aufeinandertreffen, mit respektvollem Witzeln begegnen. Dieser Lehrertypus wird von Schülern und Kollegen sehr gemocht.«

»Ich hatte einen Mathelehrer, bei dem ich zwar eine Vier im Zeugnis hatte, aber bei dem ich mir allen Ernstes Mühe gegeben habe. Und warum? Weil mir dieser Lehrer am Herzen lag.«

Morghan, 14 Jahre

Treffender kann man kaum formulieren, was John Hattie in jahrelanger Forschung zusammengetragen hat[64:] Es geht um Lernentwicklungen, Gerechtigkeit, individuelle Förderung, Wertschätzung der Schülerpersönlichkeit, Klarheit und Aufgeschlossenheit, Organisationsgeschick und Unterrichtsmethoden, die dem Schüler zu größtmöglichen Lernerfolgen verhelfen.

Ist er gut, weil sich die Kinder bei ihm wohlfühlen? Ist er gut, weil die Lernergebnisse optimal sind? Ist er gut, weil das Klassenklima hervorragend ist und damit eine gute Basis für effizientes Lernen bietet? Oder ist er gut, weil er kontinuierlich für ein gutes Verhältnis zu den Schülern sorgt, die einzelnen Lernentwicklungen im Blick behält und auf die Entwicklung einer guten Klassengemeinschaft achtet?

Supervorbereitung = Superunterricht!

Vermischen wir Kollege Schlauer, unseren Vorzeigelehrer aus dem Physikunterricht, mit den Eltern- und Schülerwünschen sowie den Ergebnissen der Bildungsforschung, dann kommt ein wahrer Superlehrer heraus:

Schlauer verfügt nicht nur über pädagogisch und methodische Fähigkeiten, um guten Unterricht durchzuführen. Nein, er ist auch noch bereit, diese in allen schulischen Bereichen anzuwenden. Er verfügt über professionelle Kompetenz[65], d. h. ihm sind die Anforderungen und Fähigkeiten für guten Unterricht in Fleisch und Blut übergangen, so dass es ihm gelingt, das Lernen und Verhalten auch bei vermeintlich schwierigen Schülern (also jenen, die den Unterricht gern unterbrechen) zu fördern.

Herr Schlauer weiß auch: Weil unsere Gesellschaft immer heterogener wird, spiegelt sich das in unseren Schulen und Klassen wider – Kinder kommen bereits mit Entwicklungsunterschieden von bis zu vier Jahren in die 1. Klasse. Er macht sich keine Illusionen, diese Differenzen nach sechs Schuljahren ausgleichen zu können – das kann nicht einmal ein Superlehrer. Er wird also in seiner Unterrichtsplanung auf die unterschiedlichen Fähigkeiten seiner Schüler Rücksicht nehmen, wie ein Trainer, der für seine Sportler einen ganz persönlichen Trainingsplan entwickelt. In der Schule nennt man das »binnendifferenzierten Unterricht«. Kollege Schlauer weiß auch: Bei der sogenannten Binnendifferenzierung kann es nicht allein darum gehen, Aufgaben mit verschiedenen Schwierigkeitsgraden anzubieten. Er muss auch die unterschiedliche Risikobereitschaft seiner Schüler einschätzen und einplanen.

Mark zum Beispiel ist ein mathematisch begabter Schüler, stottert aber herum, sobald er vor der Klasse seine Ergebnisse präsentieren soll. Philipp hingegen spielt gerne mal die Hauptrolle, auch wenn seine Leistungen eher mittelmäßig sind. Klara blüht in der Gruppenarbeit auf, Leo glänzt, wenn er seine Projekte allein vorbereiten darf.

Wie soll das gehen, so viele unterschiedliche Bedürfnisse unter einen Hut zu bringen? Das geht schon, man muss nur wissen wie.

Franz Schlauer: Binnendifferenzierung oder »Ich achte auf jeden Schüler und fördere ihn!«

Wiederholungsstunde 48er Revolution
Ich komme in meine Geschichtsklasse, vor mir sitzen 27 Schüler.

»Heute wiederholen wir die 48er Revolution. Ich möchte, dass ihr euch die wesentlichen Aspekte der Revolution in Erinnerung bringt. Wer hat

Lust, im Aufenthaltsraum ein Kurzreferat vorzubereiten?«

Es melden sich drei Schüler, darunter der Klassenprimus. Ihn wähle ich aus.

»Du hast zwanzig Minuten Zeit. Bitte suche dir einen Assistenten aus.«

Der Klassenprimus wählt einen weitaus schwächeren Schüler. Beide verschwinden nach draußen.

»Alle anderen schreiben zehn wichtige Begriffe zur 48er Revolution auf, die nach eurer Meinung in dem Referat vorkommen müssen. Schreibt bitte leserlich, wir veranstalten am Schluss der Stunde einen Wettbewerb um die höchste Trefferquote.«

Die Schüler haben sechs Minuten Zeit. Jeder schreibt nach seiner Erinnerung die zehn wichtigsten Begriffe auf. Eine Aufgabe, die alle in unterschiedlicher Qualität bewältigen.

»Ich brauche Schüler, die mir helfen, die Wörter an die Tafel zu schreiben.« Es melden sich fünf Schüler, die ich alle nach vorne bitte. Jeder darf von fünf Schülern (einschließlich sich selbst) die Begriffe an die Tafel schreiben. Wir beginnen mit dem Vorlesen der Zettel. Ich wähle die schwächeren Schüler als Erste aus. So ist das Erfolgserlebnis für sie größer als für die nachfolgenden. Beim zweiten Schülervortrag brauchen wir nur noch die

Hälfte der Begriffe aufzuschreiben, weil sich die meisten doppeln. Trotzdem erleben die nachfolgenden Schüler motivierende Effekte, wenn sie einen neuen Begriff vorlesen können, der noch nicht an der Tafel steht. Am Ende haben wir eine Ausbeute von 24 Begriffen, mit denen sich die 48er Revolution umfassend beschreiben lässt.

»Wir werden jetzt ein Ranking vornehmen. Bitte seht euch die 24 Stichpunkte genau an, und entscheidet, welche zehn in jedem Fall in dem Referat genannt werden sollten.«

Die Schüler nehmen ihr persönliches Ranking vor. Dann rufe ich jeden Begriff auf. Wer ihn unter seinen Top Ten hat, meldet sich. Ein Schüler überträgt an der Tafel die Meldungen in Strichlisten. Der Begriff mit den meisten Punkten steht auf Platz 1, der mit den wenigsten auf Platz 24. Wir haben sechs Begriffe, für die alle votiert haben, dann differenziert sich das Votum aus. Ich lösche die Plätze 11 bis 24.

Ich erkläre den Schülern den nächsten Schritt: »Achtet während des Referats darauf, ob eure eigenen zehn Stichpunkte im Referat vorkommen. Am besten kreist ihr sie dann ein. Wer alle Begriffe im Referat gehört hat, ruft am Ende des Referats deutlich: ›Bingo!‹. Zwei Schüler achten bitte darauf, ob unsere gemeinsamen Stichpunkte auf der Tafel auftauchen.« Von fünf Schülern, die sich melden, hole ich einen leistungsschwächeren sowie einen -stärkeren an die Tafel, um die Begriffe jeweils durchzustreichen.

Wir holen den Klassenprimus und seinen Assistenten in die Klasse. Der Primus stellt sich vor die Tafel. Er darf sich während des Referats nicht umdrehen. Die Klasse lauscht gespannt seinem Vortrag. Man hört kleine Jubeljuchzer oder ein triumphales: »Ja!«, zwölf Schüler rufen am Ende: »Bingo!«

Wir stellen fest, dass bis auf einen Begriff alle Stichpunkte auf der Tafel verwendet wurden. In den restlichen Minuten lasse ich zwei Schüler erläutern, warum wir auch diesen für wichtig erachtet haben.

Fazit: Es haben sich alle Schüler beteiligt und intensiv mit den Eckpunkten der 48er Revolution auseinandergesetzt. Erfolgserlebnisse gab es sowohl für leistungsschwächere als auch -stärkere Schüler. Schüler, die gern präsentieren oder an der Tafel mitwirken, hatten die Möglichkeit dies auszuleben; Schüler, die lieber im Hintergrund bleiben, konnten das tun. Dadurch, dass der Vortragende einen Assistenten an seiner Seite hatte, werden sich auch weniger risikobereite Schüler in der nächsten Stunde trauen, ein Referat vorzubereiten.

Zur Vorbereitung seiner Unterrichtsstunden überdenkt Schlauer immer noch einmal die unterschiedlichen Lernvoraussetzungen seiner Schüler und legt individuelle Lernziele fest. Er ist sich vollends bewusst, dass er seinen Schülern passende Lernangebote unterbreiten muss. Denn Unter- oder Überforderung führt in die »Teufelskreise des Misslingens«[66]:

- Dann sind Lehrkraft, Eltern und Schüler enttäuscht, wenn die vermeintlichen Förderversuche vergeblich sind.
- Dann spielt der Schüler zur Kompensation den Klassenclown, er verweigert das Lernen vollständig oder er fällt in kleinkindhaftes Verhalten zurück, das alle nervt.
- Dann können Angst, Lernblockaden, Unterrichtsstörungen und Schulschwänzen die Reaktion auf den Schulalltag sein.

Kollege Schlauer weiß: Jeder, der starke und der schwache Schüler, hat ein Bedürfnis und einen Anspruch auf Erfolg. Deswegen hat er auch für jeden seiner Schüler einen Lernpass angelegt, indem er die Leistungsfortschritte wöchentlich dokumentiert. Sein Ziel ist, dass jedem Schüler größtmögliche Gerechtigkeit widerfährt und er in seiner Bewertung transparent ist.

In Gedanken geht er den heutigen Unterrichtstag durch. Zweimal ist der Unterricht nicht so gelaufen, wie er es geplant hatte. Bin ich mit diesem Misserfolg flexibel genug umgegangen?, fragt er sich. Habe ich die Aufgabenanforderung mit den Schülern trotzdem zu einem Ziel gebracht? Er denkt eine Weile über seine Konzentration und Aufmerksamkeit im Unterricht nach und über seine Handlungsbereitschaft, mit einer unvorhergesehenen Unterrichtsstörung umzugehen.

Die Schüler hatten plötzlich eine Diskussionslinie für sich entdeckt, die nur schwer zu umschiffen war. Er musste diesen erzwungenen Exkurs zulassen, um möglichst bald und elegant wieder zu seinem ursprünglichen Unterrichtsziel zu steuern. Das hat gerade noch geklappt, sagt er sich. Es ist mir gelungen, dass sich die Schüler nicht ausgebremst vorkamen, sondern mit ihren Gedankenwegen ernst genommen wurden. Schlauer nimmt sich vor, die Klasse noch einmal auf das Thema anzusprechen. Dabei merkt er, wie er sich bereits auf den morgigen Tag freut. Wie schön es doch ist, dass seine Schüler mit ihm diskutieren wollen! Es geht jedes Mal auch um seine Meinung, die er möglichst diplomatisch zurückhält.

Er geht nach Hause, setzt sich an seinen Schreibtisch und überdenkt seine morgige Unterrichtsplanung: Neues Thema ist die Gravitation. Wie weit soll er das Thema in Einzelaspekte zerlegen? Wie viel Komplexität kann er jedem einzelnen Schüler bei den Aufgaben zumuten, damit dieser seinen Grips anstrengt und auf eigenständigem Weg zu einer Lösung kommt? Kollege Schlauer weiß um das Vorwissen jedes einzelnen Kindes, er kann sie in ungefähr vier Gruppen einteilen (wobei er darauf achtet, die Schubladen immer offen zu lassen), er weiß um ihren sozialen Hintergrund, ihre Auffassungsgabe und ihre Interessen. Das alles muss er beachten, wenn er die Reihenfolge der morgigen Verstehensschritte festlegt. »So viel Herausforderung (kognitive Aktivierung) wie möglich schaffen, aber auch so viel Unterstützung (kognitive Strukturierung) wie nötig geben.«[67] Das ist sein Credo, mit dem er an jede Unterrichtsstunde herangeht. Immer in dem Sinne eines Gleichgewichts, dass zwischen der Herausforderung und Unterstützung hergestellt werden soll.

Superhaltung = Supervorbild!

»Wegen Schnupfen zu Hause bleiben? Das will ich gar nicht!«, antwortet Kollege Schlauer einer Kollegin, die ihm wegen seiner Erkältung zu ein paar Tagen Auszeit rät. Er sieht seine große Verantwortung für die Biografien der Schüler: »Und ich kann mir solch eine Haltung auch nicht erlauben. Wir sind dafür da, die Schüler auf das Leben, vor allem auf ihr Berufsleben vorzubereiten. Durch uns lernen sie Zusammenhänge kennen, die ihnen einen guten Start in Beruf und Studium ermöglichen. Das ist eine immense Verantwortung, die wir haben!«

Schlauer ist von seiner Wirkung auf die Lernfortschritte der Schüler sehr überzeugt. Das ist auch extrem wichtig: Die Einschätzung einer Lehrkraft über die eigene Wirksamkeit ist nachweislich förderlich für die Bewältigung der beruflichen Herausforderungen. Nichtsdestotrotz erklärt er Kollege Schlotter: »Ich muss ständig am Ball bleiben, sozusagen dauerengagiert sein. Das bedeutet natürlich auch, Weiter- und Fortbildungen zu besuchen.«

Schlotter ist beeindruckt. Wie schafft Schlauer das nur alles? Aber dann merkt er wie so oft bei seinem Kollegen, dass sich dieser ständig selbst motiviert.

»Mein lieber Schlotter, ich brauche die tägliche Herausforderung für mich persönlich, ich brauche neue Situationen mit meinen Schülern, um neue oder weitere Lerngelegenheiten zu entdecken und ihnen diese anzubieten!«

»Reicht dir nicht, was du hier jeden Morgen vorfindest?«

»Schön, dass es noch Lehrer gibt, die ihren Beruf lieben und auch mit der neuen Schülergeneration klarkommen. Leider entscheiden sich viele für diesen Beruf, ohne zu wissen, was auf sie zukommt, und damit eben auch ohne den nötigen Charakter.«

Kommentar auf YouTube

»Nein«, versetzt Schlauer, »ich bin mir sicher, dass mein Unterricht entscheidende Auswirkungen auf die Biografie der Schüler hat. Daher kann es kein ›Es reicht mir, wie es ist‹ geben. Wenn ich ein Kind nicht erreiche, dann habe ich mein Ziel verfehlt! Jede Klassenarbeit, in der Schüler schlechter als Drei stehen, muss ich doch zum Anlass nehmen, meine Unterrichtsmethoden zu überdenken.« Und enthusiastisch fügt er hinzu: »Alles eigene Persönlichkeiten, die sich jeden Tag ein wenig mehr herausbilden«, und »Ich bin jeden Tag froh, diesen Beruf zu haben!«

»Ich auch, ich mag die Schüler wirklich gern«, sagt Schlotter. »Aber mir ist der Beruf auch aus anderen Gründen wichtig: Er ist sicher, gut bezahlt, wir haben neben dem Stress auch eine Menge Freizeit, und meine Frau freut sich, dass ich ab 16.30 Uhr den Kleinen übernehmen kann.«

Das stimmt. Daran hatte Schlauer bei seiner Berufswahl nicht gedacht. Er liebte leidenschaftlich die Physik und wollte auf der anderen Seite schon immer mit Jugendlichen zusammenarbeiten. Was lag näher, als beide Interessen miteinander zu verknüpfen?

Trotzdem muss er Schlotter recht geben. Er hat sich nie darüber Gedanken machen müssen, eines Tages ohne Arbeit dazustehen. Das ist ein Luxus, den ich noch gar nicht richtig gesehen habe, denkt Schlauer.

Superlehrer = Superjob!

In den letzten Monaten ist Schlauers 9. Klasse extrem gereift. Pubertierendes Gehabe wird zusehends durch Rücksichtnahme abgelöst. Der Diskussionsstil ist nicht mehr so widersprüchlich, man lässt sich inzwischen gegenseitig ausreden und ist an der Meinung des anderen auch wirklich interessiert. Wenn dennoch jemand den Unterricht stört, kann Schlauer eloquent damit umgehen. Er weiß: Störungen sind nicht persönlich gemeint, sondern betreffen ihn nur in seiner Funktion als Lehrer. Deshalb wird er als Replik nie persönlich, sondern beschränkt sich auf das störende Verhalten. Ihm ist klar, dass manche Ausbrüche von Schülern Stellvertreterkriege für familiäre Probleme sein können, die dem Schüler zu schaffen machen. Dann heißt es für ihn, ein offenes Ohr zu zeigen.

Kleine Auseinandersetzungen sieht er sportlich und als Teil einer demokratischen Schulstruktur. Er schreitet ein, wenn Schüler andere Schüler beleidigen und diffamieren, und macht sowohl die Streitereien als auch die konkreten Schimpfwörter zum Teil seines Unterrichts. Für seine Schüler ist es immens wichtig, von ihm tagtäglich eine neue Chance zu erhalten. Darum stellt er jeden Morgen seine innere Uhr auf null, sollte es am Vortag Streitereien mit Schülern gegeben haben. Denn Kreativität, Spontanität und Humor gehören dazu, um auf die unterschiedlichen Situationen die passende Reaktion zu finden. Das macht das Unterrichten so schwierig – und gleichzeitig so schön!

Epilog

Wo finden wir ihn bloß, unseren Superlehrer? Den fiktiven Kollegen Schlauer werden wir vergeblich suchen. Aber: Er steht stellvertretend für viele sehr gute Lehrer, die sich ganz real, Tag für Tag, mit viel Herzblut an unseren Schulen engagieren. Einige von ihnen sind zu Wort gekommen, wir haben von ihrem Einfluss auf die Qualität einer »guten Schule« erfahren.

Lässt sich die ideale Lehrerpersönlichkeit, der Superlehrer, auf klare Indizien zurückführen? Nein, sicher nicht! Alle Lehrer in diesem Buch, die realen und die fiktiven, die Kolleginnen Seifert und Pfennigschimmel, die gern in Stöckelschuhen herumstolzierende Frau Brauer, der gehetzte Lehrer Gerdler, die geschätzten Kollegen Eichler und Kamberg, die Lehrer Schnösel, Schlauer und Schlotter sind in Charakter, Habitus, Interessensgebieten völlig verschieden. Das ist auch ganz in Ordnung so. Denn wie sagt das Sprichwort: Viele Wege führen nach Rom! Ebenso kann auch der Lehrer auf ganz unterschiedlichem Weg zu seinem Ziel gelangen, das da heißt: der Klasse, den einzelnen Schülerinnen und Schülern, so viel wie möglich beizubringen.

Wie wichtig die Lehrerpersönlichkeit ist, wurde von der Bildungsforschung hinreichend bestätigt. Klare Ansagen, ein gutes Schüler-Lehrer-Verhältnis, beratungsoffene Lehrer und ein solides Fachwissen sind für den Lernerfolg der Schüler

wesentlich wichtiger als kleine Klassen oder Ganztagsange-
bote. Nun gilt es, diese wissenschaftlichen Ergebnisse auch in
der Schulpolitik und in den Schulen zu verankern.

Unser vorrangiges Interesse galt dem Lehrerpersonal, der
einzelnen Lehrkraft und ihren Unterrichtsmethoden, ihrem
Auftritt und ihrer Beziehungsfähigkeit. Alles andere (wie die
Bausubstanz unserer Schulen, der arbeitsrechtliche Status
der Lehrer oder gar ihre Entlohnung) ist und bleibt zweitran-
gig. Muss der Lehrer – wenn er derart im Mittelpunkt steht –
immer und unter allen Umständen Vorbild sein? Nein, um
Gottes willen! Dann wäre er nicht mehr authentisch, und damit würden die Schüler ihm auch sein vorbildhaftes Verhalten nicht abnehmen.

Der Lehrer hat das große Glück, in seiner Klasse der Chef
zu sein und trotzdem nachmittags seine Zeit selbst einteilen
zu können. Er könnte durchaus im Freibad in der Sonne liegen und seinen Job am nächsten Tag trotzdem gut machen,
weil er die Unterrichtsvorbereitung in die Abendstunden ver-
legt. Er kann seine Hobbys in Form von Schul-AGs verwirklichen und eine Menge engagierte Ehrenamtliche ohne große Umstände für seine Projekte begeistern. In seiner Arbeit
spürt er Erfolge sowohl kurz-, mittel- als auch langfristig. Es
gibt kaum etwas Schöneres, als die Begeisterung, die man
für sein eigenes Fach verspürt, erfolgreich auf die Schüler zu
übertragen! Und es gibt kaum etwas Schöneres, als zu sehen, wie sich Schüler zu Persönlichkeiten heranbilden. Dass
man daran beteiligt ist, dass man als Lehrer sogar Einfluss
auf diese Entwicklung hat, ist etwas Großartiges, wenngleich
es auch mit einer hohen Verantwortung verbunden ist.

Für einen gemeinsamen Schulkodex

Meine Erfahrung aus 41 Jahren Schuldienst sagt mir: Es gibt keine Schule, an der nur Superlehrer ihren Dienst tun. Die gesunde Mischung macht es. Schüler, Lehrer und Eltern sind auch keine homogene Gemeinschaft – deswegen ist auch nicht nur ein Lehrertypus gefragt. Für den einen Schüler ist der strengere Lehrer richtig, für den anderen der vorwiegend liebevolle. Je nach Alter und Bedürfnissen brauchen Schüler unterschiedliche Ansprachen. Die unterschiedlichen Akteure, die sich auf den deutschen Schulgeländen tummeln, sollten gemeinsame Ziele formulieren, auf die alle zuarbeiten:

- dass unsere Kinder zu toleranten Persönlichkeiten reifen,
- dass sie selbstbewusst und angstfrei ihre Schulzeit erleben,
- dass sie gerne auf die zehn oder zwölf Lernjahre zurückblicken und
- dass sie Erinnerungen und Freundschaften mitnehmen, die im besten Fall sogar ein Leben lang halten.

Das sollte ein Kodex sein, den wir alle teilen, an dem wir alle gemeinsam arbeiten! Das ist nicht immer leicht, manchmal erscheint es geradezu unmöglich. Denn am Bildungsort Schule treffen viele unterschiedliche soziale Milieus zusammen: Eltern, Schüler, aber auch Lehrer, haben alle ihre eigenen Erwartungen, Interessen und Prioritäten; sie haben unterschiedliche Interpretationen von guter und schlechter Schule, von Erfolg und Zukunftsperspektiven.

Tagtäglich stehen die formulierten Ziele auf der Agenda

321

der meisten Lehrer. Aber wie in jedem Beruf kann es auch ihnen passieren, dass die Kernanliegen, um die es ihnen in diesem schönen Beruf einst ging, in den Hintergrund rücken. Denn ganz nebenbei sind die ständig wachsenden Aufgaben aus den Bildungsministerien zu erfüllen, die mit dem direkten Schulalltag nicht immer etwas zu tun haben. Ganz nebenbei ist der Lehrer eben doch auch Sozialarbeiter. Und ganz nebenbei soll er sich kontinuierlich fortbilden, um den Anforderungen seines Faches standzuhalten. Denn der gute Lehrer hat nach rechts und links zu schauen, damit er Schülern mehr als nur den Inhalt der Rahmenlehrpläne vermitteln kann. Ein guter Lehrer erteilt nicht nur überwiegend guten Unterricht, der den Schülern erfolgreich Kompetenzen vermittelt. Ein guter Lehrer fördert die Interessen der Kinder, ihre Haltungen und Einstellungen, er erzieht sie im Sinne des gesellschaftlichen Wertesystems, in dem er und seine Schüler leben.

Würdigt die Öffentlichkeit diese vielfältigen Aufgaben? Nun ja, wir wissen es: Nicht immer ... oft entsteht ein verfälschtes Lehrerbild, das sich gerade einmal aus Unterrichtszeiten, allenfalls noch aus Korrekturzeiten zusammensetzt. Es wird zu viel über schlechte Lehrer geredet, aber zu selten über gute. »Die Pädagogen selbst sollten mehr Mut zeigen«, konstatiert die *Süddeutsche Zeitung,* »die Larmoyanz gerade der vergangenen Jahre schadet.«[68]

Tipps für Einsteiger

Wer den schönsten, vielfältigsten und nicht gerade leichtesten Beruf aller Berufe ergreifen will, der sollte sich daher intensiv mit dem Berufsbild beschäftigen. Inzwischen bieten verschiedene Bundesländer Checklisten an, mit denen sich Studienanfänger testen können, ob sie sich für den Lehrerberuf eignen. Denn bestimmte Persönlichkeitsmerkmale sind eindeutig förderlich für den Berufserfolg des Lehrers. Es ist allemal empfehlenswerter, sich mit den verschiedenen Anforderungen aktiv auseinanderzusetzen, als unbefangen in Richtung Lehramt zu studieren, weil man zu wissen glaubt, wie Schule funktioniert, ist die eigene Schulzeit doch gerade mal ein Jahr her. Viele unterschätzen jedoch, dass hier eine 180-Grad-Wende nötig ist, ein Perspektivwechsel vom Teamplayer in der Klassengemeinschaft hin zu einer Führungsfigur, die sich bewusst von der Schülerschaft abheben muss.

»Ich bin doch einer von euch!« – Diese Einstellung wäre fatal und gehört definitiv nicht zum Lehrerberuf! Wer schüchtern ist und nicht gerne mit anderen in Kontakt tritt, ist an der Schule falsch, wer sich nicht selbst unter Kontrolle hat, schnell aufbraust und unbeherrscht reagiert, der wird mit Schülern nicht seriös arbeiten können. Wer psychisch nicht immer stabil ist, könnte schnell Probleme mit sich selbst bekommen, da der Lehrerberuf starken Belastungen ausgesetzt ist. Kontaktbereitschaft, Selbstkontrolle und psychische Stabilität sind drei Persönlichkeitsmerkmale, die entscheidend sind für den beruflichen Erfolg![69]

Diese Persönlichkeitsmerkmale zeichnen nicht nur Lehrer aus – sie sind erforderlich in allen Berufen, in denen Menschen auf Menschen treffen. Der Lehrer kann sich glücklich schätzen, denn psychische Belastungen durch permanente Qualitätskontrolle, interne Konkurrenzkämpfe oder Anfeindungen wie in manchen Unternehmen sind ihm fremd. Allerdings fehlt ihm nicht nur der Konkurrenzdruck, sondern auch die Anerkennung für gute Arbeit: Wenn ihn niemand kontrolliert, kann ihn auch niemand loben. Es ist nicht so einfach, sich immer wieder selbst zu motivieren – denn ein anderer wird es nicht übernehmen. Im Gegenteil: Wenn manche Kollegen nur mit halber Energie fahren, dann bedarf es schon einiger Selbstüberzeugung, sich dennoch hundertprozentig zu engagieren.

»Es gibt eben zwei Arten von Lehrern. Die einen sind Lehrer geworden wegen des Jobs und der Möglichkeit verbeamtet zu werden. Die anderen, ich sag jetzt mal einfach ›die besseren‹ Lehrer sind es aus Berufung geworden. Weil sie den Kindern und Jugendlichen etwas beibringen und Wissen vermitteln wollen. Und von der zweiten Art gibt es leider viel zu wenig.«
Kommentar auf YouTube

Eine Personalmanagerin sagte mir: »Ein Lehrer kriegt zwar nichts auf den Deckel, aber er hört auch kein Lob von Vorgesetzten, wenn er gut ist. In der Wirtschaft ist das Feedback sofort da – zumindest bei einem funktionierenden Unternehmen. Im guten wie im schlechten Sinne. Anerkennungssysteme, Leistungsboni – warum nicht derartige Anreize auch im

Bildungswesen einführen? Es müssen nicht alle Topmodel-maße haben. Aber wer die Leistung seiner Schüler um 30 Prozent verbessert hat, der soll doch einen Leistungsbonus bekommen.«

Ich finde die Idee sympathisch. Es muss gesehen werden, wenn sich jemand für seine Schüler in die Bresche wirft. Es muss einen Unterschied machen, ob man sich verausgabt oder Dienst nach Vorschrift leistet. Wir brauchen ein Anerkennungssystem, damit engagierte Lehrer wissen, dass ihr Engagement gesehen und honoriert wird. Bis heute zählt jedoch nur die intrinsische Motivation. Das sollte allen, die Lehrer werden wollen, klar sein.

Damit Studierende nicht unreflektiert Lehrpersonen werden, ist eine vorherige Berufsorientierung oder auch -beratung förderlich: Eine Auseinandersetzung mit den Motiven der Berufswahl, mit erforderlichen Kompetenzen sowie auch Fallstricken – das kann die Gefahr erheblich reduzieren, den falschen Beruf als vermeintlichen Traumberuf zu wählen.

Zusammenfassung: Was müssen Lehrer draufhaben?

Der Lehrerberuf gehört zu den schönsten, aber auch anspruchsvollsten Berufen. Neben seiner Fachqualifikation muss der professionelle Lehrer über vielseitige Kompetenzen verfügen:

fachdidaktische Kompetenzen wie zielorientiertes Unterrichten und die Kenntnis über zahlreiche Unterrichtsmethoden,

erzieherische Kompetenzen wie persönliche Präsenz, Durchsetzungskraft, Vorbildfunktion und die Fähigkeit zur Motivation,

Organisationskompetenzen wie die inhaltliche und zeitliche Planung, Strukturierung und Kontrolle von Aufgabeneinheiten,

Gesprächskompetenzen wie eine klare Sprache und Gesprächsführung, Verhandlungssicherheit und Kooperationsbereitschaft mit Eltern sowie Kollegen,

berufsethische Kompetenzen wie Einfühlungsvermögen, Authentizität, Konfliktfähigkeit, Toleranz und Verlässlichkeit sowie letztendlich die **Selbstkompetenz,** also die Leistungsbereitschaft, das Selbstvertrauen, die Ausdauer, die Liebe zu den Schülern, die Reflexion des eigenen Verhaltens – all das, was einen guten Lehrer ausmacht, damit er in seinen Schülern das Beste sieht und aus ihnen das Beste herausholt!

CHECKLISTE:

Eigne ich mich zum Superlehrer?

Wer wissen will, ob er sich zum Lehrer oder zur Lehrerin eignet, braucht sich nur einige grundsätzliche Fragen zu stellen und auf diese ehrliche Antworten zu geben.

	Ja	Nein
Lieben Sie Überraschungen und schwer kontrollierbare Situationen?	○	○
Sind Sie zuversichtlich und lassen sich nicht schnell entmutigen?	○	○
Mögen Sie Kinder?	○	○
Mögen Sie Jugendliche?	○	○
Sind Sie unempfindlich gegen Lärm?	○	○
Können Sie zugleich freundlich, konsequent und streng sein?	○	○
Haben Sie eine gut hörbare Stimme?	○	○
Sind Sie humorvoll?	○	○

Wenn Ihnen etwas nicht passt, können Sie sich trotzdem ohne Brüllen und Schreien artikulieren? ○ ○

Sind Sie psychisch stabil, selbstbewusst und führungsstark? ○ ○

Lieben Sie es, auf einer Bühne zu stehen? ○ ○

Sind Sie in der Lage, Anweisungen durch Mimik und Gestik auszudrücken? ○ ○

Lieben Sie das Fach, das Sie unterrichten wollen? ○ ○

Können Sie sich vorstellen auch viele weitere Fächer zu lieben (und zu unterrichten) – selbst wenn Sie sie gar nicht studiert haben? ○ ○

Können Sie der Versuchung widerstehen, sich wie ihre Schüler zu benehmen und ebenso zu kleiden? ○ ○

Können Sie auf stereotype Lehrerkleidung verzichten (braune Cordjacke, Strickpulli, weite Leinenkleider)? ○ ○

Haben Sie eine anständige Hose/ ein anständiges Hemd/ eine anständige Jacke /einen anständigen Rock, der nicht nach dem Hippiestil des letzten Jahrhunderts aussieht? ○ ○

Können Sie unhöfliches und unkonzentriertes Verhalten von krankhaftem unterscheiden? ○ ○

Würden Sie zum Beispiel merken, wenn ein Schüler unter einem Tourette-Syndrom[70] leidet? ○ ○

Können Sie auch mit Erwachsenen umgehen? ○ ○

Haben Sie Vorurteile gegen ausländische Großfamilien? ○ ○

Haben Sie Vorurteile gegen bürgerliche deutsche Familien? ○ ○

Haben Sie Vorurteile gegen Frauen, die ihr Mutterdasein als Beruf ansehen? ○ ○

Stehen Sie immer noch hinter Ihrem Berufswunsch, wenn Sie alle Ihre Vorurteile bestätigt sehen? ○ ○

Sind Sie offen gegenüber Menschen (Schulräte, Schulaufsichten und Ministerialmitarbeiter), die sich immer wieder Neues ausdenken, damit Sie es in Ihren Klasse umsetzen? ○ ○

Sind Sie bereit, sich lebenslang fort- und weiterzubilden? ○ ○

Stehen Sie gerne früh auf? ○ ○

Gab es für Sie noch andere Berufsalternativen? ○ ○

Wenn Sie vier oder mehr Fragen mit einem klaren »Nein« beantworten, dann tun Sie sich, den Schülern und Eltern den Gefallen und wählen Sie lieber einen anderen Beruf. Sie könnten in diesem Beruf nicht so glücklich werden, dass Sie die regelhafte Pensionsgrenze schadlos erreichen.

Wenn Sie 90 Prozent der Fragen mit einem bekennenden »Ja« beantwortet haben (das sind etwa 24 Fragen), sollten Sie sich genau ansehen, welche Fragen von Ihnen mit »Nein« beantwortet wurden. Sind Nummer 1 bis 11 darunter, auch dann sollten Sie Ihren Berufswunsch noch einmal überdenken. Sind es Ihre Antworten auf die Fragen 12 bis 27, dann wird es nicht immer leicht sein, aber möglich. Ergreifen Sie ruhig den Lehrerberuf – Sie werden daran wachsen!

Falls Sie keine Vorurteile gegenüber Elterngruppen haben und ansonsten alle Fragen mit einem bekennenden »Ja« beantworten können, dann zögern Sie nicht: Werden Sie Lehrer! Je nach Bundesland warten bis zu sechs Jahre Ausbildungszeit auf Sie, bis Sie sich Lehrer mit voller Lehrbefähigung nennen können.

Und dann haben Sie ihn: den schönsten Beruf der Welt!

Dank

An diesem Buch haben viele Lehrerinnen und Lehrer, viele Schülerinnen und Schüler, viele Mütter und Väter, viele Freunde und Bekannte durch ihre Hinweise, Statements und Überlegungen mitgewirkt. Einige waren einverstanden, mit Klarnamen zitiert zu werden, einige baten darum, andere Namen zu erhalten. Wir möchten ihnen allen danken sowie zahlreichen Schülern des Friedrich-Ebert-Gymnasiums in Berlin-Wilmersdorf!

Namentlich seien erwähnt: Gisi (die Superlehrerin!) und Rich Stoffers, Philipp Mühlberg, Dr. Annette Majoor, Dr. Bettina Pohle, Inge Kukulka, Ruby Mattig-Krone, Manfred Thunig, Nicole Koblenz, Nele Boehme, Marino Petrioli, Constanze Köbberling, Nina Witte, Benno Linne, Dr. Peter Danz, Monika Aurich, Frank Schulenberg, Ilja Koschembar, Dörthe Rutkowsky, Ellen E., Emily, Johanna, Zoe, Amanda, Wilma, Markus, Benjamin, Nicolas, Morghan, Lu, Hanna, Leander und Louis.

Anmerkungen

1. Ignaz Wrobel (Pseudonym): *Die Weltbühne,* 30.10.1928, Nr. 44, S. 660. Beamtenpest II

2. »DER PLAN B VON: Katrin Göring- Eckardt, Fraktionsvorsitzende der Grünen im Bundestag«, in: *Die Zeit,* 03.07.2014, Nr. 28, S. 59.

3. Jeannette Otto, »Wie Lehrer wirklich sind«, in: *DIE ZEIT* Nr. 24/2009, 03.06.2014

4. Jeannette Otto, »Wie Lehrer wirklich sind«, in: *DIE ZEIT* Nr. 24/2009, 03.06.2014

5. Karl-Heinz Heinemann/Mark Willock, »Die Bedeutung der Stimme für den Unterricht«, SWR2 Wissen, 07.02.2013; http://www.swr.de/swr2/wissen/der-gute-ton-des-lernens/-/id=661224/nid=661224/did=10971986/1uzmpz5/

6. Midia Nuri/Andrea Pawlik; »Moderator: Tipps zu Jobs, Ausbildung, Karriere«; http://karriere-journal.monster.de/karriere-planung/berufe-im-uberblick/moderator-42386/article.aspx

7. »Lehrer ohne Stimme«, Deutschlandfunk, 22.02.2008; http://www.deutschlandfunk.de/lehrer-ohne-stimme.680.de.html?dram:article_id=36691

8. Sonja Heuschkel, »Stimmschulungen für Lehrer«; http://logopaedieimteam.de/index.php?id=52

9. Roswitha Eder, »Stimme und ihre Bedeutung für Verstän-

333

digung – Möglichkeiten und Grenzen Leiblicher Stimmbildung«, in: *Der skeptische Blick* 2011; http://link.sprin-
ger.com/chapter/10.1007/978-3-531-92824-1_13#page-1

10. »Deutsche Schulgeschichte«; https://www.bo-
chum.de/C125708500379A31/CurrentBaseLink/
W28C6CQE563BOLDDE

11. »Embryo eines Meisterwerks«, in: *Der Spiegel*
17/1994, 25.04.1994; http://www.spiegel.de/spiegel/
print/d-9280816.html

12. Jochen Schimmang, »Der erste Mensch«, Deutschlandfunk, 01.01.1980, http://www.deutschlandfunk.de/der-
erste-mensch.700.de.html?dram:article_id=79444

13. »Das war meine Rettung«, Interview mit Hatice Akyün,
in: *ZEITmagazin*, Nr. 27, 26.06.2014; Bildungssenatorin
Sandra Scheeres auf einer Podiumsdiskussion des UVB
im Haus der Wirtschaft am 17.11.2014

14. Frank Bachner, »Der Rektor mit dem Teddybär«, in: *Der
Tagesspiegel*, 17.06.2014; http://www.tagesspiegel.de/ber-
lin/schule/alternatives-lehrkonzept-in-treptow-der-rek-
tor-mit-dem-teddybaer/10052128.html

15. http://mobbing-schluss-damit.de/mobbing-fragebogen-
zur-ansicht

16. Jürgen Frank und Eckart Schwerin (Hrsg.), *Was evangeli-
sche Schulen ausmacht,* Waxmann 2008.

17. Der Känguru-Wettbewerb wird durch den Verein Mathematikwettbewerb Känguru e.V. durchgeführt, der seinen
Sitz an der Humboldt-Universität zu Berlin hat. Die Teilnahme ist freiwillig; er erfreut sich großer Beliebtheit bei
den Schülern.

18. Heinz-Alex Schaub, »Die pädagogische Beziehung zwischen Lehrern und Schülern«; http://www.ptz.de/fileadmin/media/Schaub__Alexander-Text_fuer_Tagungsband_von_PP_geaendert-27.09.2013.pdf

19. »Farbgestaltung in Schulen fördert die Lernfähigkeit«; http://www.chemie.com/schule/schule-artikel/article/farbgestaltung-in-schulen-foerdert-die-lernfaehigkeit.html

20. Klaus Zierer, »Haltung und Leidenschaft«, in: *DIE ZEIT* Nr. 28/2014, 03.07.2014; http://www.zeit.de/2014/28/schule-lehrerbildung

21. Johann Osel, »Ein Beruf verliert seine Klasse«, *Süddeutsche Zeitung,* 11.06.2014; Link: sz.de/1.1993885

22. Bernhard Hoffmann, »Grundbegriffe der Unterrichtsmethodik«, Universität Trier 2008; https://www.uni-trier.de/fileadmin/fb1/prof/PAD/BW2/Hoffmann/VL_4_Grundbegr.Unterrichtsm.pdf

23. Hilbert Meyer, »Unterrichtsmethoden«, in: Kiper, H./ Meyer, H. / Topsch, W., *Einführung in die Schulpädagogik.* Berlin 2002.

24. Hilbert Meyer, »Unterrichtsmethoden«, in: Kiper, H./ Meyer, H. / Topsch, W., *Einführung in die Schulpädagogik.* Berlin 2002; http://www.uni-potsdam.de/fileadmin/projects/erziehungswissenschaft/documents/studium/Textboerse/rtf-Dateien/06_meyer_unterrichtsmethoden.doc

25. Georg Lind, »Was nutzen Hausaufgaben – wie nutzt man Hausaufgaben?«, in: *Infobrief Schulpsychologie BW,* Feb 2014, Nummer 14-1.

26. An manchen altsprachlichen Gymnasien sogar bis zu 36 Stunden.

27. Verlag PROSchule, »Kollegiale Hospitation«; http://www. schulleiter.de/artikel-lesen/artikel/kollegiale-hospita-tion-wirklich-das-nonplusultra/

28. Institut für Schulqualität der Länder Berlin und Branden-burg e.V. (ISQ), »Selbstevaluation – Anwendung«; https:// www.sep.isq-bb.de/de_DE/unterricht/anwendung.html

29. Die Fragen stammen unter Änderung des Namens aus dem Fragebogen des SEP/Berlin-Brandenburg: https:// www.sep.isq-bb.de/de_DE/befragung/fragebogen/download/22.html

30. Peter Liebetrau, »Planung von gutem Unterricht«, in: Ringvorlesung »Unterricht, der Schülerinnen und Schü-ler herausfordert«, Wintersemester 2004/05; http://www. uni-kassel.de/~refsps/Ringvorlesung/vorlesung%20Lie-betrau.pdf

31. Vergleichsarbeiten = VERA (Qualitätssicherungsinstru-ment für Schulen). VERA wird bundesweit in der 3. und 8. Klasse durchgeführt. Allerdings wird der Stoff der 4. so-wie 9. Klasse abgefragt. Warum? Damit die Lehrer wissen, was sie ihren Schülern noch beibringen müssen. Eltern bekommen Feedback zum Leistungsstand ihrer Kinder im Vergleich zum Klassendurchschnitt. Lehrer können sich mit einer Vergleichsgruppe einer anderen Schule messen. Der Sinn von VERA ist hoch umstritten, da kei-nerlei Konsequenzen aus den nicht öffentlichen Ergeb-nissen gezogen werden müssen.

32. Dieter Höfer und Ulrich Steffens, »Lernprozesse sicht-

bar machen – John Hatties Forschungsarbeiten zu gutem Unterricht. Welche Relevanz haben sie für Schulen in Deutschland?«, Landesschulamt und Lehrkräfteakademie Wiesbaden, 20.02.2013; www.visiblelearning.de/wp-content/uploads/2013/04/Hattie_Veroeff_Persp_3a_ Uebertragb_2013-02-20.pdf

33. Behörde für Jugend, Schule und Berufsbildung Hamburg, »Schulinterne Evaluation. Ein Leitfaden zur Durchführung«, März 2000; http://bildungsserver.hamburg.de/ contentblob/69620/data/bbs-hr-schulinterne-eva-leit-faden-03-00.pdf

34. Aktionsrat Bildung, »Psychische Belastungen und Burnout beim Bildungspersonal. Empfehlungen zur Kompetenz- und Organisationsentwicklung«; http://www. aktionsrat-bildung.de/fileadmin/Dokumente/ARB_Gutachten_Burnout.pdf

35. »Umfrage: Wie Lehrer über ihren Beruf denken«, *Spiegel online*, Fotostrecke vom 24.04.2012; http://www.spiegel. de/fotostrecke/umfrage-wie-lehrer-ueber-ihren-beruf-denken-fotostrecke-81451-10.html

36. Thorsten Mohr, »Die Mär vom jammernden Lehrer: Die meisten sind trotz Belastungen zufrieden mit ihrem Beruf«, Universität des Saarlandes, Pressemitteilung vom 07.05.2014; http://idw-online.de/pages/de/news585528

37. Johann Osel, »Lehrer-Studien: Mal ausgebrannt, mal ganz zufrieden«, in: *Süddeutsche Zeitung*, 12.05.2014; Link: sz.de/1.1956013

38. Kultusministerkonferenz, »Lehrereinstellungsbedarf und -angebot in der Bundesrepublik Deutschland«;

http://www.kmk.org/statistik/schule/statistische-ver-oeffentlichungen/lehrereinstellungsbedarf-und-ange-bot.html

39. Josef Kraus, »Der Lehrer – Tausendsassa oder Fußabstrei-fer der Nation?«, SWR 2 AULA, Sendung vom 27.08.2006; http://www.lehrerverband.de/image.htm

40. Werner A. Perger, »Faule Säcke?«, in: *DIE ZEIT* Nr. 26/1995, 23.06.1995; http://www.zeit.de/1995/26/Fau-le_Saecke_

41. Deutscher Bundestag, »Stenografischer Bericht der 238. Sitzung«, 26.04.2013; http://dipbt.bundestag.de/doc/btp/17/17238.pdf

42. »Nicht für die Schule, für das Leben reparieren wir«; http://www.sueddeutsche.de/karriere/studie-lehrer-image-nicht-fuer-die-schule-fuer-das-leben-reparieren-wir-1.403461

43. Deutscher Bundestag, »Stenografischer Bericht der 17. Sitzung«, 20.02.2014; http://dipbt.bundestag.de/doc/btp/18/18017.pdf

44. Deutscher Bundestag, »Stenografischer Bericht der 43. Sitzung«, 26.06.2014; http://dipbt.bundestag.de/doc/btp/18/18043.pdf

45. Deutscher Bundestag, »Stenografischer Bericht der 238. Sitzung«, 26.04.2013; http://dipbt.bundestag.de/doc/btp/17/17238.pdf

46. *Süddeutsche Zeitung* vom 21.11.2011

47. http://www.waxmann.com/?id=20&cHash=1&buch-nr=2433

48. Die Oberstufenzentren sind in Berlin und Brandenburg

berufliche Schulen, die verschiedene Berufsbildungsgänge in sich vereinen.

49. Johann Osel, »Lehrer sind keine Sozialarbeiter«/«›Helikopter-Eltern‹ sind jederzeit zum Landeanflug bereit«, *Süddeutsche Zeitung,* 24.06.2014; Link: sz.de/1.1998488

50. Herrmann/Hertramph (2000), S. 187

51. Senatsverwaltung für Bildung, Jugend und Wissenschaft Berlin, *Handbuch Vorbereitungsdienst,* Juli 2014; http://www.berlin.de/imperia/md/content/sen-bildung/lehrer_werden/vorbereitungsdienst/handbuch_vorbereitungsdienst.pdf?start&ts=1405510088&file=handbuch_vorbereitungsdienst.pdf

52. http://www.stuttgart.de/item/show/408026/1/event/64789?

53. Käthe-Kollwitz-Gesamtschule, »Elternseminar«; http://www.kollwitz-gesamtschule.de/index.php?page=304

54. http://www.anschub.de/eltern-beteiligen/klimawechsel-in-neukoelln/index.html

55. Steffen Kraft, »Wir dürfen nicht nur Kinder fördern«, *der Freitag,* 04.08.2012; https://www.freitag.de/autoren/steffen-kraft/wir-duerfen-nicht-nur-kinder-foerdern

56. Josef Kraus, »Maximale Verwöhnung, gigantischer Erfolgsdruck«, in: *Frankfurter Allgemeinen Zeitung* vom 02.02.2012; http://www.lehrerverband.de/aktuell_prinzensyndrom.html

57. Carolin Sponheuer, »Elterngespräche vorbereiten und zielorientiert führen«, *Klasse! Perspektive Lehramt – Das Portal;* https://www.perspektive-lehramt.de/artikel/publikationen/!/elterngespräche+vorbereiten+und+zielorientiert+führen/202

58. Das bayerische Schulgesetz enthält sogar die Pflicht der Schule, Eltern über auffallendes Absinken des Leistungsstands, schriftlich zu unterrichten.

59. »Unter zwei« bedeutet, dass kein direktes Zitat verwendet werden darf, sondern nur das Umfeld als Quelle genannt wird, zum Beispiel: Wie aus dem Kollegium der Friedrich-Ebert-Schule zu erfahren war, ...

60. Dieser Brief an den französischen Ministerpräsidenten Félix Faure wurde 1898 auf der Titelseite der französischen Tageszeitung *l'Aurore* veröffentlich und brachte Zola eine Klage wegen Verleumdung ein.

61. Starkenburg-Gymnasium, »Unsere Schulkultur«; http:// www.starkenburg-gymnasium.de/unsere-schulkultur/

62. Schule Bergstedt, »Unsere Schule stellt sich vor – Schulregeln: ›Frieda‹ – Ein Projekt für friedliches Miteinander«; http://www.grundschule-bergstedt.hamburg.de/index. php/article/detail/2738

63. Der Betrag kann zwischen den Bundesländern differieren.

64. John Hattie (überarbeitete deutschsprachige Ausgabe von Wolfgang Beyl und Klaus Zierer), *Lernen sichtbar machen,* Schneider Hohengehren 2013, S. XI

65. Mareike Kunter, »Motivation als Teil der professionellen Kompetenz – Forschungsbefunde zum Enthusiasmus von Lehrkräften«, in: *Professionelle Kompetenz von Lehrkräften, Ergebnisse des Forschungsprogramms COACTIV,* Waxmann 2011, S. 259

66. Senatsverwaltung für Bildung, Jugend und Wissenschaft Berlin, »Fachbrief Grundschule Nr. 6: Lernprozessbeglei-

tende Diagnostik«; http://bildungsserver.berlin-bran-
denburg.de/fileadmin/bbb/unterricht/rahmenlehrplae-
ne_und_curriculare_materialien/fachbriefe_berlin/
grundschule/Fachbrief_Grundschule_Nr_06.pdf

67. Thilo Kleickmann, »Kognitiv aktivieren und inhaltlich strukturieren im naturwissenschaftlichen Sach-
unterricht«, *Handreichungen des Programms SINUS an
Grundschulen;* http://www.sinus-an-grundschulen.de/
fileadmin/uploads/Material_aus_SGS/Handreichung_
Kleickmann.pdf, S. 8

68. Johann Osel, »›Helikopter-Eltern‹ sind jederzeit zum
Landeanflug bereit«, *Süddeutsche Zeitung,* 24.06.2014,
Link: sz.de/1.1998488

69. Career Counseling for Teachers; http://www.cct-germ-
any.de/de/3/QSA/tests/LpaFinish

70. Motorische und mindestens einen vokalen Tic. Die Diagnose kann nur der Arzt erstellen, der Lehrer muss aber
um die Möglichkeit wissen. http://www.tourette.de/
download/leitfaden_lehrer.pdf

Register

Unsere Leseempfehlung

352 Seiten
Auch als E-Book
erhältlich

Raus aus dem Hamsterrad! Heute kann jeder, der es geschickt anstellt, seine Leidenschaft zu einem einträglichen Beruf machen. Was begeistert mich? Was kann ich wirklich gut? Wo will ich es einsetzen? Ob angestellt oder mit dem eigenen Business – John Williams zeigt mit vielen Fallbeispielen und handfesten Tipps, wie man seinen ganz persönlichen Traumjob erschaffen und mit mehr Spaß Geld verdienen kann.

Unsere Leseempfehlung

256 Seiten
Auch als E-Book
erhältlich

Am Beginn des neuen Lebensabschnitts tauchen zahlreiche und ungeahnte Fragen auf. Dieses Buch informiert umfassend und lässig, gibt kompetente Antworten und witzige Tipps von Hörsaal bis Waschsalon. Superpraktisch, unverzichtbar für vor, während und nach dem Studium.

Unsere Leseempfehlung

752 Seiten

Die schlauste Lektüre für den Nachttisch? Ganz klar: Der SchlauerMacher! 365 kurze Kapitel vermitteln, was keine Enzyklopädie vermag: Grundlagenwissen, leicht verdaulich und erfrischend, aus den sieben großen Gebieten der Bildung: Naturwissenschaften, Geschichte, Literatur, Musik, Kunst, Philosophie und Religion. Wie eine Batterie funktioniert und was der Talmud ist, wer täglich ein Kapitel schmökert, füllt Bildungslücken, erweitert seinen Horizont und ist in einem Jahr beneidenswert schlau!